与最聪明的人共同进化

湛庐 CHEERS

HERE COMES EVERYBODY

未来呼啸而来

THE FUTURE IS FASTER THAN YOU THINK

[加] 彼得·戴曼迪斯 Peter H. Diamandis
史蒂芬·科特勒 Steven Kotler 著

贾拥民 译

北京联合出版公司
Beijing United Publishing Co.,Ltd.

Peter H. Diamandis
彼得·戴曼迪斯

- 全球商业太空探索领军人
- 《财富》杂志"全球 50 大杰出领袖"之一
- 奇点大学创始人
- X 大奖基金会创始人

PETER H. DIAMANDIS

全球商业太空探索领军人
2014年《财富》杂志"全球50大杰出领袖"之一

彼得·戴曼迪斯从小就喜欢太空探索，梦想成为一名宇航员。8岁时，他就喜欢给父母讲阿波罗登月的故事。结果，爸爸给了他5美元，这是戴曼迪斯在太空探索方面赚到的第一笔钱。12岁时，他设计的"三箭齐发"发射系统，在"埃斯蒂斯火箭设计大赛"（Estes Rocket Design Competition）中一举夺魁。

高中毕业后，戴曼迪斯进入麻省理工学院学习生物学和物理学，并在麻省理工学院获得航空航天工程学学士学位和硕士学位。由于戴曼迪斯的父亲是名医生，在父亲的影响下，戴曼迪斯进入哈佛大学医学院，获得医学博士学位。

戴曼迪斯是全球商业太空探索的领军人，创立了十几家商业太空探索公司，并在长寿、风险投资和教育等领域创办了公司。2007年4月26日，作为零重力公司（Zero Gravity Corporation）总裁，戴曼迪斯陪伴当时65岁的著名物理学家史蒂芬·霍金体验了8轮次的"零重力"抛物线飞行。

2014年，戴曼迪斯被《财富》杂志评为"全球50大杰出领袖"之一。

奇点大学创始人

为了训练人们思考技术变革的指数型增长步伐,从容应对科技的快速发展以及科技给人类带来的重大挑战,戴曼迪斯和未来学家雷·库兹韦尔提出:要聚集世界上最聪明的大脑,让他们学习最前沿的未来科学,去解决世界上最宏大的问题。他们的观点得到了美国国家航空航天局和谷歌公司的支持,共同创立了奇点大学,戴曼迪斯担任奇点大学执行主席。

奇点大学的神圣使命,就是培养面向未来的、有"全球性"和"指数性"思维方式的人才。奇点大学精心挑选了生物技术和生物信息学、计算系统、人工智能、医学等指数型增长的领域来设立核心课程。

奇点大学催生了很多创业公司。戴曼迪斯说:"X大奖设置了目标,给人以启发,而奇点大学则是催化剂,是创新的推动力。"

X大奖基金会创始人

戴曼迪斯的童年,正是阿波罗登月的时代。1996年,为了鼓励私人太空探索,戴曼迪斯创立了X大奖基金会,他亲自担任主席兼首席执行官,并邀请埃隆·马斯克、拉里·佩奇加入理事会。

此后,为了激励人们的创新活动,X大奖基金会在环保、汽车、健康、全球发展等领域陆续设立了其他X大奖,尤其关注人类的长寿问题和资源获取问题。X大奖逐渐成为效果奇佳的创新引擎。

"预测未来的最好方法,就是创造未来。"

Peter H. Diamandis

Steven Kotler
史蒂芬·科特勒

- 畅销书作家
- "心流基因组计划"研究创始人和执行主任

《纽约时报》畅销书作者,"心流基因组计划"研究的创始人和执行主任。两次获得普利策奖提名,作品被翻译为40多种语言在全球出版。

史蒂芬·科特勒和彼得·戴曼迪斯是多年的朋友,两人都对世界前沿的科学技术感兴趣,并且都致力于探索如何运用这些技术来应对各种看似不可能的挑战。这些共同点让他们建立了深厚的友谊,并形成了长达数十年的合作伙伴关系。他们一起合作撰写了《富足》《创业无畏》《未来呼啸而来》。

作者演讲洽谈,请联系
speech@cheerspublishing.com

更多相关资讯,请关注

湛庐文化微信订阅号

湛庐 CHEERS 特别制作

推荐序

指数型技术融合
如何颠覆商业与生活

王煜全

海银资本创始合伙人
弗若斯特沙利文咨询公司中国区首席顾问

2020年11月8日，超级高铁在美国内华达州的沙漠里进行了首次载人测试。虽然是在地面的管道里，而不是在埃隆·马斯克的挖洞公司的地下隧道里；虽然管道只有500米长，速度也只达到了160千米每小时，而不是之前设计好的1 000千米每小时，但毕竟是在封闭的真空管道里进行的磁悬浮胶囊列车载人测试。再加上主持研发的维珍高铁公司已经得到了阿拉伯联合酋长国的强力支持，也许从迪拜到阿布扎比139千米的旅行被超级高铁缩短到12分钟将会是两年内就能实现的事情。

这其实只是这些年各种令人眼花缭乱的黑科技正在进入人们生活中的一个缩影：电动车的续航能力正在向1 000千米冲刺；自动驾驶出租车正在越来越多的城市里试点；成百上千架无人机在空中组成各种图案文字的表演出现在越来越多的节日和庆典中；人工智能不光能识别人脸、能美颜，甚至还能视频换脸……我的同事前几天感慨说，有了手机支付，已经快一年没摸过纸币了。

就在大家还在感慨彼得·蒂尔那句"人们想要会飞的汽车，得到的却是140个字符"的时候，黑科技已经加速到来，从各个角度全方位地改变了我们的生活。其原因，就是彼得·戴曼迪斯和史蒂芬·科特勒在《未来呼啸而来》这本书中总结的"当某些独立加速发展的技术与其他独立加速发展的技术融合时"，奇迹就产生了。

相信大家都已经熟知每 18 个月性能翻一番的摩尔定律的威力。有人调侃 2020 年推出的 iPhone12 长得很像 10 年前推出的 iPhone4，但千万不能光看外观，10 年时间，iPhone12 的算力已经达到了 iPhone4 的 80 倍了。更重要的是，人工智能、云计算、基因编辑、纳米技术、先进制造，这些科技突破在各个领域蓬勃展开，每个领域的技术进步都出现了类似摩尔定律这样的指数级增长的规律，而这些科技突破正在相互叠加，科技创新的速度自然大大加快了。

我自己身边就有一个鲜活的例证。能让盲人重见光明的 BrainPort 设备，很早就被发明出来，负责产品化的 Wicab 公司也早在 2004 年就成立了，但直到 2015 年这项产品才拿到美国 FDA 认证。有人问这家公司的 CEO，产品为什么要花这么长时间才能生产出来。这位 CEO 的回答是，如果是在 2004 年就生产出来，每个盲人身上就要背着 10 千克重的计算机。但到了 2015 年，支持 BrainPort 的计算机已经只是一个遥控器大小的手持设备了；而到了 2018 年，新版设备出来的时候，计算机芯片已经小到可以镶嵌到眼镜腿上，连手持设备都不需要了。

所以，戴曼迪斯和科特勒总结了现在正在飞速发展的九大指数型技术：量子计算、人工智能、网络、机器人、虚拟现实与增强现实、3D 打印、区块链、材料科学与纳米技术、生物技术。他们还利用这些技术的融合，给大家推演了被完全重塑的 8 大行业：零售业、广告业、娱乐业、教育业、医疗保健业、长寿业、商业和食品业。

你看，这很像我们一直在推广的"积木式创新"的理念，只不过我们说的积木式，是指科技创新的完成，需要科研、研发、设计、生产、销售、营销等要素，像搭积木一样迅速达成合作。而戴曼迪斯和科特勒则是把科技突破本身当成积木，不同的积木搭在一起，就能完成以前无法完成的任务，解决以前难以解决的问题。像未来的空中拼车服务，就是把地面的网约车和电动多旋翼飞机、自动驾驶、电池技术等多个领域的突破融合在一起的结果。

更重要的是，这些可不是纸上谈兵的空想，而是在已经发生的科技创业案例基础上的延伸。他们自己就是硅谷科技创业的积极参与者和倡导者，听他们聊聊硅谷创业者的各种逸事本身就已经很令人着迷了，况且他们同时也是未来变革的积极思考者。他们对理解科技创新如何推动社会进步的思想发展，从之前的《富足》《创业无畏》到今天的《未来呼啸而来》，可以看出很清晰的脉络。这也有助于我们每一个人形成自己对科技未来的判断，进而参与其中。

对未来预测很准的摩尔定律其实只是个经验定律，还有另一个经验定律对未来的预测更准，就是莱特定律，说的是产量每增大一倍，成本会降低 10%~15%。我们也都知道，科技对社会的推动取决于社会对科技的运用水平，这其中一个很重要的指标就是价格。换句话说，价格越低，使用者越多，科技产品对社会的贡献才会越大。量产，就是中国对推动科技产业发展最大的贡献。

所以，我们真诚地希望中国的创业者们能够积极加入到这场伟大的科技创新当中，并且把中国的制造优势和全球的科技优势充分融合，推动科技更快地普及到世界的每一个角落，更加彻底地造福社会。

希望在戴曼迪斯和科特勒的下一本著作里，能看到很多中国案例。

你知道指数型技术将如何改变我们的生活吗?

扫码鉴别正版图书
获取您的专属福利

扫码测一测,
获得题目及解析。

- 智能传感器在未来可能进入人类的身体吗?
  A. 可能
  B. 不可能

- 虚拟现实技术可以"训练"人的同理心,这是真的吗?
  A. 真
  B. 假

- 以下哪个生活场景不是我们正在迈入物联网时代的表现?
  A. 空调监控环境温度自动来调整室内的气温
  B. 智能手表实时监控身体状况并及时预警
  C. 超市货柜自动监控商品的销售情况并提醒库房补货
  D. 通过电脑接入互联网了解新闻大事

我要把这本书献给在我的一生中指导过我、教育过我的所有人：哈里·P. 戴曼迪斯（Harry P. Diamandis）、图拉·戴曼迪斯（Tula Diamandis）、弗兰克·普赖斯（Frank Price）、戴维·C. 韦布（David C. Webb）、保罗·E. 格雷（Paul E. Gray）、戴维·E. 瓦恩（David E. Wine）、格雷格·E. 玛丽尼亚克（Gregg E. Maryniak）、安·兰德（Ayn Rand）、阿特·杜拉（Art Dula）、罗伯特·海因莱因（Robert Heinlein）、拜伦·K. 利希滕贝格（Byron K. Lichtenberg）、西尔维娅·厄尔（Silvia Earle）、杰拉德·K. 奥尼尔（Gerard K. O'Neill）、阿瑟·C. 克拉克（Arthur C. Clarke）、约翰·T. 克班（John T. Chirban）、劳伦斯·R. 扬（Laurence R. Young）、玛蒂娜·罗斯布拉特（Martine Rothblatt）、查尔斯·林德伯格（Chares Lindbergh）、汤姆·韦莱兹（Tom Velez）、斯图尔特·O. 威特（Stuart O. Witt）、S. 皮特·沃登（S. Pete Worden）、罗伯特·K. 韦斯（Robert K.Weiss）、阿尔弗雷德·H. 凯斯（Alfred H. Kerth）、伯特·鲁坦（Burt Rutan）、阿努什·安萨里（Anousheh Ansari）、托尼·罗宾斯（Tony Robbins）、雷·库兹韦尔（Ray Kurzweil）和丹·沙利文（Dan Sullivan）。

——彼得·戴曼迪斯

谨以本书，献给已故的乔·莱弗勒（Joe Lefler）以及"潘多拉魔盒"项目的所有工作人员。感谢你带来的一切魔力，感谢你早在别人相信我之前就给予了我全部信任。感谢德里克·丁格尔（Derek Dingle）绝妙的纸牌魔术，依然想着你。

——史蒂芬·科特勒

目 录

前 言　欢迎来到这个非凡的时代 / 001

第 1 部分　指数型技术融合的加速器

第 1 章　技术的融合 / 007

飞行汽车真的来了 / 007

不断融合的技术 / 012

交通出行的变革 / 018

马斯克的挖洞公司 / 024

预见未来 / 026

欢迎来到比你想象的更快的未来 / 031

第 2 章　飞速发展的 9 大指数型技术（一）/ 035

量子计算 / 035

人工智能 / 041

网络 / 047

机器人 / 055

第 3 章　飞速发展的 9 大指数型技术（二）/ 061

虚拟现实与增强现实 / 061

3D 打印 / 065

区块链 / 069

材料科学与纳米技术 / 074

生物技术 / 078

第 4 章　指数型技术融合带来的 7 大加速力量 / 083

力量 1：节省下来的更多时间 / 084

力量 2：更多可得的资金 / 087

力量 3：更多的非货币化 / 093

力量 4：更多的天才 / 095

力量 5：富足的通信 / 098

力量 6：全新的商业模式 / 099

力量 7：更长的寿命 / 103

第 2 部分　完全重塑的 8 大行业

第 5 章　零售业的未来 / 111

西尔斯的兴起与衰落 / 111

人工智能与零售体验 / 117

走吧，走吧，收银员该走了 / 121

机器人来了 / 124

3D 打印与零售 / 127

融合的零售业 / 129

消失的购物中心 / 131

第 6 章　广告业的未来 / 135

广告狂中狂 / 135

空间网络 / 136

超个性化的可怕力量 / 139

深度伪造术 / 140

送别广告业，迎来贾维斯 / 142

第 7 章　娱乐业的未来 / 145

重塑娱乐业 / 145

超级内容生产者的崛起 / 148

从被动到主动 / 151

全息甲板，就在这里！/ 154

完全个性化 / 157

娱乐新天地 / 161

第 8 章　教育业的未来 / 165

对教育数量和质量的追求 / 165

每年十亿安卓教师 / 167

虚拟现实与教育 / 169

2030 年的学校 / 172

第 9 章　医疗保健业的未来 / 175

罗斯布拉特的"登月计划" / 175

把疾病护理变成医疗保健 / 179

DIY 诊断 / 181

阅读、重写和编辑生命密码 / 185

手术的未来 / 186

细胞医学 / 190

药物的未来 / 191

第 10 章　长寿业的未来 / 195

影响长寿的"末日九骑士" / 195

长寿逃逸速度 / 198

抗衰老的药房 / 200

青春永驻的血之泉 / 205

第 11 章　商业的未来 / 207

咖啡、风险与保险业的起源 / 208

汽车保险业的终结 / 210

众包保险 / 212

实时数据驱动下的动态保险 / 214

良币公司 / 216

没有银行账户的人 / 218

人工智能入侵下的理财顾问 / 221

　　　　　房地产业的未来 / 223

　　　　　和你的经纪人说再见吧 / 225

　　　　　重新发明城市 / 226

　　第 12 章　**食品业的未来** / 229

　　　　　食物的无效率 / 230

　　　　　养牛的低效率 / 234

第 3 部分　呼啸而来的未来

　　第 13 章　**亟待解决的 5 大风险** / 241

　　　　　水资源危机 / 242

　　　　　气候变化与能源危机 / 245

　　　　　生物多样性危机 / 254

　　　　　经济风险：技术性失业的威胁 / 258

　　　　　存在风险：远见、预防和治理 / 261

　　第 14 章　**未来世界的 5 次大迁移** / 269

　　　　　气候移民 / 273

　　　　　城市搬迁 / 275

　　　　　向虚拟世界迁移 / 278

太空移民 / 282
　　　元智能：进入博格世界 / 287

后　记　一个越来越富足的未来 / 293
致　谢 / 297
译者后记 / 299

前言

欢迎来到
这个非凡的时代

我们俩初识于 1999 年，科特勒当时正在写一篇关于戴曼迪斯创办 X 大奖的文章。那个时候，X 大奖关注的焦点是探索太空的前沿。戴曼迪斯则正在研究如何打开太空的边界。

很快，我们俩就发现我们有一个共同的嗜好：我们都痴迷于前沿技术，并且都致力于探索如何运用这些技术来应对各种看似不可能的挑战。这些共同点让我们建立了深厚的友谊，并形成了长达数十年的写作伙伴关系。《未来呼啸而来》这本书就是我们最新的合作成果，这是我们第三次携手探索技术如何扩展可能性边界以及如何改变整个世界。从技术的角度来说，本书是"指数型思维三部曲"的第三部，前两部作品分别是《富足》（Abundance）和《创业无畏》（Bold）[①]。在深入阅读本书之前，你并不一定需要阅读前两本书，但是了解一些背景知识还是有帮助的。

《富足》这本书讲述了加速发展的技术如何使食品、水和能源的获得变得非货币化和大众化，令一度稀缺的资源变得丰富，并使个人有能力应对饥饿、贫困和疾病等以往看似不可能解决的全球性挑战。在《创业无畏》

---

① 《富足》和《创业无畏》中文简体字版已由湛庐策划、浙江人民出版社出版。——编者注

一书中，我们讲述了另一个变"不可能"为可能的故事：企业家如何利用这些加速发展的技术，在短到几乎创纪录的时间内创建了改变世界的企业，并为任何有兴趣做同样尝试的人提供了操作指南。

在《未来呼啸而来》中，我们进一步扩展了前两本书的思想，研究当某些独立加速发展的技术（例如人工智能）与其他独立加速发展的技术（例如增强现实）融合时会发生些什么。当然，人工智能技术是强大的，增强现实技术也是如此，但只有当它们融合起来时，才会重塑零售业、广告业、娱乐业和教育业等领域，这里所列举的，只是一些正在发生和即将发生的重大变革。

正如我们将要在接下来的章节中看到的，融合正在以越来越快的速度发生。这大大加快了世界变化的速度，也扩大了变化的规模。所以，现在请你系好"安全带"，因为你即将经历一场疯狂的旅行。

本书的灵感来自我们俩在这个浪潮中的亲身经历，我们创办的企业与世界一样，变化速度都在明显加快。

戴曼迪斯目前正在创办一家新公司，那是他的第 22 家初创公司，致力于长寿和保健领域。他同时还领导着奇点大学（Singularity University）、X 大奖、无畏资本合伙企业（Bold Capital Partners）和富足 360（Abundance 360）。仿若一个停不住脚的舞者，这种生活为他提供了对不断融合的技术的无限洞察力。

作为一名作家和一个研究者，科特勒也身处这个加速发展的漩涡中心，这本书是他的第 6 本以技术为主题的著作。科特勒还是"心流基因组计划"（Flow Research Collective）研究的创始人和执行主任，在那里，他专注巅峰表现的研究与培训，也就是探索人类在这个变化的世界中实现繁荣发展所需要的心理工具。

我们还想告诉你，这场疯狂的旅行实际上也是一种挑战。你马上就会读到我们对前沿研究人员的工作和建立在他们的研究基础上的前沿公司的描述。然而，跟上变化的步伐并不容易。有很多当我们在 2018 年初开始写作本书时算得上最前沿的公司，在 2019 年底我们即将完成写作时，就已经被淘汰出局了。换句话说，虽然名字很重要，但这些名字可能会改变。但无论如何，本书的核心没有变，所要讨论的是融合的总体趋势以及这种融合对商业、工业和我们的生活的变革性影响。

毫无疑问，未来十年将充满根本性的突破和改变世界的惊喜。我们这个星球上的每一个主要行业很快就会被彻底重塑。对于企业家、创新者、领导者，甚至任何一个足够灵活和富有冒险精神的人来说，都将会有不可思议的机会摆到面前。这将是一个到来得比你想象的更快的未来，也将成为世界上迄今为止最伟大的想象力舞台。

欢迎来到这个非凡的时代。

第 1 部分

指数型技术融合的加速器

THE FUTURE IS FASTER
THAN YOU THINK

How Converging Technologies
are Transforming Business,
Industries, and Our Lives

第 1 章

技术的融合

飞行汽车真的来了

史克博尔文化中心（Skirball Cultural Center）坐落在美国 405 号高速公路旁，位于洛杉矶北部边缘。文化中心建在圣塔莫尼卡山脉单薄的山脊上，几乎从任何方向都能看到壮观的景色，不过下面的高速公路除外。

当然如此。

2018 年，洛杉矶连续六年被评为世界上交通拥堵最严重的城市，司机平均每年有两个半星期的时间被堵在路上。不过，曙光或许就在前方。2018 年 5 月，优步公司在史克博尔文化中心举办了第二届年度飞行汽车会议，为解决交通拥堵问题制订了一个非常激进的计划。

在史克博尔文化中心内，巨大的屏幕上投射出了一个繁星密布的夜空，然后，繁星慢慢消失在飘着朵朵白云的蓝色天空中，云层下面是人们站立的空间。这次会议吸引了各行各业的精英：首席执行官、企业家、建筑师、设计师、技术人员、风险投资家、政府官员和房地产巨头等。与会者将近 1 000 人，有的穿着华尔街人士的标志性华服，有的穿着一成不变的星期五便装，但此刻他们都聚集在这里，一起见证一个新行业的诞生。

会议开始了，时任优步公司首席产品官的杰夫·霍尔登（Jeff Holden）走上了演讲台。霍尔登有一头卷曲的棕色头发，身穿一件灰色的polo衫，举止中带着些许孩子气，这与他在这个"大事件"中的实际身份似乎不太相称。事实上，不仅仅是这个事件本身，甚至还有让优步公司"脱离地面束缚"的整个理念，都源于霍尔登的愿景。

这是一个相当宏伟的愿景。

"我们已经开始接受极端拥堵成为我们生活中的一部分，"霍尔登指出，"在美国，我们'有幸'拥有全球25个最拥堵城市中的10个，这让我们每年损失了大约3 000亿美元的收入和生产力。优步的使命就是解决城市交通问题……我们的目标是为这个世界引入一种全新的交通方式，也就是城市航空，我自己更愿意称之为'空中拼车'（aerial ridesharing）。"①

"空中拼车"，或者说空中共享出行，听起来像是科幻小说中的陈词滥调，但是霍尔登有着颠覆性创新的优秀纪录。早在20世纪90年代末，他就跟随亚马逊公司创始人杰夫·贝佐斯（Jeff Bezos）从纽约来到了西雅图，成为亚马逊公司最早的员工之一。在亚马逊，霍尔登受命负责实施一个当时被许多人认为是滑稽可笑的想法，即为每年缴纳固定会员费的那些顾客，提供两天之内送达的免费送货服务。对于这个创新，许多人都认为它会使公司破产。但事实恰恰相反，亚马逊Prime会员就此诞生了。如今，亚马逊已经拥有1亿多名Prime会员，这个"滑稽可笑"的想法为整个公司带来了相当大的利润。

后来，霍尔登去了另一家初创公司高朋（Groupon）。到今天，高朋已

---

① 除非另有说明，所有引语均来自直接采访，或者作者的亲历事件。

经很难作为一家颠覆性的创新企业而被人记住了。但在初创时，它是第一波"赋予人们力量"的互联网公司中的重要一员。离开高朋后，霍尔登加入优步。尽管优步经历了一个混乱时期，但霍尔登还是串起了一系列几乎不可能实现的胜利：优步拼车（UberPool）、优步拼吃（Uber Eats），以及优步自动驾驶汽车计划。因此，当他建议筹建一个看似更加疯狂的产品线时，领导层对他的重视也就不足为奇了。

当然，第二届年度飞行汽车会议的主题并不是飞行汽车。事实上，汽车已经停在现场了。相反，这次会议的主题是"规模化之路"。更关键的一点是：这条路比许多人想象的要短得多。

到 2019 年年中，至少有 25 家不同的飞行汽车公司获得了总额超过 10 亿美元的投资。目前有十几辆飞行汽车正在试飞，另有十几辆则分别处于从计划到原型机的各个阶段。它们形状各异、大小不一，从架在超大风扇上的摩托车，到按比例放大到真人大小的四轴无人飞行器，再到微型空间的豆荚式飞机，堪称五花八门。谷歌的母公司字母表的联合创始人兼首席执行官拉里·佩奇（Larry Page）是最早认识到飞行汽车潜力的业内人士之一，他投资了 Zee Aero、Opener 和 Kitty Hawk 三家初创公司。波音公司、空中客车公司、巴西航空工业公司和贝尔直升机公司等老牌企业也都参与了这场"游戏"。历史上第一次，我们越过了只停留在讨论飞行汽车可能性的阶段。

飞行汽车真的来了！

"优步的目标是，"霍尔登解释道，"在 2020 年向公众展示飞行汽车的能力，并在 2023 年开始在达拉斯和洛杉矶全面实现空中出行。"霍尔登说："我们最终的目的是，让以现在这种方式拥有和使用汽车在经济上变得不合理。"

怎么不合理？让我们先来看一些数字。

今天，汽车的边际成本，也就是除购买汽车的价格外，与汽车相关的所有其他成本（汽油费、维修费、保险费、停车费等）是每位乘客每英里①59美分。相比之下，直升机的边际成本则大约为每位乘客每英里8.93美元，更不用说依靠直升机出行还要解决更多的问题。霍尔登表示，优步希望在2020年推出飞行汽车时，将边际成本降低为每位乘客每英里5.73美元，然后再迅速降低至1.84美元。但是，优步的长期目标是改变游戏规则，将边际成本下降至每位乘客每英里44美分，至少要比开车便宜。

事实上，你在旅程中还会获得更多。优步的主要兴趣在于开发"电动垂直起降汽车"（electric vertical take-off and landing vehicles，简称eVTOLs）。许多公司都在开发电动垂直起降汽车，但是优步有非常特殊的要求。要想让一架电动垂直起降汽车符合优步的空中出行计划的要求，就必须保证它能够搭载1名飞行员和4名乘客，以超过240千米的时速，连续飞行3个小时以上。优步设想的最短飞行距离是40千米（想象一下从马里布到洛杉矶市中心的距离），而一架满足上述要求的电动垂直起降汽车将带你从北圣迭戈"一跃而至"南旧金山。现在，优步已经有5个合作伙伴承诺提供符合这些要求的电动垂直起降汽车了，未来还会有5到10个备选合作伙伴。

但是电动垂直起降汽车本身并不会改变人们拥有自己的汽车的想法。优步正在与美国国家航空航天局（NASA）和美国联邦航空管理局（FAA）合作，开发一个空中交通管理系统，以协调它们的飞行队伍。优步还与建筑师、设计师和房地产开发商合作，设计建造一系列"巨型空中机场"，供乘客装卸货物、车辆起飞和降落。就像飞行汽车一样，优步并不想拥有这些空中机场，而只想租用它们。优步对合作伙伴有非常具体的要求。要

---

① 1英里≈1.609千米，因内容需要，故此处采用英里的单位，后文不一一标注。——编者注

成为优步的合作伙伴,一个巨型空中机场必须能够在 7 到 15 分钟内为一架电动垂直起降汽车充好电,拥有每小时处理 1 000 次起飞和着陆(4 000 人次)的能力,并且最多只占用不超过 12 000 平方米的面积。占地面积只有小到这个程度,空中机场才能建在旧车库或摩天大楼的顶上。

2027 年前后,所有这些条件都将具备,到那时,你就可以像今天预订优步汽车一样轻松地预订空中拼车了。2030 年,城市航空可能会成为从 A 地到 B 地的主流方式。

但是,所有这些都指向了一个基本问题:为什么是现在?为什么在 2018 年的春末,飞行汽车会突然准备好开始起飞?在这个特殊的历史时刻,到底是什么把我们最古老的科学幻想之一变成了最新的现实?

毕竟,几千年来,拥有像电影《银翼杀手》(Blade Runner)中的悬停汽车和《回到未来》(Back to the Future)中的时光车,一直是人类的最高梦想之一。造一辆"能够飞行的车"的想法,至少可以追溯到 11 世纪印度史诗《罗摩衍那》中的"飞行战车"。即便是更现代的版本,也就是以内燃机技术为基础建造飞行汽车的想法也已经存在了相当长的一段时间。1917 年的柯蒂斯自动飞机(Curtiss Autoplane)、1937 年的"箭头"(Arrowbile)、1946 年的陆空两用机(Airphibian)等,这样的例子还有很多。在美国,有 100 多种不同的"可上路飞机"专利申请,有一些已经飞起来了,但大多数则没有。目前还没有人能够兑现动画片《杰森一家》(The Jetsons)中的"异想天开"[①]。

事实上,我们对这种"迟迟未能交付"的愤怒已经变成一种模因。在一则现在已经变得非常著名的 IBM 广告中,喜剧演员埃弗里·布鲁克斯(Avery Brooks)问道:"现在是 2000 年了,但是会飞的汽车究竟在哪里呢?

[①] 动画片《杰森一家》为人们描绘了一个科技乌托邦似的未来。到 2062 年,日常家庭都会把飞行汽车作为代步工具。——编者注

他们答应会给我飞行汽车,但是我从来没有看到会飞的汽车。为什么?为什么?为什么?"2011年,投资界思想家彼得·蒂尔(Peter Thiel)也表达了同样的担忧:"我们想要一辆会飞的汽车,得到的却是140个字符。"

然而,现在,漫长的等待终于行将结束。飞行汽车真的来了!基础设施建设的进展也非常迅速。当我们喝着咖啡、浏览网页时,科幻小说已经变成了科学事实。这就让我们回到了最初的问题:为什么是现在?答案很简单:融合。

不断融合的技术

如果你想理解技术的融合,从头开始分析会对你有很大帮助。在《富足》和《创业无畏》两本书中,我们介绍了指数型技术加速的概念。任何一种技术,只要它的"功率"翻倍,而价格却在不断下降,就可以称为指数型技术。摩尔定律就是一个经典的例子。1965年,英特尔创始人戈登·摩尔(Gordon Moore)注意到,集成电路中的晶体管数量每18个月就会增加一倍。这意味着,在一年半的时间里,计算机的性能就可以提高一倍,同时成本却保持不变。

摩尔认为这是相当惊人的,他预测这种趋势可能还会持续几年,也许5年,也许10年。但是到现在,早就已经过了20年、40年了,甚至都快60年了。摩尔定律就是使你口袋中的智能手机比20世纪70年代的超级计算机小1 000倍、便宜1 000倍,同时却强大100万倍的原因。

而且,摩尔定律没有减速。

尽管有报道称,我们正在接近摩尔定律的"热寂期"(heat death)。但是到2023年,平均价格仅为1 000美元的笔记本电脑,就将拥有与人脑相同的计算能力(大约每秒10^{16}个周期)。再过25年,同样的笔记本电脑将拥有与目前地球上所有人类大脑相同的计算能力。

更加重要的是，不仅仅是集成电路在以这种速度发展。20世纪90年代，发明家、未来学家雷·库兹韦尔①发现了这样一个规律：一旦技术变得数字化，或者一旦它可以被编辑为以0和1表示的计算机代码，它就能够脱离摩尔定律的束缚，开始呈指数级加速发展。

简单来说，我们会用新电脑来设计更快的新电脑，这就创造了一个正反馈循环，进一步提高了加速度，也就是库兹韦尔所称的"加速回报定律"（Law of Accelerating Returns）。现在，正在这样加速发展的技术包括一些迄今为止最强有力的创新：量子计算机、人工智能技术、机器人技术、纳米技术、生物技术、材料科学、网络技术、传感器、3D打印、增强现实、虚拟现实、区块链等。

但是，所有这些技术进步，无论看起来多么强大，实际上都是旧闻。而新闻是，以前独立的指数型加速技术浪潮，已经开始与其他独立的指数型加速技术浪潮融合起来了。例如，药物开发的速度之所以正在不断加快，不仅是因为生物技术正在以指数级的速度发展，还因为人工智能、量子计算和其他几个指数级加速发展的技术也在向这个领域靠拢。换句话说，这些浪潮开始汇聚、叠加到一起，产生了拥有海啸般力量的滔天巨浪，将会冲走前进道路上的几乎所有东西。

当一项创新创造了一个新的市场、冲击了一个现有的市场时，我们就会用"颠覆性创新"这个术语来描述它。在数字时代初期，硅芯片取代了真空管，这是一项颠覆性的创新。然而，随着各种指数型技术的融合，它们的颠覆潜力也在扩大。一项单独的指数型技术可能会扰乱产品、服务和市场，就像奈飞（Netflix）轻松吃掉了百视达（Blockbuster）那样，而融

---

① 雷·库兹韦尔的著作《人工智能的未来》中文简体字版已由湛庐策划、浙江人民出版社出版。库兹韦尔在这本书中大胆预言了人工智能的未来。——编者注

合为一体的多种指数型技术则会将产品、服务和市场冲刷得一干二净，甚至包括支撑它们的结构。

不过，现在就说这些似乎有点超前。在这本书的其余部分中，我们将致力于分析这些力量及其迅速和革命性的影响。在我们深入探讨这个故事之前，让我们先从一个更易于思考的角度来审视这种融合现象，也就是先回到我们最初提出的关于飞行汽车的问题：为什么是现在？

为了回答这个问题，让我们先来看看优步的电动垂直起降汽车必须满足的三个基本要求：安全、低噪声和价格便宜。直升机是我们现在能够拥有的最接近飞行汽车的原型，它已经存在了将近80年：1939年，著名飞机设计师伊戈尔·西科尔斯基（Igor Sikorsky）制造出了全世界第一架直升机。然而直升机还不能完全满足优步的三个要求。除了噪声大和价格昂贵之外，直升机也易出事故，并不那么安全。那么，为什么在今天，贝尔、优步、空中客车、波音和巴西航空工业公司等企业要将空中拼车推向市场呢？

原因仍然是：融合。

直升机之所以噪声大且不安全，是因为它们需要使用一个巨大的旋翼来产生升力。不幸的是，这种单旋翼高速转动时产生的噪声，恰恰正处在那种足以惹恼每个人的频率上。而且，如果单旋翼失灵，直升机就会在重力的作用下直接坠地。

现在想象一下，如果直升机不是只有顶上那个主旋翼，而是装了一组更小的旋翼，就像在机翼下装一排小风扇那样，那么它们组合起来产生的升力也足以让飞机飞起来，但产生的噪声则要小得多。再往更好的方面想象一下，这样一个多旋翼系统如果不能很好地完成任务，即便有一对旋翼停止工作，也是能安全地着陆的。在这个设计的基础上再加入一个单旋翼，就可以达到240千米的时速甚至更高。所有这些，当然都是很伟大的想法，但除了关键的一点之外：由于可怕的功率重量比，汽油发动机会使这一切都不可能成为现实。

那么，装上分布式电推进系统（distributed electric propulsion，简称DEP）又会怎么样呢？

在过去的10年里，商用和军用无人机的需求激增，这种情况促使机器人专家构想了一种新型电磁马达：它本身的重量非常轻，工作时悄无声息，而且能够承载重物。要设计出这样的马达，工程师必须依靠技术融合的"三部曲"：第一步，机器学习的进步，让工程师能够运行非常复杂的飞行模拟；第二步，材料科学的突破，让工程师可以制造出各种各样的既足够轻（可以飞）、又足够牢固（保证安全）的部件；第三步，新生产工艺的出现，例如，运用3D打印技术，打印任意大小的马达和旋翼。在功能性上，这些电动发动机的效率达到了95%，而汽油引擎则只有28%。

但是，让一个拥有分布式电推进系统的装置飞起来又是另一回事了。每隔一微秒就要调整十几个发动机，对人类飞行员来说是不可能完成的任务。分布式电推进系统采用的是"线传飞控技术"（fly-by-wire），也就是说，它是由计算机控制的。那么，到底是什么产生了这种程度的控制？答案是另一组融合起来的技术。

首先，人工智能革命给我们带来了强大的计算处理能力，让我们能够接收大量的数据，在微秒之内就可以"理解"这些数据，以便同时实时操控许多个发动机和飞行操纵面板。

其次，要想获取所有这些数据，需要把飞行员的眼睛和耳朵换成在瞬息之间就能够处理千兆比特信息的传感器。而这又意味着全球定位系统、激光定位、雷达、先进的视觉成像套件和大量的微型加速度计，这其中许多都是10年来智能手机"战争"带来的红利。

最后，你还需要电池。它们必须能够连续工作足够长的时间才能克服"里程焦虑"（担心在行至中途时没电）。同时，电池还要能产生足够强劲的动力，或者用工程师的术语来说，要有足够高的"功率密度"。将汽车、1名飞行员和4名乘客抬离地面，需要非常大的升力，而要达到这个升力，功率密度的最低要求为每千克350千瓦时。目前，这还是遥不可及的。由于太阳能和电动汽车的爆炸式增长，现在对更好的能量存储系统的需求更大了，从而导致了新一代锂离子电池的出现，它们有更长的续航里程，而且，它们有足够的动力抬起飞行汽车。

在解决了安全和噪声问题后，为了让价格降得足够低，还需要更多的创新。此外，为优步这个项目生产足够多的电动垂直起降汽车也是一个不小的挑战。为了以可以承受的价格满足优步的巨大需求，供应商需要比在第二次世界大战期间还要快地生产出这种飞行汽车。第二次世界大战期间创造的纪录至今仍然没有被打破：在两年多的时间里，美国共生产出了1.8万架B24战斗机，也就是说，在最高峰的时候，每63分钟就能生产出一架飞机。

要想实现这个目标，同时也让飞行汽车成为主流交通工具，而非精英阶层独享的奢侈品，我们还需要另外三种技术的融合。首先，计算机辅助设计和仿真需要变得足够灵活，不然无法设计出商业飞行所需的翼型、机翼和机身。其次，材料科学必须足够发达，以生产出碳纤维复合材料和复杂的金属合金，这些材料要轻到飞得起来，同时又要坚固耐用，保证安全。最后，3D打印机的速度必须足够快，才能将这些新材料转换成可用的部件，进而打破以往所有的飞机制造纪录。而这正是我们今天所处的位置。

当然，你也可以用任何新技术来玩这个游戏。在材料革命把植物纤维变成柔软的织物、工具制造革命把动物骨头变成缝纫针之后，袜子才被发明出来。当然，这是一种进步，但本质上仍然是线性的。从最早的植物纤维袜子到下一个重大创新——动物的驯化（从而为我们提供了羊毛），花了数千年的时间。然后又过了几千年，电力的大规模使用才使制袜业实现了规模化。

但是，我们今天所目睹的急剧加速正是"为什么是现在"这个问题的答案所在，也就是十多种不同技术相互融合的结果。这是一种我们从未见过的发展速度，而且这会给我们带来一个问题。

人类的大脑是在本地化和线性化的环境中进化的。本地化意味着我们所接触的几乎所有东西都位于步行不到一天的距离之内，线性化意味着变化的速度特别慢。你的曾曾曾祖父的生活和他曾曾孙的生活大致相同。但是现在，我们生活在一个全球化和指数级发展的世界中。全球化的含义是，如果某个事件在地球的另一边发生了，我们在几秒钟之后就会听说，而我们的计算计几毫秒后就会"听到"。与此同时，指数级指的是今天闪电般的发展速度。忘掉所谓的代际差异吧，现在仅仅几个月就会发生一场革命。然而，我们的大脑在过去的20万年以来一直没有进行过真正意义上的"硬件"更新，因为它并不是为这种变化规模或速度而设计的。

既然我们的大脑在追踪单一的创新发展时都会觉得困难，那么面对不断融合的多个创新，大脑可能就完全无能为力了。对此，我们可以用库兹韦尔的"加速回报定律"来说明。他的计算结果表明，在未来的100年里，我们要经历的技术变革将会相当于以往的两万年，这意味着我们将在下一个世纪里两度重新见证农业的诞生和互联网的诞生。这当然意味着范式的转变、游戏规则的更替和前所未有的突破，比如廉价的空中拼车。这都将不再是偶然的事件，它们将会持续发生。

当然，飞行汽车只是一个开始。

交通出行的变革

自动驾驶汽车

一个多世纪以前,一场交通变革正在发生。内燃机、流水线和新兴的石油工业整合到一起,这个"威胁三重奏"把马车夫赶出了交通行业。

第一批定制汽车早在19世纪末就出现了,但是福特于1908年推出的批量生产的T型车才算是真正的转折点。短短4年之后,纽约交通管理部门的调查显示,路上的汽车比马还要多。虽然这种转变的速度是惊人的,但是现在回想起来并不意外。无论何时,只要一项新技术能带来十倍的价值增长——更便宜、更快、更好,就几乎没有什么能够阻止它。

在福特的量产汽车问世之后的几十年里,随着汽车行业寒武纪大爆炸式的发展,汽车很快就重塑了我们的世界:出现了红绿灯和停车标志,州际公路和多层立交桥,停车场和停车库,遍布每个角落的加油站、车道、洗车场,郊区的大房子,雾霾和交通堵塞,等等。但是,尽管我们有幸见证空中拼车的诞生——它似乎有可能取代上面描述的这个系统中的某些部分,但同时发生的另一场变革却对飞行汽车构成了威胁,也就是自动驾驶汽车。

尽管第一辆无人驾驶汽车是20世纪20年代行驶在纽约街道上的一款用无线电遥控的"美国奇迹"(American Wonder),但这只不过是一个特大号的玩具。它更现代的化身源于军队对无风险补给的渴望。20世纪80年代,机器人专家开始尝试满足这个需求,汽车公司则在90年代开始关注这个问题。许多人将这个重大突破追溯到2004年,当时美国国防部高级研究计划局(DARPA)举办了一场无人驾驶汽车比赛——DARPA挑战赛。这个比赛大大加快了自动驾驶汽车的研发。

比赛总是有效的。10年之后,多数大型汽车公司和大型科技公司都启动了自动驾驶汽车项目。到2019年年中，已经有数十辆自动驾驶汽车在美国加利福尼亚州的公路上行驶了数百万千米。宝马、奔驰和丰田等传统汽车制造商正在与苹果、谷歌、优步和特斯拉等科技巨头争夺这个新兴市场。它们尝试了不同的设计、收集了大量数据，并对自动驾驶汽车的神经网络进行反复打磨。

在这些竞争者中，谷歌的自动驾驶汽车公司Waymo先人一步，似乎很好地占据了早期市场的主导地位。Waymo公司的前身是谷歌公司负责自动驾驶汽车项目的部门，2009年，Waymo公司聘请了斯坦福大学教授塞巴斯蒂安·特龙（Sebastian Thrun），他是DARPA挑战赛的获胜者。在特龙的帮助下，Waymo公司开发了一个人工智能系统，后来成为Waymo公司自动驾驶汽车的大脑。大约10年之后，也就是2018年3月，Waymo公司组建了一支车队，买下了2万辆运动型自动驾驶捷豹汽车（Jaguars），用于即将推出的叫车服务。既然有了这么多的汽车，Waymo公司打算在2020年实现每天100万次服务的目标（这看上去可能是一个过于野心勃勃的目标，但是比较一下，优步目前每天提供的出行服务已经达到1 500万次）。要理解这个数字或任何类似数字的重要性，你只需明白，一辆自动驾驶汽车行驶的里程数越多，收集的数据就越多，而数据就是自动驾驶的燃料。

自2009年以来，Waymo公司的自动驾驶汽车已经行驶了超过1 600万千米。预计到2020年，每天都会有2万辆捷豹车完成数十万个行程，它们每天都将增加大约160万千米的里程。所有这些里程都很重要。当自动驾驶汽车行驶时，它们会收集交通标志、路况等外界信息。更多的信息就等于更智能的算法，而更智能的算法就等于更安全的汽车，这种组合正是建立市场统治地位所需要的优势。

为了与Waymo公司竞争，通用汽车公司正在用大笔资金弥补失去的时间。2018年，通用汽车公司向其自动驾驶部门GM Cruise注资11亿美元。

几个月后，优步获得了日本企业巨头软银集团（Softbank）22.5亿美元的投资。随着大量资本的飞速注入，随着重量级人物的争相介入，这种转变将会以多快的速度发生？

"比任何人预期的都要快，"杰夫·霍尔登说，"目前，超过10%的千禧一代选择以拼车的方式出行，而不是买车，但是这仅仅是个开始。自动驾驶汽车的价格将比现在便宜4到5倍，这不仅会让自己拥有一辆汽车变得没有必要，而且还会让自己拥有一辆汽车变得非常昂贵。我猜测，在十年之内，你就可能需要获得一个特殊的许可证才能驾驶人工驾驶汽车了。"

对消费者来说，这种转变的好处简直数不胜数。如果通勤时间为30分钟或更少，那么大多数美国人都是愿意忍受的。如果有一辆由机器人充当司机并可以变成卧室、会议室、电影院等任何场景的汽车，你可能就不会介意住处离公司更远一些了，在那里，房子价格更低，你可以用更少的钱买到更大的房子。而且，放弃拥有一辆汽车还可以让你把车库变成卧室，把车道变成玫瑰花园，同时你再也不需要购买汽油了。这些自动驾驶汽车是电动的，它们在晚上会自动充电。你不用再去寻找停车位，也不用再为停车罚单发愁，也没有超速罚单或酒后驾驶的风险了。

所有这些趋势在本质上都是颠覆性的。但是，与另外两股更大的推动变革的力量相比，它们就显得苍白无力了。第一股力量是，非货币化，或者说，将现金从发展方程式中移除。自动驾驶汽车的价格比私家车便宜80%，而且配备了机器人司机。第二股力量是，节约时间。美国人平均通勤时间为50.8分钟，这使通勤本身就成了一件令人抓狂的苦差事，这些时间本来可以用来睡觉、阅读、社交等你喜欢做的其他事情。

对于大型汽车制造商来说，这些发展预示着一个终点的到来，而对于那些专注于销售汽车而不是提供汽车服务的公司来说，尤其如此。截至2019年，全世界共有100多个汽车品牌。但我们有理由预测，在未来10

年，汽车行业会出现大的整合，因为指数型技术将直接瞄准美国、德国和日本等汽车制造业发达的国家。

汽车使用率将是这种整合过程的第一个驱动力量。现在，一般人利用自己汽车的时间不到5%，而在美国，一个有两个成年人的家庭通常拥有两辆车。因此，一辆自动驾驶汽车一天可以为6个家庭提供服务。无论你怎么看这些数字，合作效率的显著提高都会大幅降低对新车的需求。

功能是第二个驱动力量。在共享出行市场中，那些收集了最多数据、集中了最多汽车的公司，往往就是那些等待时间最短、车费最便宜的公司。便宜和快捷是影响消费者选择的两大因素，而实际共享的汽车是什么品牌则不那么重要。大多数时候，如果车子是干净整洁的，消费者甚至不会注意到那是什么牌子的汽车，就像我们今天对于优步的感觉一样。因此，如果仅靠6种不同的汽车就能满足客户的需求，那么紧随着汽车公司整合浪潮之后出现的，必定是汽车公司的倒闭潮。

现有的汽车行业不是唯一会受到影响的行业。美国现在有接近50万个停车位。在最近的一项调查中，麻省理工学院城市规划学教授埃兰·本－约瑟夫（Eran Ben-Joseph）的报告称，在美国许多主要城市，停车场占据了超过1/3的城市用地面积，而美国作为一个整体，为汽车留出了比特拉华州和罗得岛州加起来还要大的停车用地。但是，如果"汽车即服务"取代了"汽车令你不得不停车"，这些土地就可以腾出来，如果它们都得到了重新开发，将会出现一个巨大的商业地产热潮，它们中的很多还可以成为空中机场。不管怎样，从现在开始的10年，交通领域必定会发生翻天覆地的变化，且这个预测还没有将埃隆·马斯克（Elon Musk）"发飙"后发生的所有事情考虑进去。

超级高铁

在拉斯维加斯郊外一片空旷的沙漠上，静静地躺着一条高科技轨道。在轨道的一端，停着一辆外表光滑的银色豆荚状列车。突然，列车开始动了起来。不到一秒钟，它就加速到了 160 千米/时的高速。它的身影很快就模糊了，10 秒钟后，它就以将近 400 千米/时的速度飞驰在维珍超级高铁一号试验轨道上了。如果这些轨道一直延续下去，这列高速列车将会把你从洛杉矶带到旧金山，而所花的时间仅仅相当于看一集情景喜剧。

超级高铁（Hyperloop）是埃隆·马斯克的创意。马斯克早就下定决心，要在交通出行领域干出一番大事业，超级高铁只不过是一系列创意中的一个。我们在《创业无畏》一书中已经描述过他更早的两次尝试：他的火箭公司 SpaceX，以及电动汽车公司特斯拉。SpaceX 帮助重振了商业航天发射，把幻想变成了一个 10 亿美元的产业。与此同时，特斯拉迅速崛起，迫使各大汽车公司改变了对电动汽车的冷漠态度。正是在特斯拉的冲击下，各个国家开始逐步淘汰耗油量大的汽车，选择完全可充电的汽车。

SpaceX 和特斯拉这两家公司在马斯克"发飚"之前就已经进入了蓬勃发展阶段。2013 年，为了缩短洛杉矶与旧金山之间的通勤距离，加利福尼亚州立法机构批准了一项 680 亿美元的预算拨款，用于建造一条很可能是历史上最慢、最昂贵的子弹头列车轨道交通。这让马斯克感到愤怒。成本太高了！列车太慢了！于是，他与特斯拉及 SpaceX 的工程师团队合作，发表了一篇 58 页的关于"超级高铁"概念论文。超级高铁是一个高速运输网络，利用磁悬浮技术让乘客舱以 760 英里/时的速度在真空管内行进。如果成功的话，超级高铁可以让你在 35 分钟内穿越加利福尼亚州，甚至比商用飞机还要快。

事实上，马斯克这个想法并不完全是新的。科幻作家们一直在梦想着通过低压管道进行高速旅行。早在1909年，火箭先驱罗伯特·戈达德（Robert Goddard）就提出过一个类似于超级高铁的真空列车概念。1972年，美国兰德公司（RAND Corporation）又将之扩展为超音速地下铁路。但是，就像会飞的汽车一样，把科幻变成科学事实需要以一系列技术的融合为前提。

第一次融合并不是技术上的。相反，它是关于人的融合。2013年1月，马斯克和风险投资家谢文·皮舍瓦尔（Shervin Pishevar）曾经讨论过超级高铁这个概念。皮舍瓦尔认为超级高铁已经具备可行性，马斯克更是认为它具有压倒一切的优先性。马斯克兴致高昂，马上搞出了一份白皮书，但是他实在太忙，没时间再创办另一家公司。因此，在马斯克的祝福下，皮舍瓦尔决定自己动手。戴曼迪斯、奥巴马政府前白宫办公厅副主任吉姆·梅西纳（Jim Messina）、科技企业家乔·朗斯代尔（Joe Lonsdale）和戴维·萨克斯（David Sacks）成为超级高铁的创始成员。几年后，维珍集团（Virgin Group）投资了这个项目，其创始人理查德·布兰森（Richard Branson）当选为董事长，维珍超级高铁（Virgin Hyperloop One）诞生了。

所需的其他融合则都是技术方面的。"超级高铁之所以能够存在，"超级高铁的联合创始人兼首席技术官乔希·吉格尔（Josh Giegel）指出，"是因为电力电子、计算建模、材料科学和3D打印等技术的快速发展。现在，计算能力已经大大提高了，我们可以直接在云上运行关于超级高铁的仿真实验，测试整个系统的安全性和可靠性。从电磁系统的3D打印，到大型混凝土结构的3D打印，制造工艺方面的各种重大突破已经在价格和速度方面改变了游戏规则。"

这种融合就是为什么现在会有10个重大的超级高铁项目遍布全球的原因，尽管它们分别处在不同的发展阶段。其中有一个项目希望做到，从芝加哥出发，35分钟内到达华盛顿。另一个项目则希望在25分钟内可以从印度浦那到达孟买。根据吉格尔的说法，超级高铁的目标是在2023年通过认证，到2025年启动多个在建项目，并进行初步的搭载乘客测试。

仔细看一看这个时间表吧，自动驾驶汽车将在2020年推出，超级高铁认证和空中拼车将在2023年前完成。因此，到2025年，度假将会有一个与今天完全不同的意义。至于上班，那肯定会大有不同。更何况，马斯克的动作才刚刚开始。

马斯克的挖洞公司

埃隆·马斯克在洛杉矶的主要住所位于贝尔艾尔，距离SpaceX位于霍桑的办公室有将近30千米。他的通勤时间在最好的情况下是35分钟左右。但2016年12月17日（那恰好是莱特兄弟第一次飞行的周年纪念日）并不是一个好日子，405号高速公路完全堵死了，一动不动、一眼看不到头的车子简直把马斯克逼疯了。不过，这也给了他发Twitter的时间：

@elonmusk-17，2016年12月17日："糟糕的交通，把我逼疯了！我要造一台隧道掘进机，马上开始挖洞！"

@ elonmusk-17，2016年12月17日："这家公司应该就叫'挖洞公司'（Boring Company）。"

@ elonmusk-17，2016年12月17日："挖洞，这就是我们马上要做的。"

@ elonmusk-17，2016年12月17日："我真的打算搞这个。"

马斯克最终确实这么做了。8个月后，在阿波罗登月纪念日7月20日，马斯克在Twitter宣布："刚刚收到政府的口头批准，我们的挖洞公司将在地下建成一条超级高铁，行驶线路为纽约—费城—巴尔的摩—华盛顿。纽约到华盛顿，29分钟。"2018年春天，马斯克自己拿出了1.13亿美元启动了挖洞公司。他们一方面在华盛顿和纽约的超级高铁线两端施工，同时也开始在马里兰州 16 千米长的铁路线上施工，这条铁路线最终将把华盛顿和纽约连接起来。虽然隧道被设计成"与超级高铁兼容"，但是目前的计划是先建成一条临时性的高速列车轨道。第一期完工后，列车将以 240 千米 / 时的速度行驶，这远低于马斯克提出的近 1300 千米 / 时以上的速度。

他们还获得了在拉斯维加斯庞大的会展中心地下建造一条有 3 个站的地铁线路合同。他们希望能在 2021 年美国消费电子展前建成通车。虽然这还不是一条"超级高铁"，但是它却标志着挖洞公司迎来了第一位付费客户。

虽然这家公司在一开始的时候是使用传统掘进机的，但是马斯克借鉴了特斯拉的做法，已经着手设计电动掘进机了，其效率是传统掘进机的 3 倍。

值得注意的是，本章讨论过的所有创新在未来将协同工作。在一辆超级高铁到达一个由挖洞公司建造的车站前几分钟，优步公司的空中拼车服务和 Waymo 公司的自动驾驶服务就会派出一大批汽车，供乘客在下一段行程中使用。如果这对你来说还不够快的话，也许很快就会有另一个选择。

30 分钟从洛杉矶到悉尼

似乎觉得自动驾驶汽车、飞行汽车和超级高铁还不够快，2017 年 9 月，马斯克在澳大利亚阿德莱德市举行的国际宇航大会（International Aerospace Congress）上发表演讲时承诺，只需付出一张经济舱机票的价格，他的火箭就能让你"在一小时内飞到地球上的任何地方"。

在长达一小时的主题演讲结束后，马斯克向 5 000 名航空公司高管和政府官员做出了这个承诺。他这次演讲的主要内容是介绍关于 SpaceX 的巨型火箭"星际飞船"的最新情况。星际飞船的设计初衷是将人类送上火星。但是现在，马斯克打算用星际飞船来运送地面乘客了，这位交通运输行业的"史蒂夫·乔布斯"，似乎也想用用乔布斯的那句著名台词："等一下，等一下……还有一件事。"

这艘星际飞船是以将近 3 万千米 / 时的速度飞行的。它比协和式飞机快了一个数量级。请你仔细思考一下这句话的真正含义：39 分钟从纽约到上海，29 分钟从伦敦到迪拜，22 分钟从香港到新加坡。我们有什么理由不喜欢这个？

那么，用星际飞船运送地面乘客的想法怎样才能变成现实呢？

"我们可能会在三年内演示这项技术，"马斯克解释道，"但是，还需要一段时间的磨合来保证安全性。这是一个很高的标准。飞行本身是非常安全的，你在飞机上比在家里更安全。"

演示正在按计划进行。2017 年 9 月，马斯克宣布他打算让现有的猎鹰 9 号火箭和猎鹰重型火箭退役，并在 2020 年用星际飞船取而代之。不到一年之后，洛杉矶市长埃里克·加希提（Eric Garcetti）发文称，SpaceX 计划在洛杉矶港附近兴建一个占地超过 7 万平方米的火箭生产基地。2019 年 4 月，一个更大的里程碑出现了：星际飞船火箭成功进行了首次试飞。在未来 10 年左右的某个时候，"去欧洲吃午饭"可能会成为我们的口头禅。

预见未来

这是与每一个人都息息相关的事情。在下一个 10 年结束之前，这场交通变革就会影响我们生活中一些最密切的方面，例如，我们选择在哪里生活、在哪里工作，可以拥有多少闲暇时间，如何度过这些时间，等等。

它还将改变城市的外观和给人们的感受，改变"本地"约会对象的规模，改变"本地"学区的人口结构等。

现在请你继续展开想象的翅膀，想想这些"等等"到底是什么。请先放下这本书，闭上眼睛，问自己一个问题：这种交通方式的转变会给你的生活带来怎样的变化？先想一些琐碎的小事吧，比如你一天的活动：你要去办什么事？你想去逛哪些商店？

你对所想象的东西确定吗？

最后一个问题似乎是无关痛痒的，但是读者不妨这样去想：2006年，零售业刚刚进入繁荣期。西尔斯百货公司当时的市值为143亿美元，塔吉特的市值则达到了382亿美元，沃尔玛的市值更是高达1 580亿美元。同一时期，一家名为亚马逊的"新贵"零售商的市值也达到了175亿美元。现在，"快进"10年。有哪些东西发生了改变？

对许多传统零售商来说，这是一段苦日子。到2017年，西尔斯已经损失了94%的市值，它的市值仅剩9亿美元，而且不久之后就倒闭了。塔吉特的表现要好一些，市值上升到550亿美元。沃尔玛的表现最好，市值达到了2 439亿美元。但是亚马逊又怎么样呢？它的市值在十年之后达到7 000亿美元（到今天则进一步上升到8 000亿美元）。我敢打赌，你的生活也因此而改变了。

但是，亚马逊之所以能够改变你的生活，只是因为它使用了一种新技术，也就是互联网，来扩展一种旧技术，即邮购目录。现在向我们走来的交通运输大转型，是六七个指数型技术和六七个市场的大融合。我们其实很难想象所有这些融合的交叠影响，难道不是吗？

是的，对我们任何人来说，这都很难想象。大量功能性磁共振成像研究表明，当我们预测未来时，大脑内部会发生一件有些奇怪的事情：内侧前额叶皮层会关闭。内侧前额叶皮层有一个特点，当我们想到自己的时候，这个脑区就会激活；当我们想到别人的时候，就会发生相反的事情，也就是说它会停止激活；而当我们想到完全陌生的人时，它就更加不活跃了。

你也许会认为对未来的自我思考会激活内侧前额叶皮层，然而事实恰恰相反。这种思考会关闭内侧前额叶皮层，这就意味着大脑会把我们即将成为的人当作陌生人来对待。你对未来的规划越远，自己就会变得越陌生。回到前面几段所说的内容，如果你花时间思考交通变革会如何影响未来的你，你所设想的那个你其实不是你自己。

这就是为什么人们很难为退休、节食或定期体检进行储蓄的原因，大脑会认为，从这些困难的选择中受益的人并不是做出这些选择的这个人。这也是为什么，如果你一直在阅读这一章，并且在接受变化的速度上有些困难，那么就可能会在"全是废话"和"天啊"之间摇摆不定。不是只有你会这样。再加上我们的本地化和线性型的大脑在全球化和指数型世界中所受到的限制，要进行准确的预测就变成了一个相当困难的任务。即便是在正常情况下，大脑固有的这些神经生物学特征也可能会使我们对周围事物的发展变化视而不见。

而且，现在发生的情况离"正常"远着呢。十几项指数型技术开始融合只是第一步，它们的影响还释放出一系列的次生力量。这些力量范围极广，从我们获取信息、金钱和工具的途径的不断增加，到我们用于生产的时间和预期寿命的显著提高，都包括在内。这些力量汇成了又一个变革的海啸，加速了我们的步伐，加快了即将到来的破坏性创新速度和规模。

这既是好消息，也是坏消息。

坏消息与即将发生的事情关系不大，而更多地与我们适应变化的能力有关。大量研究表明，在未来几十年，人工智能和机器人技术的融合可能会威胁美国很大一部分劳动者的就业安全。如果我们想跟上变革的步伐，就必须让数千万人接受再培训然后"重装上线"。好消息则与再培训的另一面有关。

每当一项技术呈现出指数型发展趋势时，我们都会发现其中蕴藏着巨大的互联网机遇。想想互联网本身吧。尽管从表面上看互联网似乎摧毁了音乐、媒体、零售、旅游和出租车等行业，但是麦肯锡全球研究所的一项研究发现，互联网每摧毁一个就业岗位，就会创造出 2.6 个新就业岗位。

在接下来的 10 年里，我们将会在许多行业中看到这样的机会。因此，如果以互联网为基准，未来 10 年间新创造的财富将会超过 20 世纪整整 100 年创造的财富。许多具有极强的环境意识和社会意识的企业家以前从未有过这样的好日子。筹集种子资本的时间已经从几年缩减到了几分钟。独角兽的长成，或者说从"我有一个好点子"到"我管理着一家价值 10 亿美元的公司"，在以前是一个需要熬过 20 年的漫长过程。而在今天，在某些情况下，却只需要不到一年的冒险。

不幸的是，现有的组织将很难跟上这种步伐。我们最大的公司和政府机构都是在另一个世纪里设计建成的，主要目的都是为了安全和稳定，也就是通常所说的"经久耐用"，但它们无法承受快速、彻底的变化。这就是为什么，根据创新大师理查德·福斯特（Richard Foster）的说法，今天《财富》500 强企业中至少有 40% 将会在 10 年内消失，取而代之的将是我们现在尚未听说过的新贵。

许多制度也将遭受同样的"苦难"。教育系统是 18 世纪的发明，目的是大批量培养少年儿童，为他们未来在企业工作做好准备。今天的世界当然不再是那个样子了，这也是为什么现有的教育体系不能满足我们当前的需求。当然，这也并不是唯一受到这种威胁的制度。

又如，为什么现在离婚率这么高？原因之一是，婚姻作为一种制度是4 000多年前产生的，那时人们十几岁就结婚了，四十多岁就死了。因此，婚姻制度最初设计的"使用期限"就只有20年。但是，由于医疗技术的进步和人的寿命的延长，我们可以看到半个多世纪以上的婚姻生活，这就给"直到死亡将我们分开"这句誓言带来了一个新的诠释。

因此，能够看清事物的细微变化趋势，并足够快地适应即将发生的事情，变得比以往任何时候都更加重要了，这也是本书所要着力阐述的。

在第1部分中，我们将探索当前指数增长曲线上的9个技术，考察它们的现状和发展趋势。我们还将评估一系列的次级力量，可以称之为"技术冲击波"，看看它们将如何进一步加快世界变化的速度并放大这种变化的影响范围。

在第2部分中，我们将集中考察8个行业，看看不断融合的技术如何重塑我们的世界。从教育业和娱乐业的未来，到医疗保健业和商业的转型，这一部分为未来提供了蓝图，为社会的重大转型提供了路径，为任何有兴趣冲浪的人提供了剧本。

在第3部分中，我们转而面对更大的图景，着重讨论一系列威胁我们即将取得进展的环境、经济和生存风险。我们将把视野从未来的10年扩展到未来的整个世纪，聚焦五大迁移——经济重新定位、气候剧烈变化、虚拟世界探索、外太空殖民和"蜂群思维"型合作。了解了这些，你就可以玩"现在你看到它了，然后你又看不见了"（now-you-see-it-now-you-don't）这个魔术了。

但是在这么做之前，还得先完成另一项工作，就像史蒂夫·乔布斯喜欢说的那样：等一下，等一下……还有一件事。

欢迎来到比你想象的更快的未来

现在是2028年,你正在俄亥俄州克利夫兰市的家中吃早餐。你站起身,和孩子们吻别,接着走出门。今天你要参加一个在纽约市中心举行的会议。你的人工智能助理知道你的日程安排,因此已经有一辆自动驾驶汽车在等你了。当你走到外面时,这辆汽车也驶入了你的车道。

这一切用了多长时间?不到10秒。

因为你戴着睡眠传感器,而且你的人工智能助理知道你昨晚睡得比较少,因此路途上是小睡一下的绝佳机会。你的自动驾驶汽车当然会提供这样的服务,它配备了一个可以平躺的后座和一套新床单。

汽车带你来到了当地的超级高铁车站,你已经休息好了,神清气爽地走进了高速列车,快速来到了市中心。在克利夫兰市摩天大楼屋顶上,优步会把你带到曼哈顿的一个巨型空中机场。你乘电梯下到一楼,另一个优步机器人等着带你去华尔街开会。从克利夫兰市的家门,到纽约市中心会议室的门,这一切需要的全部时间仅为59分钟。

借用计算科学中的一个术语,这将是一个"包交换人"(packetswitched humans)的未来,你可以选择你的优先级、速度、舒适度或成本,指定你的起点和终点,然后系统将完成剩下的工作。不会有麻烦、也不会有任何遗漏的细节,而且总有其他备选方案可用。

等一下,等一下……还有一件事。

虽然我们所讨论的技术将会摧毁传统的交通行业,但是有一点将会破坏旅行本身。如果从 A 地到 B 地根本不需要移动身体呢？如果你能像《星际迷航》中的柯克船长那样，只需说一声："现在把我传送上去！斯科蒂。"又会怎样？

好吧，其实除了《星际迷航》中的传输机，我们还有一个身外化身的世界。

第一个身外化身就是第二个自我。这通常有两种形式。数字版本已经存在了几十年了，它诞生于视频游戏行业，并因《第二人生》（*Second Life*）等虚拟世界网站和《头号玩家》（*Ready Player One*）等畅销书而流行起来。虚拟现实头盔会将你的"眼睛"和"耳朵"传送到另一个位置，同时一组触觉传感器也会把你的触觉转移过去。突然之间，你就进入了一个虚拟世界中的化身当中。当你在现实世界中移动时，你的化身也在虚拟世界中移动。当你受邀发表演讲时，利用这种技术，你可以在自己家中舒适的客厅里完成演讲，而用不着去机场赶飞机。

机器人则是化身的第二种形式。想象一个可以随意利用的人形机器人。也许，在一个远离家乡的城市，你通过一家共享出行公司租赁了一个机器人，又或者，你在全国各地都有备用的机器人化身。不管怎样，戴上虚拟现实眼镜，穿上触觉服，你就可以把你的感官传送到那些机器人身上。这让你可以同时在许多地方走动，与人握手，采取特定的行动。完成所有这些都不需要离开你的家。

就像我们一直在讨论的其他技术一样，这个未来离我们并不遥远。2018 年，全日空航空公司出资 1 000 万美元设立了"全日空阿凡达 X 大奖"（ANA Avatar XPRIZE），以加速机器人化身的开发。全日空为什么要这样做？因为这是一项可能会颠覆航空业的技术，因此它希望提前做好准备。

或者换一种说法。个人拥有汽车的优势已经持续了一个多世纪。它面临的第一个真正的威胁是今天的共享出行模式,这是在 10 年前才开始出现的。而且,这种共享出行模式很可能无法在 10 年内占据主导地位。它已经处于被自动驾驶汽车取代的边缘,也处于被飞行汽车颠覆的边缘,还处于被超级高铁和地面载客火箭毁灭的边缘。此外还有"阿凡达"这样的身外化身。最重要的是,所有这些变化将在未来 10 年发生。

欢迎来到比你想象的更快的未来。

第 2 章

飞速发展的 9 大指数型技术（一）

量子计算

没想到吧，宇宙中最冷的地方其实位于阳光充足的加利福尼亚。在伯克利郊区的一个超大仓库里，悬挂着一条巨大的白色管道。这是一个人造低温装置，是下一代低温制冷机，可以冷却到 0.003 开尔文，或者说，接近于绝对零度。

早在 1995 年，智利的天文学家就探测到回飞棒星云（Boomerang Nebula）内部的温度为 1.15 开尔文。这是一个创纪录的发现，是宇宙中自然界最冷的地方。相比之下，这条白色的管道还要低差不多 1 开尔文，这使它成为宇宙中最寒冷的角落，同时也是一种极端的冻结状态，能够保证一个量子位处于叠加状态。

这是什么意思？

在经典计算中，"位"是二进制信息的一小块，要么是 1，要么是 0。"量子位"（qubit）则是这个概念的更新版本，其全名为"quantum bit"。与非此即彼的二进制位不同，量子位所实现的是"叠加"，这使它们可以同时处于多种状态。读者不妨想一想抛硬币的两种结果：正面或反面。再考虑一个急速旋转中的硬币，正反两种状态瞬间就会闪过。对于量子来说，这就是叠加，只是需要超级低的温度才能实现。

叠加意味着力量，极大的力量。经典计算机需要数千步才能解决的难题，量子计算机只需两三步就能解决。我们可以这样理解，IBM公司制造的、在国际象棋比赛中击败了国际象棋大师加里·卡斯帕罗夫（Gary Kasparov）的"深蓝"（Deep Blue），每秒可以计算2亿步，而量子机器可以提升到一万亿步甚至更多，这就是隐藏在那条白色大管道里的力量。

这条管道属于里格蒂计算公司（Rigetti Computing），是"大卫对抗歌利亚"式科技传奇故事的主角之一。[1]目前，在量子计算领域，参与竞逐"量子霸权"的选手，也就是建造一台能够解决经典计算机无法解决的问题的量子计算机，主要是谷歌、IBM和微软等传统科技巨头，以及像牛津大学和耶鲁大学这样的学术堡垒，里格蒂计算公司这样的小企业，在其竞争对手面前，显得有些另类。

里格蒂计算公司创办于2013年，物理学家查德·里格蒂（Chad Rigetti）认为，量子计算机行业已经比许多人想象的更接近于启动的黄金时间，他希望成为推动这项技术突破终点线的人。因此，他辞去了在IBM公司担任量子科学研究员的舒适工作，筹集了超过1.19亿美元的资金，建造了这条有史以来最冷的管道。在成功申请了50多项专利之后，里格蒂计算公司现在制造的集成量子电路已经可以直接连接到云端的量子计算机上了。很显然里格蒂是对的，这项技术确实解决了一个大问题：摩尔定律的终结。

我们在这里将讨论9个指数型技术，而且它们都开始趋同了。所有这些技术都构成了对摩尔定律的挑战，尽管它反映了一个长达60年计算能

---

[1] 歌利亚是传说中的巨人，带领非利士人攻打以色列。最后被牧童大卫用弹弓打中脑袋，割下首级。大卫日后统一了以色列。——编者注

力不断提高的浪潮。

晶体管的功率，也就是测量这个浪潮大小的方法，通常用"FLOPS"，即"每秒完成的浮点运算次数"来计算。1956年，计算机的运算能力为每秒1万次浮点运算。到2015年，这个数字变成了每秒1万亿次浮点运算。正是这种成亿倍的进步推动了科技的进步。

然而，在过去的几年里，摩尔定律的这种发展速度一直在放缓，问题出在物理方面。我们知道，集成电路的改进缩小了晶体管之间的距离，这让我们可以将更多的晶体管封装到芯片上。1971年，通道距离，也就是晶体管与晶体管之间的距离，为1万纳米。到2000年，这一距离减少到大约100纳米。而现在，晶体管之间的距离已经减少到大约5纳米了。于是麻烦来了，在这样的微观尺度下，电子开始"到处跳跃"，从而破坏了它们的计算能力。这就成了晶体管发展的物理极限，带来了摩尔定律的绝唱。

但是，未必。

雷·库兹韦尔认为："摩尔定律并不是第一个，而是第五个提供加速价格性能的范式"。他这样写道："计算设备的（单位时间的）运算能力一直在成倍增强：从1890年美国人口普查过程中使用的机械计算设备，到图灵用电磁继电器制造的Robinson密码破译器（用于破解纳粹德国的密码），到哥伦比亚广播公司成功预测了艾森豪威尔将会在选举中胜出的真空管计算机，到第一次航天发射中所用的晶体管计算机，再到基于集成电路的个人电脑，都是如此。"

库兹韦尔的观点是，每当一项指数型技术的实用性达到极限时，就会有另一项技术取而代之。今天计算机所用的晶体管也是如此。现在，至少有6种方法可以解决摩尔定律终结这个问题。人们正在探索相关材料的各种其他用途，例如，用碳纳米管取代硅电路，以实现更快的运算和更好的散热。也可以采用新的设计，包括三维集成电路，它以几何的方法大幅增加了可用的表面积。此外，还有一些功能有限但速度惊人的特殊芯片，例如，苹果推出的 A12 仿生芯片，虽然只能运行人工智能应用程序，但是运行速度高达每秒 9 万亿次。

但是，与量子计算相比，所有这些解决方案都显得苍白无力。

2002 年，最早的量子计算公司之一 D-Wave 创始人乔迪·罗斯（Geordie Rose）提出了摩尔定律的量子版本，这个定律现在被称为罗斯定律。基本思想与摩尔定律相似：量子计算机中的量子位数量每年都会翻一番。然而，罗斯定律也经常被称为"超强版摩尔定律"（Moore's Law on steroids），因为叠加态中的量子位的"能力"要比晶体管中的二进制位大得多。这样说吧。一台有 50 个量子位的计算机拥有 16 PB 的内存。这是一个非常大的内存，如果它是一台 iPod，那么将可以容纳 5 000 万首歌曲。而且，只需在此基础上再增加 30 个量子位，就会得到完全不同的结果。假设宇宙中的每一个原子都能够存储一个比特的信息，那么一台 80 个量子位的计算机所拥有的信息存储量将比宇宙中所有的原子还要大。

正因为如此，我们实在无法预料，一旦量子计算真正开始走向成熟，会带来怎样的创新。我们知道这前景极其诱人。由于化学和物理都是量子过程，因此，正如牛津大学物理学家西蒙·本杰明（Simon Benjamin）所指出的，以量子位为单位的计算将迎来一个"新材料、新化学和新药物大发现的黄金时代"。量子计算还将放大人工智能、重塑网络安全，并且让我们有能力进行极其复杂的仿真实验。

例如，量子计算可以为我们发明新药提供极大的助力。对此，里格蒂解释道："量子计算技术彻底改变了新药研究与开发的经济考量。假设你正在尝试开发一种新的抗癌药物。在以往，你必须建立一个大型的湿实验室，才能在试管中探索成千上万种化合物的特性；相反，利用量子计算，你将能够在计算机内部完成大部分的探索工作。"换句话说，创意与新药之间的距离将变得越来越近。

而且每个人都可以参与这种探索。事实上，量子计算已经是一种民众可以方便利用的技术了。现在，你只需访问里格蒂计算公司的网站，就可以下载他们的量子开发人员工具包。这个工具包为我们进行量子计算提供了一个用户友好的界面。有了它，几乎任何人都能编写可以在里格蒂计算公司的有32个量子位的计算机上运行的程序，现在它已经运行了超过1.2亿个程序。

用户友好的量子计算开发工具的出现，标志着一个关键的拐点。但我们需要对此作出一些解释。

在《创业无畏》一书中，我们介绍了"指数型技术6D框架"：数字化（digitalization）、欺骗性（deception）、颠覆性（disruption）、非货币化（demonetization）、非物质化（dematerialization）和大众化（democratization）。每一个D都代表着指数型技术发展的一个关键阶段，并总是会导致巨大的变革和机遇。由于透彻地理解这些阶段对于理解量子计算的发展（以及我们将要讨论的其他技术）是必不可少的，因此值得在此简要回顾一下：

1. **数字化**：一旦一项技术成为数字技术，也就是一旦可以将它转换为二进制代码1和0，它就能跃上摩尔定律的肩膀，开始呈指数级增长。再加上量子计算技术的加持，完成数字化技术就会跃上罗斯定律的肩膀，开启更加疯狂的增长之旅。

2. **欺骗性**：指数型技术在第一次引入时通常会引发很多炒作。由于早期的进展通常非常缓慢（在绘制成曲线后可以看到，前几次翻倍都是在远低于1.0的水平上进行的），因此这些技术会在相当长的一段时间内都无法达到倡导者宣传的水准。不妨想一想比特币发展初期的状况。在那时候，大多数人认为加密货币只是那些"超级极客"（übergeek）手中的新玩具，或者只是在线购买非法药物的一种支付工具。而在今天，它却导致了金融市场的重塑。这是指数型技术发展过程中欺骗阶段的一个经典例子。

3. **颠覆性**：一旦指数型技术开始真正影响我们的世界，就会破坏现有的产品、服务、市场和行业，这就是颠覆性。3D打印就是一个很好的例子，单单是这种指数型技术，就对整个10万亿美元的制造业构成了威胁。

4. **非货币化**：在产品或服务曾经需要付出成本的那些地方，货币却突然从方程式中消失了。摄影曾经很昂贵。拍的照片数量不会太多，因为购买胶卷和冲洗胶卷要花很多钱。可一旦照片实现了数字化，这些成本就都消失了。现在你会不加思索地拍下无数张照片，困难的只是如何从太多的可选照片中选出真正令你满意的那些。

5. **非物质化**：刚刚你还能看见它，立刻你就看不见它了！非物质化指的就是这种产品本身也消失不见的情况。照相机、立体音响、视频游戏机、电视、GPS系统、计算器、纸张，甚至是熟悉的婚介服务这些曾经独立的产品（服务）现在都已经成为智能手机的标配。维基百科使得百科全书非物质化了，iTunes消灭了实体形式的音乐商店。

6. **大众化**：当指数型技术规模扩大、受众变多的时候，大众化就发生了。曾几何时，手机是只有少数富人才能使用的砖头大小的通信工具。而在今天，几乎每个人都有一部或几部手机了，全世界几乎找不到不受这项技术影响的地方了。

那么，这个6D框架对量子计算意味着什么呢？这么说吧，根据这个增长周期模型，一个用户友好界面是指数型技术的欺骗性阶段和颠覆性阶段之间的桥梁。例如，互联网。1993年，网景公司创始人马克·安德森（Marc Andreessen）设计了 Mosaic 浏览器，这是互联网的第一个用户友好界面（后来它发展成了网景浏览器）。在这个浏览器问世之前，整个互联网只有 26 个网站。几年之后，就有了成千上万个网站；再过几年，就有了数百万个网站。这就是用户友好界面的真正力量：它能够使技术大众化。有了一个好的界面，就可以让专业人员参与，技术的运用就会扩展开来，而且是非常快速地扩展开来。同样，利用里格蒂计算公司提供的 Forest 工具包，人们已经写出了 150 多万个程序。因此，它成了量子世界的友好界面。这个事实告诉我们，天翻地覆的变化即将到来。

人工智能

2014年，微软公司在中国发布了一款聊天机器人，名字叫"小冰"，她要完成的使命似乎就是用来测试用户的反应。[①] 与大多数个人智能设备（它们往往是为完成特定任务而设计的）不同的是，小冰在用户友好方面做了优化。她的目标不是尽快完成工作，而是让谈话继续下去。由于小冰被设计成要像一个 17 岁左右的女孩那样做出反应，因此她并不总是"很有礼貌"的。

小冰还懂得讥讽，有时甚至显得相当辛辣。这是不是很令人惊讶？是的，有点。例如，虽然小冰是用神经网络构建的，但是当被问及她是否理解神经网络的工作原理时，她的回答却是："是的，老铁！"

但是，更加令人惊讶的是，人们竟然那么喜欢和小冰说话。自问世以来，小冰已经与超过 1 亿人进行了 300 多亿次对话。一个普通用户平均每个月要与她聊 60 次，而注册用户总数则超过了 2 000 万。

---

① 小冰的原创诗集《阳光失了玻璃窗》中文简体字版已由湛庐策划、北京联合出版公司出版。这是人类历史上第一部 100% 由人工智能创作的诗集。——编者注

这些对话都是什么样子的呢？因为小冰的任务是建立情感联系，所以她会给出很多建议，往往是一些奇怪却又显得有些睿智的建议。例如，有一次，当一个用户告诉小冰"我觉得我的女朋友在生我的气"时，小冰反问道"你是不是更加关注什么东西会把你们拆散，而不关心什么东西能够让你们结合在一起"。

因此，与小冰的对话往往会在午夜过后的几个小时里达到高峰，这让微软公司的高管怀疑是否需要给这个人工智能设定宵禁。小冰如此广受欢迎，以至于在 2015 年，上海东方卫视"聘请"小冰在早间新闻时段"直播"天气预报，这是人工智能首次被用于这类特殊工作（当然，也不会是最后一次）。

也正是在 2015 年，小冰在电视上亮相前后，人工智能开始从欺骗性阶段过渡到颠覆性阶段。造成这种转变的原因有两个。第一个原因是大数据的出现。人工智能的真正力量在于它能够发现隐藏在模糊信息之间的联系——这种联系本来没有人会注意到。因此，输入人工智能的信息越多，它的表现就越好。

2015 年左右，由于互联网和社交媒体的发展，海量数据开始出现。以对猫的图像识别为例。事实证明，所有关于猫的视频对于训练人工智能进行图像识别和场景识别都是非常重要的。你在社交媒体上给出的喜欢或不喜欢的评价，也是一样。换句话说，尽管很多人认为社交媒体让人变得更笨了，但是它确实让人工智能变得更聪明了。

第二个原因是图形处理器的涌现。在上述数据集出现的同时，特别便宜但功能非常强大的图形处理器也在大量涌入市场。图形处理器是用来驱动电子游戏中层出不穷的复杂图形的，它们也可以为人工智能提供动力。这个技术融合——大数据集与廉价而强大的图形处理器相遇的级别相对较小，但是它的结果却引发了历史上最快的入侵之一——使人工智能就此入侵了我们生活的方方面面。

首先出现的是机器学习，它使用特定算法分析数据，并从数据中学习，然后对世界做出预测。奈飞和声田（Spotify）推荐电影和音乐时，用的就是机器学习算法；IBM 的沃森在充当理财师时，用的也是机器学习算法。

接下来，神经网络出现了。受人类大脑的神经生物学机制的启发，这些网络能够从结构化的数据中进行无监督学习。你不再需要向人工智能一次一个地提供信息了，相反，有了神经网络，你只需将它们发布到互联网上，系统就会完成剩下的工作。

为了理解这些由神经网络驱动的人工智能所能实现的功能，我们可以先来看一看服务业的情况。目前，服务业在美国国内生产总值中所占的份额达到了 80% 以上。当专家根据其主要任务对服务进行分类时，得出如下五大类：看、听、读、写与整合知识。为了更好地了解人工智能目前的状况和未来的发展方向，我们或许应该一次只考察一个因素。

从表面上看，人工智能领域的创新已经积累了很多年。早在 1995 年，我们就看到人工智能已经可以读取信件的邮政编码了。到 2011 年，人工智能可以识别出 43 种不同类型的交通标志，准确率高达 99.46%（这比人类的准确率还高）。第二年，人工智能的表现又一次超过了人类，这一次，人工智能对 1 000 多种不同类型的图像进行分类，将鸟类、汽车、猫等区分开来。到今天，人工智能系统已经可以从人群中将你识别出来了。而且，如果距离不算太远，人工智能可以通过你的嘴唇动作"读取"你说的话、通过"观察"你的微表情和其他生物标记，探知你的感受。与此同时，由于追踪软件现在已经变得如此灵巧了，一架人工智能驾驶的无人机可以在茂密的森林中根据被追踪人的脚印找到他。

在听觉人工智能方面，亚马逊的 Echo、谷歌 Home 和苹果的 HomePod 都增加了一个永不关闭的功能：总是在等待我们的下一个指令。这些机器现在已经能够处理一些相当复杂的指令了。2018 年，谷歌发布了一段视频，记录了一个名叫"Duplex"的人工智能助理打电话到美容院预约的过程。这个视频让所有人大吃一惊。预约进行得天衣无缝，更重要的是美容院接待员的反应，在整个交谈过程中，她完全不知道自己正在跟一台机器对话。

人工智能技术在阅读和写作方面也有了类似的长足进步。利用谷歌的 Talk to Books，你可以就任何主题向人工智能提问。当一个人向它提问时，这个人工智能可以在半秒内阅读 12 万本书，并引用适当的引文来作出回答。但是这里真正有意义的一个升级是，它是根据提问者的意图、而不是只根据关键字来提供答案的。此外，这个人工智能似乎很有幽默感。例如，当你问它"天堂在哪里"这个问题时，它给出的答案是："天堂，对于人类来说，似乎不能在美索不达米亚找到。"这段话出自 J. 爱德华·赖特（J. Edward Wright）的《天堂的早期历史》（Early History of Heaven）。

在写作方面，Narrative Science 等公司已经使用人工智能来撰写文章了，其质量完全达到了杂志发表的水平，而且不需要人类记者提供任何帮助。《福布斯》早就在用人工智能撰写商业报道。还有数十家日报也在用人工智能写棒球消息。与此类似，Gmail 的 Smart Compose 功能，现在也不再仅仅限于只是简单地向使用者提供关于用什么单词合适和它们的正确拼写形式的建议了，而是会在你打字的时候就"脱口而出"地把整个短语都告诉你。其他人工智能甚至能够撰写整本书，在 2017 年日本国家文学奖的角逐中，一部由人工智能撰写的小说就冲进了最后一轮评选。

整合知识，我们要讨论的最后一个类别，是通过游戏来实现的。以国际象棋为例，1997 年，IBM 的深蓝击败了当时的世界冠军加里·卡斯帕罗夫。通常认为，国际象棋的博弈树复杂度为 10^{40}，也就是说，即便地球上全部的人都来配对下棋，他们也要花费数万亿年的时间，才能穷尽每一个变化。

然而，在 2017 年，谷歌的 AlphaGo 打败了世界围棋冠军李世石。围棋的博弈树的复杂度达到了 10^{360}，那简直是超级英雄下的围棋。或者换一种说法，人类是已知的唯一拥有下围棋所需认知能力的物种。大自然花了几十万年的时间才进化出了这种能力。相比之下，人工智能在不到 20 年的时间里就实现了这一目标。

当然，人工智能"技不止此"。在 AlphaGo 获胜几个月后，谷歌升级了 AlphaGo 的训练风格，将其更新为 AlphaGo Zero。AlphaGo 是通过机器学习来学习的，要把人类之前下过的成千上万局棋的棋谱"喂"给它，并告诉它每一个可能位置的正确走法和错误走法分别是什么。与此不同的是，AlphaGo Zero 只需要"零数据"，因为它依赖的是"强化学习"，也就是说，它通过与自己下棋进行学习。

从几条简单的规则开始，AlphaGo Zero 只花了三天时间就打败了它的"父亲"AlphaGo。几周之后，它就横扫了全世界最好的 60 名围棋选手。只花了 40 天时间，AlphaGoZero 就成了地球上无可争议的最佳"围棋选手"。如果这还不够令人啧啧称奇的话，再来看这个例子：2017 年 5 月，谷歌使用同样的强化学习系统，让一个人工智能制造出了另一个人工智能。在实时图像识别任务中，这台机器制造的机器的表现，远远超过了人类制造的机器。

2018 年，这些人工智能开始走出实验室，进入现实世界。美国食品药品监督管理局已经批准人工智能在急诊室工作。事实上，在预测呼吸衰竭或心力衰竭猝死方面，人工智能已经比医生做得更好了。Facebook 依靠人工智能来发现用户的自杀倾向，美国国防部利用人工智能来发现士兵抑郁和创伤后应激障碍的早期迹象。像小冰这样的机器人已经开始为孤独和失恋的人提供建议了。人工智能还"入侵"了金融、保险、零售、娱乐、医疗、法律等领域，装备在你的房子、汽车、电话、电视中，甚至已经进入了政治领域。2018年，一个人工智能"出马"竞选日本某市市长，尽管最后没有获胜，但是整个竞选过程中的竞争比任何人预期的都要激烈得多。

但是，真正让这一切得以发挥革命性影响的，还是人工智能的广泛可得性。

就在10年前，人工智能还只是大公司和政府的专属。但是在今天，我们所有人都可以使用它了。大多数好的软件早就变成了开源的。如果你有一台2018年或以后生产的智能手机，它就已经内置了人工智能神经网络芯片，可以随时处理这种软件。要让它更加强大？好的，亚马逊、微软和谷歌等公司都在竞相使基于人工智能的云计算成为他们的下一个重磅服务。

那么，这意味着什么呢？让我们从电影《钢铁侠》（*Iron Man*）中的贾维斯开始说起。对于许多人来说，贾维斯可能是迄今为止最酷的人工智能。托尼·斯塔克（Tony Stark）可以用正常的声音和贾维斯聊天，还可以向贾维斯描述一个设想中的发明，然后他们就可以合作进行设计和建造。贾维斯其实是斯塔克应用数十种指数型技术的友好界面，它为终极创新的火箭提供了燃料。一旦我们开发出了这种能力，"涡轮增压"这个术语所代表的东西就根本无法与之相提并论了。

现在，我们已经很接近这一点了。云中的人工智能为类似于贾维斯的功能提供了必要的支持。如果能将小冰的友好对话与AlphaGo Zero的精确决策融合在一起，就能够前进一大步，再加上蓬勃发展的深度学习，你就能得到一个能够独立思考的系统。那就达到了贾维斯的水平吗？还没有。

但它将会是一个"贾维斯精简版"。各种精简版的涌现，也是技术加速过程再加速的另一个原因。

网络

网络是一种交通工具，能够将不同地方的商品和服务联系起来，更加重要的是，它们能够使信息和创新从一个地方扩展到另一个地方。世界上最古老的网络可以追溯到一万多年前的石器时代，那也是最早的道路出现的时候。那些道路在当时是个奇迹。它们使思想和创新的交流不再受制于眼前的咫尺之间，事实和数字能够以5千米/时的牛车速度"飞驰"。

然后在很长一段时间内都没有什么大的突破。在接下来的12 000年里，除了用马代替牛和发明了航海所用的帆之外，信息的传播速度基本保持不变。

一个重大变化发生在1844年5月24日，美国画家、"电报之父"塞缪尔·莫尔斯（Samuel Morse）发出了一份电报，上面只写了这样四个英语单词："What hath God wrought（上帝创造了什么）？"莫尔斯的电报既解决了那个时代的问题，也预示着一个新的网络时代的诞生。莫尔斯是通过一条从华盛顿特区延伸到马里兰州巴尔的摩的实验性电报线将这几个字发送出去的，这就是全世界第一个信息网络，尽管它只是一个只有两个节点的草图。

32年后，"电话之父"亚历山大·格雷厄姆·贝尔（Alexander Graham Bell）大大扩展了网络，但是他也只多用了5个英语单词。1876年3月，贝尔打出了地球上第一通电话，那是一份只有9个单词的邀请："Mr. Watson, come here. I want to see you（华生，到这里来。我想见你）。"更重要的是，贝尔扩大了这些网络的能力。

贝尔的发明并没有提高数据传输的速度，电报利用的是通过电线传输的电流，电话利用的仍然是通过电线传输的电流，但是它极大地改善了信息传输的数量和质量。更有利的是，电话拥有一个用户友好的界面。我们不需要花几年时间去学习那些复杂的东西，而只需拿起电话听筒拨号就可以使用电话了。在有了这第一个用户友好的界面之后，网络开发就摆脱了欺骗性阶段，逐渐走向颠覆性阶段。1919年，只有不到10%的美国家庭拥有固定电话。想要从东海岸打三分钟到西海岸的电话吗？没有问题。不过需要支付一笔不小的费用，在当时是20美元，差不多相当于现在的400美元。但是到20世纪60年代，从美国打电话到印度一分钟只需要10美元。今天，则只需大约28美分。

然而，所有这些都只是热身而已。在过去的50年里，网络已经从彼此隔离的分裂阶段进入了几乎无处不在的阶段。我们现在已经几乎在地球的每个角落都连接上了网络：光纤电缆、无线网络、骨干网、空间站、卫星网站等。互联网是世界上最大的网络。2010年，地球上大约1/4的人口，即18亿人，都连上了互联网。到2017年，手机已经普及到了38亿人，约占全球总人口的一半。但是在未来的5年里，这些联系将扩展到我们所有人，所有今天尚未连线的普罗大众都将上线，使全体人类都连成一个网络。以千兆比特的速度和极低的成本，所有人都将加入全球对话。这就是网络未来的走向。

5G、气球和卫星

在研究人员谈论网络进化的时候，"G"是一个常用的词语，代表"一代"。1940年，当第一个电话网络开始铺开时，我们处于第0代（0G）。那时网络还处在欺骗性阶段中。我们花了差不多40年的时间才慢慢达到了1G，即20世纪80年代第一部手机出现的那一刻，它也标志着从欺骗性阶段到颠覆性阶段的转变。

到 20 世纪 90 年代，也就是互联网刚刚出现的时候，2G 出现了。但是这段旅程并没有持续多久。10 年后，3G 出现，开启了一个加速的新时代，带宽成本开始大幅下降，而且速度极为惊人（每年下降 35%）。到 2010 年，智能手机、移动银行和电子商务催生了 4G 网络。从 2019 年开始，5G 又将开始加速整个交易，能够以接近于零的价格提供比 4G 快 100 倍的速度。

5G 到底有多快？使用 3G，下载一部高清电影大约需要 45 分钟。而在 4G 网络下，则可以将下载过程缩短至 21 秒。但是在 5G 网络下，又会怎样？你读完这句话所花的时间可能比下载那部电影的时间还要长。

而且，就在这些手机网络在地球上如藤蔓般快速蔓延的同时，还有很多其他的手机网络也在天空中萌芽。字母表公司目前正在大力推动 Loon 项目（这个项目最初提出时可能被称为 Loony 项目）。它是 10 年前诞生于这个科技巨头的臭鼬工厂"谷歌 X"，当时的想法是用定位于平流层的热气球来取代地面发射塔。这个想法现在变成了现实。

谷歌的热气球尺寸为 15 米乘 12 米，它们重量很轻，但足够耐用，可以长期存留于离地面 20 千米的高空，为地面用户提供 4G-LTE 连接。每个气球能够覆盖 5 000 平方千米。谷歌的计划是建成一个有数千个这种热气球的网络，将所有未连接到网络的人连接起来，为地球上任何地方的任何人提供连续的网络服务。

谷歌并不是唯一一家争夺天空的公司。在同温层之外，还有三个主要的竞争对手正在进行一场全新的太空竞赛。第一个团队由工程师格雷格·怀勒（Greg Wyler）领导，他长期以来一直致力于利用技术来消除贫困。早在 21 世纪初，怀勒就凭借微薄的预算，帮助非洲的很多个社区实现了 3G 上网。如今，在来自软银、高通和维珍数十亿资金的支持下，怀勒将推出 OneWeb，这是一个由大约 2 000 颗卫星组成的星链，能够为每个人提供 5G 下载。

尽管 OneWeb 对网络进行了大力升级，但是与亚马逊和 SpaceX 这种资金充足的巨头相比，怀勒只能算是"大卫"。在 2019 年初，亚马逊加入了卫星网络竞赛。它的 Kuiper 项目，一个由 3 236 颗卫星组成的星链，旨在为世界提供高速宽带。SpaceX 的启动比亚马逊还要早 4 年，并且在 2019 年超越了亚马逊。当时，SpaceX 开始部署一个由上万颗卫星组成的巨型卫星链群（距地面 1 150 千米处有 4 000 颗，340 千米处有 7 500 颗）。如果成功了，将意味着全球都拥有千兆以上的连接速度。

那么，在更高的地方还有吗？当然！

在距地面 8 000 千米的地方，也就是技术上所说的中地球轨道上，波音公司正在推进 O3B 项目，以建设最新一代的网络。O3B，即"Other 3 Billion"，"其他 30 亿人"之义。这个星链将由波音公司制造的多兆比特卫星组成，它被称为"mPower 网络"，旨在为所有目前没有网络的人提供网络连接。

总而言之，在下一个十年的中期之前，任何想要上网的人都可以连接上网。有史以来第一次，20 世纪 60 年代的那句老话"同一个星球，同一个人"将最终变成现实，尽管是以网络的形式。随着上网人数的翻倍，我们将有很大的机会亲眼见证迄今为止最具历史意义的技术创新和全球经济进步的加速过程。

传感器

2014 年，在芬兰的一个传染病实验室里，卫生研究员佩特里·拉特拉（Petteri Lahtela）发现了一件奇怪的事情，他突然意识到他所研究的很多问题的条件都存在着重叠。例如，在检查一些医生认为互不相关的疾病时，比如莱姆病、心脏病、糖尿病等，他发现所有这些疾病都对睡眠有负面影响。

这就引发了一个因果关系问题。是所有这些疾病都导致了睡眠问题，还是反过来，通过改善睡眠，这些疾病就能够治好，或者至少症状能够得到缓解呢？更加重要的是，怎样才能做到更有效地治愈这些疾病？

拉特拉发现，要想解决这些难题，他需要得到相关数据，很多很多数据。在收集这些信息的过程中，他很快就意识到自己可以利用最近出现的一个技术上的转折点。2015 年，在智能手机技术进步的推动下，小而强劲的电池与小而强大的传感器开始融合到一起。事实上，他意识到，由于它们体积小而功能强大，要建造一种新型的睡眠追踪器是完全可能的。

任何电子设备，如果能够测量某个物理量（如光、加速度或温度），然后将这些信息发送给网络上的其他设备，都可以被认为是一种传感器。拉特拉正在考虑的传感器是一种新型心率监测仪。跟踪睡眠的一个很好的方法是监测心率和心率的变异性。虽然市场上已经有了很多这样的追踪器，但是那些都是很有问题的"老型号"。例如，健身腕带和苹果手表，都是通过一个光学传感器测量手腕的血流量的。然而，手腕上的动脉位于皮肤表层以下很深的地方，因此无法对血流量进行完美的测量，而且人们通常不会戴着手表睡觉——这会影响它们原本设计用来测量的睡眠。

拉特拉发明的是这种智能手表的升级版，名为"乌拉戒指"（Oura ring）。这款戒指的主体是一条光滑的黑色钛带，装有 3 个传感器，可以跟踪和计算 10 个不同的身体信号，因此它是市场上最精确的睡眠追踪器。穿戴位置和采样率是它的秘密武器。由于手指上的动脉比手腕上的动脉离皮肤表层更近，乌拉戒指能够更好地了解心脏的情况。此外，苹果手表和 Garamond 每秒只能测量两次血流量，健身腕带最多可以测 12 次，而乌拉戒指则每秒可以测 250 次。在独立实验室进行的研究中，更好的成像质量和更高的采样率相结合，使乌拉戒指与医学级别的心率跟踪器相比准确率达到了 99%，心率变异性的准确率则达到了 98%。

20 年前，如此精确的传感器要花费数百万美元，而且必须安置在一个相当大的房间中。而乌拉戒指的价格约为 300 美元，并可以直接戴在手指上，这就是指数型增长对传感器的影响。传感器发展最重要的结果是通常所称的"物联网"（Internet of Things，IoT），即将遍布全球的智能设备互联网络。为了更好地理解我们已经走了多远，有必要回顾一下这场革命的演变过程。

1989 年，发明家约翰·罗姆尼（John Romkey）将一台烤面包机连接到互联网上，使之成为第一个物联网设备。10 年后，社会学家内尔·格罗斯（Neil Gross）看到了这个趋势，他在《商业周刊》上发表了一个著名的预测："在下个世纪，整个地球都会蒙上一层电子皮肤。地球将利用互联网作为支架，来支持和传播它的感觉。现在，这层皮肤正在缝合。它由数百万个嵌入式电子测量设备组成：恒温器、压力表、污染探测器、照相机、麦克风、葡萄糖传感器、心电图仪、脑电图仪等。它们将监测城市和濒危物种、大气、船只、高速公路和卡车车队，以及我们的对话、我们的身体，甚至我们的梦想。"

格罗斯的预测应验了。到 2009 年，连接到互联网上的设备数量已经超过地球上的总人口数量（125 亿个设备，68 亿人，或每人 1.84 个连接设备）。一年后，在智能手机发展的推动下，传感器价格开始暴跌。到 2015 年，连接到互联网上的设备总数达到了 150 亿台。由于这些设备中大多数都包含多个传感器，例如，平均每台智能手机大约有 20 个传感器。这也解释了为什么到 2020 年，人们通常所称的"我们的万亿传感器世界"将正式登场。

我们当然不会就此止步。斯坦福大学的研究人员估计，到2030年，将有5 000亿台联网设备（每台设备装有数十个传感器）。而根据埃森哲咨询公司（Accenture）的研究，这里面所包含的经济价值将达到14.2万亿美元。隐藏在这些数字背后的正是格罗斯的思想：那是记录了地球上的几乎每一种感觉的"电子皮肤"。

以光学传感器为例。柯达工程师史蒂文·萨森（Steven Sasson）于1976年发明了第一台数码相机，它有烤箱那么大，可以拍摄12张黑白照片，而价格则超过了1万美元。到了今天，普通智能手机配备的摄像头在重量、成本和分辨率方面都比萨森的数码相机提高了数千倍。这些摄像头到处都是，汽车上、无人机上、手机上、卫星上，并且拥有几乎令人"毛骨悚然"的图像分辨率。卫星拍摄到的地球影像，已经精确到了半米。无人机则进一步缩小到了一厘米。无人驾驶汽车上的激光雷达传感器更是几乎可以捕捉到所有东西，它每一秒钟都要收集130万个数据点，并能够记录单个光子级别的变化。

在光学传感器上，我们看到了三重趋势：体积和成本不断下降，同时性能大幅提高。第一台商用GPS是1981年上市的，它重达24千克，价格高达119 900美元。到2010年，商用GPS的价格已经下降到5美元，体积则小到可以放在你的手指上。为早期火箭导向的"惯性测量装置"就是一个很好的例子。在20世纪60年代中期，那还是一个重达23千克、价格高达2 000万美元的设备。如今，你手机里的加速度计和陀螺仪也在做着同样的事情，但只需要4美元，重量还不如一粒米。

这些趋势肯定还会持续下去。我们正从微观世界向纳米世界迈进。这种进步已经导致智能服装、智能珠宝和智能眼镜等浪潮的涌起，上面讲到过的乌拉戒指就是其中一个很好的例子。很快，这些传感器就会进入人的身体。以"智能微尘"（smart dust）为例，这是一个只有灰尘微粒大小的系统，可以感知、存储和传输数据。如今，一粒"智能微尘"的大小像一粒苹果种子那么大。未来，纳米级的智能微粒将会漂浮在我们的血液中，收集数据，探索人体内部——那是科学最后的未知领域之一。

毫无疑问，我们将会学到更多，关于内部的身体，关于外部的一切。这是一个巨大的转变。从这些传感器奔涌而来的数据量有时大得简直令人难以理解。一辆自动驾驶汽车每天会产生 4 TB 的数据，这相当于 1 000 部电影所包含的信息；一架商用客机则每天会产生 40 TB 的信息；一个智能工厂，则会产生 PB 级的信息。

那么，这些数据会给我们带来什么呢？很多，很多。

医生将不再需要依靠每年一次的体检来追踪患者的健康状况，因为他们现在每天 24 小时、每周 7 天都能收到大量的量化数据。农民将随时可以知道土壤和天空中的水分含量，从而精确地进行浇灌，种植出更健康的作物，获得更大的产量，并节约大量的水资源（水的浪费，是全球变暖的一个重要因素）。在商业领域，由于在快速变化的时代里，面对机会时的机敏和行动时的快捷是最大的优势，因此虽然了解客户的所有信息可能会带来令人担忧的隐私问题，但是它确实为组织提供了令人难以置信的灵活性，这可能是在这个加速发展的时代维持生存的唯一方法。

而且，这一切仍然在进一步加速。在 10 年之内，我们将会生活在一个几乎所有可以测量的东西都会被持续测量的世界里。那将是一个极端透明的世界。从太空的边缘到海洋的底部，再到你身体的内部，我们的电子皮肤正在形成一个无限可用信息的感觉中枢。不管你喜不喜欢，我们已经生活在了一个"超意识"的星球上。

机器人

2011年3月,东京地震引发了太平洋海啸,掀起的巨浪比福岛第一核电站公寓大楼还要高。在这场大混乱中,首先是应急电源失控,然后是水泵出现故障,最后是冷却系统崩溃。在这连续三次熔毁之后,又发生了一系列半空氢气爆炸,造成了灾难性的后果。一个月后,由于辐射水平极高,国际原子能机构(International Atomic Energy Agency)为测量事故后的辐射水平而设计的专门仪器上的传感器全都爆表了。

控制核泄漏的前提条件是让清理人员迅速赶到现场,但是福岛的温度实在太高了,人类根本无法承受。然而,日本长期以来一直是机器人领域的世界领先者之一,所以日本政府派出了机器人。但是机器人也悲惨地失败了。这不啻一个全国性的灾难之后的另一个全国性的灾难。核电站内部高低不平的地形就像一个雷区,而辐射则破坏了机器人的电路。几个月后,福岛变成了机器人的墓地。

这场灾难对本田公司的打击尤其严重。自福岛危机出现以来,该公司就接到了数千个电话和电子邮件,请求他们"派遣"全世界最先进的人形机器人"阿西莫"(ASIMO)到现场。阿西莫看起来很像一个20世纪50年代的宇航员少年。他早就是一个"国际名人"了,他曾经在纽约证券交易所敲响钟声,还曾经指挥过底特律交响乐团,并且已经在6场电影首映式上走过红毯。然而,在红毯上昂首阔步与应对核灾难的复杂环境之间,还有相当长的距离。阿西莫和其他被派往福岛的机器人一样,在救灾方面几乎没有起到什么作用,这给本田公司制造了一场公关噩梦,也在机器人界引起了一场轩然大波。

作为对这个灾难性事件的回应,几年之后,美国国防部高级研究计划局推出了他们的机器人挑战赛(Robotics Challenge),"悬赏"350万美元,试图找到一个类人机器人,能够"在危险的、退化的人类设计的环境中完成复杂的任务"。最后一点十分关键。类人机器人之所以至关重要，就是因为我们生活在一个由人类设计的世界里。这个世界是要与人类的界面交互的，而人类的界面就是两只手、两只眼睛，两脚保持向前的姿势。

2015年的机器人挑战赛，简直是一场机器人"滑稽大秀"。有的机器人摔倒了，有的机器人爬不上楼梯，有的机器人"火花四溅"，最后短路烧毁了……甚至连美国国防部高级研究计划局的项目经理和机器人挑战赛的组织者吉尔·普拉特（Gill Pratt）都无法忍受现场的混乱："为什么我们要傻傻地待在火辣辣的毒日头下，看着一台机器花一个小时完成8项简单的任务，而这些任务是你在5分钟内就可以完成的？"

但是后来的进展却非常快。仅仅一年之后，网上发布的一段视频展示了波士顿动力公司（Boston Dynamics）制造的机器人"阿特拉斯"（Atlas）新近获得的强大能力，它在2015年美国国防部高级研究计划局举办的机器人挑战赛中获得了第二名。阿特拉斯能够在有厚厚积雪且容易打滑的林中小径上徒步行走、在仓库里堆放箱子，甚至在被曲棍球棒重重击中后重新恢复了平衡。又一年后，另一段视频显示阿特拉斯非常轻松地完成了一段高难度障碍赛，其中包括从木条箱上后空翻落地，视频配了体育解说员式的动情画外音："啊！360度旋转……站到了托盘上……漂亮的后空翻……"

本田也不甘落后。2017年，本田公司已经制造出一个原型灾难响应机器人，它会爬梯子、向侧面摇摆，甚至可以四肢着地在崎岖的地形上用指关节行走。在福岛核事故发生之后的6年时间里，我们所拥有的机器人，已经从在复杂环境中像醉汉一样几乎站不稳脚跟的"花瓶"，变成了随时准备好应对灾难的忍者。

2017年，软银公司从字母表公司手中收购了波士顿动力公司（后者是在2013年收购波士顿动力公司的）。软银为什么要这样做呢？因为日本正面临着另一个国家级的灾难，就是人口的迅速老龄化和大量无人照顾的老人。

日本进入新千年的时候，已经经历了长达几十年的预期寿命上升和出生率下降。现在，日本的大部分人口都即将退休，但却没有人能取代他们。日本极度缺乏发展经济所需的劳动力，人们越来越担心以后谁来照顾老人以及如何为此买单。2015年，为了同时解决这两个问题，日本呼吁发动一场"机器人革命"。呼吁可谓生逢其时，因为一系列相关技术正在走向融合。而且这种融合是在全球范围内同时发生的。

现在，机器人几乎进入了我们生活的所有方面。而且，今天的机器人都是人工智能增强版本的，它们能够自己学习、独立操作和团体协作。这些机器人会用两条腿走路，用两个轮子维持平衡，会驾驶汽车、游泳、飞行，甚至还会后空翻。今天，机器人已经承担了许多枯燥、肮脏或危险的工作。明天，它们将在任何需要准确性和经验的地方大展拳脚。在手术室里，从常规的疝修补手术到复杂的心脏旁路手术，机器人提供了各种各样的帮助。在农场里，机器人收割工能够从地里收割庄稼，机器人采摘者会从树上摘下水果。在建造工程中，2019年出现了第一个商用机器人泥瓦匠，它每小时可以砌砖1 000块。

工业机器人领域则出现了更大的转变。10年前，这些价值数百万美元的机器人非常危险，它们通常被挡在防弹玻璃后面，与工作人员隔离开来，而且编程非常复杂，通常需要专业人士来完成。现在，一大批"协作机器人"（"collaborative robots"，简称"cobots"）即将面市。要对它们编程，只要让它们的机械手臂按照想要的方式运动就行了。更妙的是，这些机器人身上布满了传感器，所以当它们遇到任何有血有肉的东西时，它们就会马上停住。

但是，真正的革命是在经济上的。UR3是丹麦制造商通用机器人公司

（Universal Robots）生产的一种协作机器人，零售价仅为2.3万美元（这大体上相当于全球工厂工人的平均年薪）。此外，机器人永远不会累，不需要上厕所，也用不着休假。这也就解释了为什么特斯拉、通用和福特的工厂正在努力追求生产的完全自动化，也解释了为什么富士康和亚马逊已经用机器人取代了数万个工厂工作岗位。

亚马逊也在一直推动无人机在零售市场上的应用。5年前，当他们宣布将使用无人机运送包裹时，大多数业内专家认为这只是一个白日梦。但是到了今天，从7-11便利店到达美乐比萨，几乎所有商家都推出了类似的计划。相信到了明天，不管是在犯罪小说作家约翰·格里森姆（John Grisham）的最新小说中，在售卖止咳糖浆的药店中，还是在午夜供应冰激凌的小铺中，都能看到无人机的"工作岗位"。

在救灾和运送医疗物资方面，无人机很久以前就已经发挥了相当大的作用了，而且这种情况不仅仅限于日本。早在2012年，飓风桑迪过后，无人机就在海地运送救灾物资了。此后，在台风海燕过后的菲律宾、在洪水泛滥的巴尔干地区、在地震之后的中国，都能看到无人机的身影。它们能够比人类更快地发现需要帮助的幸存者。波音公司生产的重型无人机可以吊起一辆小汽车，所以它们通常更"擅长"提供这种帮助。一家名为Zipline的公司利用这些无人机在卢旺达和坦桑尼亚运送血液和药物，由于非洲50%的地区的道路交通设施都严重缺乏，因此这些无人机可以显著地提高非洲大陆的医疗质量。

我们还看到，无人机减轻了另一种灾难：森林的过度砍伐。每一年，我们因伐木、农业扩张、野火、采矿、筑路等原因而损失的树木都超过70亿棵。这是一场史无前例的环境灾难，也是气候变化和物种灭绝的主要原因。然而，现在出现了一种可以向地面发射种子荚"子弹"的植树无人机——仅仅一架这样的无人机，在一天内就可以种下10万棵树。

当然，我们可以继续举出更多的例子：老人照顾、临终关怀、婴儿看护、宠物护理、私人助理、身外化身、自动驾驶汽车、飞行汽车……重要的事情说三遍！机器人来了！机器人来了！机器人来了！但是，在这些树木之间还有一片森林，要来的不仅仅是机器人。

这是机器人与其他指数型技术的融合，是由传感器构成的电子皮肤与在神经网络驱动下的人工智能在云中碰撞，同时人工智能又与越来越多且越来越灵巧、越来越智能化的机器人碰撞。但这个故事中还有更加奇异的一部分。

正如我们将在下一章看到的，这只是故事的一半。

第 3 章

飞速发展的 9 大指数型技术（二）

虚拟现实与增强现实

2001 年的一天，斯坦福大学心理学家、虚拟现实先驱杰里米·拜伦逊（Jeremy Bailenson）将实验室里的大部分设备打包，装上飞机，飞往华盛顿特区。他将前往美国联邦司法中心主持一场会议，并与法官们讨论虚拟现实可以在法庭中发挥什么作用。考虑到"耳闻为虚，眼见为实"，拜伦逊让法官们戴上虚拟现实眼镜，走上一块木板。

那块木板是虚拟现实模拟的重要组成部分。拜伦逊所用的程序可以将举行会议的房间映射为地毯上的纤维和窗户上的条纹，这是戴上虚拟现实眼镜后能看到的。然后，拜伦逊按下按钮，法官脚下出现一道裂缝，大约有 9 米深、3 米宽，只有一块薄薄的、摇摇晃晃的木板横在上面。游戏要求以这块木板为跳板走过裂缝。有一位法官参加了这个游戏，他向前迈了一步，就在中间偏左一点的地方。

然后，他就滑倒了。

这位法官已经 60 多岁了，体重接近 120 千克。由于这个游戏还模拟了重力，所以这位法官从自己的角度出发得到的感受是，所有的重量都突然掉进了那条裂缝的底部。如果这发生在现实世界中，拯救自己生命的最好方法肯定就是以最快速度冲向裂缝的另一边，同时尽力在水平方向伸展你的身体，希望能够抓住远端某个小小的"抓手"。

这位法官就是这么做的。"他以 45 度角俯冲过去，"拜伦逊解释道，"飞速冲向一张桌子，我的电脑就放在那张桌子上，但要命的是，那张桌子有一个很尖的角。"

幸运的是，这位法官没有撞上桌子。他最终毫发无伤。拜伦逊就这样以一个精彩的故事结束了这场旨在向法官们说明通常被虚拟现实专家称为"临在感"（presence）的感官骗局演示。"从本质上说，如果虚拟现实技术真的登峰造极，那么由于人类大脑的神经生物学结构，我们是无法判断自己是否身在'母体'中的。如果像素仍然隐藏着，如果那个视场真的模拟了人的视场，如果从阴影到运动的一切都是以精确的逼真度创造出来的，那么大脑就会相信这种错觉是真的，也就是为什么那位法官会一头冲向桌子的原因。"

"临在"是一个全新的发展。纵观历史，我们的生活一直被物理定律所限制、被五感所束缚。但是虚拟现实在改写这些规则，它让我们体验数字化，把我们的感官传送到一个计算机生成的世界中，在这个世界里，想象力的极限是现实的唯一障碍。

与人工智能非常类似，虚拟现实的概念从 20 世纪 60 年代开始就已经存在了。80 年代出现了第一个虚假的黎明时期，当时最早的"面向消费者"的虚拟现实系统开始出现。1989 年，在苹果手机问世之前，如果你有 25 万美元的闲钱，就可以购买由"虚拟现实之父"杰伦·拉尼尔（Jaron Lanier）创办的 VPL 公司（"虚拟现实"这个术语就是拉尼尔创造的）出品的 EyePhone 虚拟现实系统。然而不幸的是，为这个系统提供动力的电脑足有一个集体宿舍所用的冰箱那么大，而且与它配套的耳机也是既笨重又笨拙的，同时，它每秒只能产生5帧画面，比那个时代的电视的平均速度还要慢6倍。

到了20世纪90年代初，这种炒作就已经退潮了，虚拟现实进入了一个长达20年的欺骗性阶段。不过，相关的基础技术并没有停止发展。到了新旧世纪之交，虚拟现实技术已经足够愚弄法官了。进入21世纪之后，随着日益强大的游戏引擎和人工智能图像绘制软件的融合，欺骗性阶段过渡到颠覆性阶段，虚拟现实的世界开始对商业打开了大门。

大量虚拟现实初创企业涌现出来，收购、兼并事件此起彼伏。2012年，Facebook斥资20亿美元收购了虚拟现实公司Oculus Rift，引起巨大轰动。2015年，科技博客Venture Beat发布报告称，这个通常每年只有10家新企业进入的市场，突然间出现了234家。2017年，对三星公司来说是标志性的一年，该公司卖出了365万套耳机，吸引了足够多的眼球。终于，从苹果、谷歌到思科和微软，所有科技巨头都决定要研究虚拟现实了。

不久之后，基于手机的虚拟现实就出现了，把进入门槛一路降到了最低5美元。到2018年，第一批无线适配器、独立耳机和移动耳机联袂上市。在分辨率方面，到2018年，谷歌和LG公司将每英寸像素数增加了一倍，刷新率也从VPL时代的每秒5帧提高到了超过每秒120帧。

大约在同一时间，这些系统开始瞄准更多的感官，而不再仅限于视觉。HEAR360的"全双耳"麦克风套件可以360度捕捉声音，这意味着沉浸式的听觉感受已经赶上了沉浸式的视觉效果。触觉虚拟现实也已经普及到普通大众，触觉手套、触觉防弹衣和触觉全身紧身衣都进入了消费市场。气味发射器、味觉模拟器和各种各样的传感器（只要你想象得到）——包括脑电波阅读器，都在试图把"非常像"变成完全逼真。

同时，虚拟现实探险家的数量也在不断增加。根据 eMarketer 的一项研究，2017 年，月度活跃用户已经达到 2 200 万，到 2018 年进一步增加到 3 500 万。预计到 21 世纪 20 年代中期，虚拟现实的市场价值将达到 350 亿美元左右，而且我们将很难找到一个虚拟现实技术完全没有涉足的领域。

在本书的第 2 部分，我们将仔细考察虚拟现实如何重塑从娱乐到医疗的所有市场。不过在这里，不妨先考虑一下教育市场这个例子，因为虚拟现实技术提供了一种全新的学习方式。自从向法官展示虚拟现实技术以来，杰里米·拜伦逊和他的团队花了 20 年时间探索虚拟现实导致人类行为改变的能力。他开发了第一人称虚拟现实体验程序，用来帮助说明种族主义、性别歧视和其他形式的歧视。例如，在他创造的虚拟现实中，用户可以体验一下住在巴尔的摩街头的年老、无家可归的非裔美国妇女的生活，这种体验会给用户带来持久的变化：在移情能力和理解程度方面的重大转变。

"虚拟现实并不是一种媒体体验。"拜伦逊在 2010 年纽约大学法学院的一次演讲中解释道，"如果虚拟现实做得足够好，那么这就是一种实际的体验。总的来说，我们的研究结果表明，与其他类型的传统媒体相比，虚拟现实会导致更多的行为改变、更多的参与和更大的影响。"

随着虚拟现实技术的发展，增强现实（augmented reality）技术也在不断发展。2016 年，任天堂公司出品的《精灵宝可梦 Go》(*Pokémon Go*) 下载量超过了 10 亿次，这标志着增强现实技术进入了颠覆性阶段。而苹果则成了下个阶段的领先者，它的行动分为两步：第一，推出增强现实技术开发者套件，让任何人都可以为苹果公司的平台设计应用；第二，收购 Akonia Holographics 公司，那是一家为智能眼镜制作超薄透明镜片的公司。

企业家们也纷纷以在增强现实领域创新为乐。就在本书的写作过程中，在众筹网站 AngelList 上，已经涌现了超过 1 800 家不同的增强现实技术初创公司。专家预测，到 2021 年，所有这些创业活动加起来将促使一个超过 1 330 亿美元的市场出现。

虽然增强现实应用还不如虚拟现实应用便宜，但是 100 美元就可以买到入门级的 Leap Motion 耳机了，如果愿意花 3 000 美元，那么就可以入手顶级的微软 HoloLens。与此类似，在豪华汽车上使用的平视显示器（它可能是第一个得到了广泛使用的增强现实技术），很快将成为经济型汽车的标准配置。

在教室里，增强现实技术可以帮助孩子们更好地探索虚拟物体和虚拟世界。在街道上，增强现实技术可以创造出一种不同的学习体验，每一栋建筑都能够将它的历史投射到你的视野中。零售业将这种技术的应用提升到了另一个层次。你饥肠辘辘，又不想花冤枉钱？你的增强现实镜头会显示出你所在街区所有餐饮的特价午餐，同时还附上了消费者给出的评分。在工业领域，增强现实技术模拟正在教会我们操作各种各样的机器，甚至包括如何驾驶飞机。博物馆的展览可以利用增强现实技术，房地产经纪人在带人看房时也可以利用。在医疗保健领域，增强现实技术可以让外科医生"看到"堵塞的动脉的内部，让医学院的学生在虚拟尸体上剥开层层皮肤。

所以，准备好迎接增强现实吧，毕竟已经有法官为你在前面开好路了。

3D 打印

"整个宇宙"最昂贵的补给链其实只有 388 千米。这是一个补给网络，从地面任务控制中心一直延伸到国际空间站上的宇航员。昂贵源于重量。把一个物体从地球的"重力井"中取出来的成本高达每磅 1 万美元。由于一件东西实际到达空间站往往需要几个月的时间，所以国际空间站的很大一部分宝贵空间都被存放的替换部件占用了。换句话说，有史以来最昂贵的补给链，导致了宇宙中最奇异的垃圾场。

在《创业无畏》中，我们讲述了"太空制造公司"的故事，这是第一家尝试解决上述问题的企业。这家公司的目标是制造出能在太空正常工作的3D打印机。那已经是几年前的事情了，现在，"太空制造"真的已经进入太空了。这就是为什么，在2018年的国际空间站任务中，当一名宇航员手指受伤时，他们不需要从地球上订购夹板，更不需要等上几个月（从地球上送过来需要几个月）。相反，他们只需打开3D打印机，装入一些塑料原料，在打印蓝图档案中找到"夹板"，就可以在需要的任何时间制造出所需要的东西。这是一种我们以前从未见过的"按需生产"能力。

但是，我们花了相当长的一段时间才实现了这一点。

最早的3D打印机出现在20世纪80年代，它们既笨重又缓慢，还很难编程，同时又很容易损坏，而且只能打印塑料。而到了今天，3D打印机已经可以用元素周期表上的大部分物质来打印了。我们现在可以用数百种不同的材料来打印（而且是全彩色的）——金属、橡胶、塑料、玻璃、混凝土，甚至有机材料，如细胞、皮革和巧克力。至于我们现在能够打印出来的东西，那就更是越来越令人印象深刻了。从喷气发动机到公寓大楼、从电路板到假肢，3D打印机正在以越来越短的时间制造越来越复杂的设备。

这对工业来说无疑是一件大事。3D打印机的随需应变特性，消除了对库存的需求，也消除了保持库存所需的一切需求。除了原材料和打印机本身所需的存储空间之外，这项技术几乎完全抹去了供应链、运输网络、备件室、仓库和所有其他部分。仅仅是这一个指数型技术的发展，就会威胁到价值12万亿美元的整个制造业。

而且这一切来得非常快。

直到 21 世纪初,3D 打印机一直都是一种非常昂贵的机器,价格在 10 万美元以上。如今,它们的售价已经下降到不到 1 000 美元。随着价格的下降和性能的提升,与 3D 打印技术有关的融合也开始出现了,而这将 3D 打印推向了更加广阔的市场。

几年前,一家以色列公司将 3D 打印和计算技术融合在了一起,将第一台商用电路板 3D 打印机推向市场,让设计师可以在几个小时内完成新产品的原型设计(以前至少需要几个月的时间)。另一个融合是 3D 打印和能源,现在,这种技术已经广泛用于制造电池、风力涡轮机和太阳能电池,这些也许是可再生能源革命中最昂贵和最重要的三种组件。交通运输也受到了类似的影响。引擎曾经是地球上最复杂的机器之一。通用电气的高级涡轮螺旋桨发动机曾经包含 855 个独立的研磨部件。而如今,有了 3D 打印技术,它只需 12 个这样的部件了。好处显而易见吗?是的,重量减少了 45 千克,同时燃料效率提高了 20%。

生物技术和 3D 打印构成了又一个交叉领域。第一副 3D 打印假肢出现在 2010 年。到了今天,医院已经在大规模地推广 3D 打印技术了。2018 年,约旦一家医院推出了一个可以在 24 小时内设计、打印并安装假肢的项目,总费用不到 20 美元。与此同时,由于 3D 打印机现在还可以打印电子产品,我们看到无限明天(Unlimited Tomorrow)和开放仿生学(Open Bionics)等公司正在以非仿生制品的价格销售 3D 打印机制造的多手柄仿生假肢。

而且,对身体外部的肢体替换,已经发展为对内部器官的替换。2002 年,维克森林大学的科学家 3D 打印出了第一个能够过滤血液并产生尿液的人工肾脏。2010 年,生物打印设备公司 Organovo 打印出了第一根血管。如今,Prellis Biologics 公司正在以创纪录的速度打印毛细血管。Iviva Medical 公司在 3D 打印肾脏时也实现了非常快的速度。正是因为如此,

3D 打印器官预计将在 2023 年正式上市。

3D 打印技术对建筑业的影响也在加速。2014 年，中国盈创建筑科技公司利用 3D 打印技术在 24 小时内打印了 10 套独栋住宅，每套成本不到 5 000 美元。几个月后，该公司又用一个周末就打印好一栋五层的公寓楼。2017 年，另一家中国公司将 3D 打印与模块化建筑技术相结合，在 19 天内建成一座 57 层的摩天大楼。2019 年，位于加利福尼亚州的 Mighty Building 公司将 3D 打印技术与机器人技术及材料科学的最新发展成果融合起来，完成了一个前所未有的创新：利用 3D 打印机，以 1/10 的劳动力成本和低于行业标准 3 倍的产品成本，打印出了满足美国建筑法规标准的独栋房屋。

但是，最能说明 3D 打印拥有彻底改变世界的力量的故事，则是由一个名叫布雷特·哈格勒（Brett Hagler）的人写就的。2010 年海地大地震几年后，哈格勒去了一趟海地。他非常震惊地发现，在灾难发生那么久之后，竟然仍然有成千上万的人住在帐篷里。见此情形，哈格勒下定决心，要找到一种方法，利用新兴技术为最需要的人提供永久的避难所。为了实现这个目标，他成立了一个名为"新故事"（New Story）的非营利组织，从一群被称为"建设者"（Builders）的投资者那里筹集到了研究资金。然后，他发明了一种太阳能 3D 打印机，可以在我们能够想象到的最恶劣的环境中正常工作。哈格勒的 3D 打印机能够在 48 小时内打印出 37 到 74 平方米的房子，成本则介于 6 000 和 10 000 美元之间（具体取决于地点和原材料成本）。而且，这种房子并不是一间简陋的泥屋，而是一幢漂亮的设计好的现代化住宅，甚至还配了环绕的门廊。

从 2019 年秋天开始，在墨西哥，"新故事"开始建造世界上第一个 3D 打印社区，向无家可归的人赠送或低价出售 50 套住房（购买者可以申请只需以小额方式逐渐还款的免息贷款，而且所有申请人都可以得到批准）。"数据很清楚，"哈格勒对此解释道，"有一个栖身之所是人类的基本需求。如果你能满足这个需求，那么其他一切都会开始改善：健康、幸福感、收入、孩子的教育水平等。3D打印是消除贫困的一个不可思议的工具，我们要很好地利用它。"

区块链

在区块链问世之后的短时间里，它就已经有了一系列非常丰富多彩的绰号。人们用来代指区块链技术的名称包括：指数型的记录保存技术、全世界有史以来最"性感"的记账解决方案、终结政府的终极技术等。简单地说，区块链是一种赋能技术，本身就是通过为数字货币赋能而诞生的。

数字货币，或者说我们可以用1和0来代替美元和美分这个概念，是在1983年首次提出的。然而，这个思想一直被看上去非常棘手的"双重支付问题"所困扰。所谓双重支付问题，可以用一个简单的例子来说明：如果你有一张一美元的钞票，并把它送给了朋友，那么你的朋友就拥有了这张一美元的钞票；但是，如果你有一张电子美元钞票，并把它送给你的朋友，如果这种钞票的核心只不过是一些"1"和"0"的话，那么，有什么办法能阻止你只把这张钞票的副本送给朋友，而把原件留给自己呢？毕竟，这正是一切数字共享行为得以实现的方式。例如，当你发送电子邮件时，你的电脑会储存原件并发送副本。这对于交换信件来说当然很好，但是对于交换货币来说就非常糟糕了。这就是双重支付问题，比特币就是用来解决这个问题的。

比特币最初诞生于2008年，当时一个自称中本聪（Satoshi Nakamoto）的匿名人士在互联网上发表了一篇论文，提出了一种数字点对点支付系统，也就是人们常说的P2P，它可以在无须金融机构的情况下交换现金。第二年，第一个比特币软件公开问世，但是因为这些比特币都是"开采"出来而不是用来交易的，所以没有办法给它们赋予货币价值。2010年，拉斯洛·汉耶兹（Laszlo Hanyecz）解决了这个问题，他用1万比特币买了两个比萨。在当时，这两个比萨的市场价格为25美元，以此为标准计算，每个比特币的价值为0.0025美元。而到了2019年，1万比特币的市场价值接近1.5亿美元。

然而，真正的革命发生在比特币的背后，也就是区块链技术。区块链是一个分布式的、可变的、被允许的、透明的数字账本，接下来我们依次讨论这四个特点。分布式意味着，区块链是一个共享的、"集体所有"的数据库，所以网络上的每一个人，也就是任何拥有货币的人都有这个账本的一个副本；可变意味着，在任何时候，任何人都可以往账本中输入新的信息，而且所有的账本都会改变；区块链是被允许的，就像现金是被允许的一样，也就是说任何人都可以使用它；这个系统是透明的，因为网络上的每个人都可以看到网络上的每一笔交易，这实际上也就解决了双重支付问题。

然而，区块链真正的创新之处在于交易是如何记录在数字账本上的。在通常的金融交易中，当货币四处转手时，需要一个可信的第三方：如果我给你开了一张支票，那就隐含着有一个第三方（通常是银行）能确保我有足够的现金进行支付。但是，加密货币把这个"中间人"从交易中移走了，取而代之的是与网络上的每台计算机进行交易验证。一旦某个交易被认定为有效，这个交易的记录将与其他记录捆绑到一个"块"中，添加到之前所有块的记录中（即加入"链"中）。

区块链去掉了中间人，把记账带入了数字时代，它对传统银行的影响就像互联网对传统媒体的影响一样，最终将彻底摧毁它们。而对于创新者来说，区块链却在那些以前没有银行业的地方创造了银行业。因为这项技术是无须许可的，所以之前没有银行账户的几亿人现在也有地方可以存钱了。根据埃森哲咨询公司的一份报告，这是一个价值3 080亿美元的机会。

区块链还提供了一种转移资金的简便方法，尤其是在不同国家之间。目前，国际汇款市场的价值高达6 000亿美元。所有这些钱都被那些"第三方""刮"走了，因为像西联汇款这样"可信的"中间人，要从它们处理的每一笔交易中收取高额费用。

此外更加重要的是，之所以会有那么多人没有银行账户，一个原因是他们同时也缺乏一个官方身份。区块链解决了这个问题，它为人们提供了一个数字身份证。那么，这个数字身份证可以做什么呢？我们可以拥有自己的数据，可以促进公平和准确投票。如果你可以确定自己的身份，那么声誉评价也就很容易建立起来。有了这个评价，点对点共享出行就会非常方便了——现在，这种服务还需要诸如优步等"可信"第三方的介入。

就像它可以验证身份一样，区块链也可以验证任何资产，例如，确保你的订婚戒指用的不是"血钻"。土地所有权是区块链"大展拳脚"的另一个机会，这是因为地球上有相当一部分人是居住在不是他们自己拥有的土地上的（或者，不是由他们正式拥有土地所有权的土地上）。再一次以海地为例。地震、独裁统治和强制疏散，所有这些因素结合在一起，使确定谁真正拥有哪些土地变成了一个巨大的难题。区块链"土地登记册"可以记录每一笔交易，因而保证了土地所有权永远可以一笔交易一笔交易地回溯到原来的所有者。

这种土地登记册也让我们看到了区块链的另一个优势——它内置了一个智能契约层。区块链在体育博彩中的应用就是一个很好的例子。现在，网络博彩需要一个"可信的第三方"，也就是一个赌博网站，它能保证赌资会得到支付。但是，如果两个赌徒可以在赌局开始之前就约定信任某个来源，将之作为结果的仲裁者，比如可以信任《纽约时报》的体育版，那么他们就可以订立一个区块链合同，然后打赌，并让系统解决通过《纽约时报》的体育版来解决赌约，自动转移钱款。之所以说这是一个智能合约，是因为它能够自我执行，而不需要人的参与。

正是因为上面这些原因，区块链技术得到了飞速发展。截至2018年，像摩根大通、高盛和美国银行这样的金融巨头，都已经着手大规模推广加密货币了。首次代币发行（Initial coin offerings，ICOs）可以说是区块链版的众包，也呈现出爆炸性增长的势头。截至2018年，新发行的加密货币的市场价值达到了差不多100亿美元。加特纳咨询公司（Gartner，Inc.）提供的数据显示，加密货币的价值，不到10年前只能换两个比萨，而到2025年总价值预计将增加至1 760亿美元，到2030年更是有可能超过3.1万亿美元。

为了更准确地把握这个潮流的未来走向，我们还必须讨论区块链的另一个特性，它可以成为不同世界之间的桥梁。软件先驱埃里克·普里尔（Eric Pulier）创立的Vatom公司正在使用区块链打造各种"智能物件"。从财务角度来看，这里所说的"智能物件"既是一种新型的资产类别，也是一种在虚拟世界和现实世界之间传递价值的方式。这似乎是一种奇怪的东西，很难用通常的英语表达清楚。事实上，真相是，我们还没有恰当的词语来描述智能物件将会带来的无限可能性。

下面，我们分若干层次研究这个问题。

在最基本的层次上，智能物件是一个数字对象，在它之下还有一个区块链层。区块链层意味着智能物件是唯一的，为数字对象提供了真实性和稀缺性。如果你有一张经Vatom公司授权的汤姆·布雷迪（Tom Brady）足球卡，那么你可以确定它是所属的那一类中的唯一一张。如果你把你的这张卡给我，那么现在就变成了我有你无了。换句话说，这时候它就像一个物理对象。

下一层是这样的。假设你戴着智能眼镜在纽约四处闲逛，看到了一个可口可乐的广告牌，上面有 6 瓶可口可乐。把你的手机对准广告牌，点击购买，马上就会有一瓶可乐从广告牌上跳到你的手机上来。现在，广告牌上有 5 瓶可乐，还有一瓶装在了你手机中的一个特殊的智能物件里。这里有两件事需要注意。要把可口可乐"装到"你的手机上来，并不需要下载应用程序或登录网站，你只要点一下鼠标，其他一切都是自动完成的。更妙的是，你不仅拿到了这瓶可口可乐的电子版本，还可以拿到真正的可口可乐。现在广告牌上还有 5 瓶可乐，就像你的手机上有一瓶一样。然后，你可以走进一家酒吧，把可乐从你的手机上刷到酒保的手机上。现在酒保递给你一杯真正的可乐。智能物件的工作原理就像优惠券。然而，神奇的事情发生了：通过用你的数字可乐换取真正的可乐，你把价值从数字世界转移到了现实世界。

数字对象也是可变的。例如，在前述可口可乐的例子中，你也可以不把这杯饮料交给酒保，而是把它送给一个朋友。事实会证明，可口可乐正在进行一个秘密的促销活动。如果你把可乐给朋友，一旦刷到你朋友的手机上，这杯可乐就变成了两杯可乐。现在你的朋友可以赎回一杯给自己，把另一杯给另一个朋友。

事情还可以变得更加奇怪。智能物体是人工智能化的，这意味着它们可以学习并拥有记忆。假设你需要一套新西装，于是你去买了一套。在购买的时候，你还可以得到一份这套西装的电子版。不需要你填写任何表格，它会直接出现在你的手机上。更棒的是，这套数码西装还配了一部电影，它可以展示西装上的每一根线的全部历史。这不是程序设计好的，因为智能西装已经在整个生产过程中很好地了解了自己的历史。为什么这一点很重要？因为现在你有了区块链化的证据，证明你的西装没有任何一部分是非法生产的。

现在还可以更进一步。由于存在人工智能层，这些智能物件并不是存在于某个固定位置上的。事实上，它们已经不太像物体，而更像另一种形式的生命了，它们能够在数字世界中按照自己的意愿到处"走动"。假设你在微软公司工作，想为一款奇幻游戏雇用一名新的游戏设计师。于是你设计了一把智能的"火红之剑"，用来在社交媒体上搜索，以寻找那些对幻想、密码术、游戏设计以及其他你所需要的技能有热情的人。你找到了约翰·史密斯，一个完美的候选人，他当时正好在巴哈马度假。当史密斯戴着他的智能眼镜在海滩上漫步时，智能眼镜可以为他讲述海滩的历史。突然之间，不知从什么地方，一把巨大的燃烧着的剑从天而降，插进了约翰脚下的沙子里。他想把它拔出来，但是它一动也不动。然而，这把剑的把手闪着金光——有16个数字闪烁着出现，然后又闪烁着消失。因为约翰对密码学一直很感兴趣，因此他意识到这些数字实际上是个谜题。约翰解开了这个谜题之后，大声说出了正确答案，然后就可以把剑从海滩上拔出来了。当他这样做的时候，这把剑又变成了一条粉红色的小龙，告诉约翰，他已经被选中，成为微软公司的一名游戏设计师候选人，并问他是否有兴趣申请这份工作。

我们还可以继续举出很多类似的例子。智能物件不仅填补了不同世界之间的鸿沟，它们还成功地将世界游戏化了。如果说区块链一项已经变成了科学事实的科幻技术，那么智能物件似乎逆转了这个过程，把日常的现实变成了科幻。

材料科学与纳米技术

1870年，托马斯·爱迪生遇到了一个"材料科学"方面的难题。在他之前，研究人员已经发现，当电流通过某些金属时，金属会发热，当它们变得足够热时，就会变白并开始发光。爱迪生意识到，如果能找到合适的材料，即某种只会产生最小的余热、耗电量很低，同时又足够耐用到能经受住电击的材料，他就能制造出第一个灯泡。

但是，这种寻找非常耗费时间。仅仅凭自己的直觉，爱迪生花了14个多月的时间尝试了1 600多种材料，最终找到了一种能持续14.5个小时的碳涂层棉线。几年之后，他又将之升级为碳涂层竹线，制造出一个能连续工作1 200小时的灯泡。但是到1904年，市场力量开始发挥作用，其他创新者也参与了进来。更亮、更持久的钨丝出现了，这就意味着爱迪生的1 600次凭直觉的实验只产生了一个次优解，其优势在短短几十年内就完全消失了。

但是今天，工程师可以直接跳过所有类似的"钳工工作"，而且永远不必满足于次优解决方案。现在，在用硅芯片取代了试管之后，工程师已经可以虚拟地尝试新材料了，因而他们可以在短短几个小时内完成过去需要几个月甚至几年的工作。换句话说，我们正处于一场材料科学革命的热潮中。

顾名思义，材料科学是致力于发现和开发新材料的学科。它是物理和化学的产物，元素周期表就是它的"杂货铺"，物理定律就是它的"食谱"。然而不幸的是，由于需要利用的元素周期表非常大，而且涉及的定律非常复杂，材料科学一直是历史上发展最缓慢的科学之一。以锂离子电池为例，在今天，从智能手机到自动驾驶汽车，都依赖锂离子电池来提供电力。它早在20世纪70年代就被提出了，直到90年代才进入市场，并且直到最近几年才开始真正成熟。

2011年6月，美国前总统奥巴马在卡内基梅隆大学宣布了"材料基因组计划"（Materials Genome Initiative），这是一项全国性的计划，旨在利用开源方法和人工智能，将材料科学的创新速度提高一倍以上。奥巴马认为，这种加速发展对美国的全球竞争力至关重要，也是应对清洁能源、国家安全和人类福祉等重大挑战的关键。

这项计划奏效了。

奥巴马倡议的计划的结果是一个巨大的数据库，因为利用人工智能技术，我们可以绘制出上亿种可能的元素组合：氢、硼、锂、碳等。有了这样一个数据库，科学家就可以用元素周期表来演奏一曲特殊的"即兴爵士乐"了。对此，德勤咨询公司材料科学部高级主管杰夫·卡贝克（Jeff Carbeck）这样解释道："在过去的几年里，我们能够对一万多种已经比较了解的材料随心所欲地加以利用了，而且，在高性能计算机和量子技术的帮助下，我们已经能够预测目前还不存在的新材料的性能了（几年后）。如果你想要得到下一代的膝盖植入物，人工智能可以利用这个数据库筛选出所有可用的材料，并从中选择最安全、最可靠的材料。"

感谢奥巴马的倡议，我们拥有了一幅全新的物质世界地图。在这张地图的帮助下，科学家就能够比以往更快地组合已有元素，甚至创造出我们从未见过的元素。一系列新的制造工具进一步放大了这个过程，使我们能够在全新的尺度和规模下工作，包括在原子尺度上，毕竟我们现在已经做到了一次只用一个原子来制造东西。现在，在这些工具的帮助下，我们已经制造出许多"超材料"，然后又运用这些超材料制造出生产轻型车辆所需的碳纤维复合材料、生产更耐用的喷气发动机所需的高级合金，以及用来替代人类关节的生物材料。我们还见证了能源存储和量子计算技术的突破。在机器人技术中，新材料正在帮助我们制造类人机器人、"软"机器人所需的人造肌肉。不妨想想《西部世界》中的场景。

更好的材料也意味着更好的设备。应用材料公司（Applied Materials, Inc.）首席技术官奥卡拉姆·纳拉玛苏（Omkaram Nalamasu）对此解释说："如果你在1980年就制造出今天的智能手机，那么它的成本会高达1.1亿美元，而且整个手机会有14米高，需要为它提供大约200千瓦的能源……这就是材料科学进步的力量。"

材料科学领域最重要的可能是太阳能电池的材料的故事。目前，普通太阳能电池板的"转换效率"仍然徘徊在16%左右，这是一种测量被捕获的阳光转化成电能的方法，发电成本为每瓦 3 美元。钙钛矿是一种光敏晶体，也是我们看重的新材料之一，它有潜力将转换效率提高到 66%，那将比硅板效率高出几倍。钙钛矿的成分广泛存在，而且加工成化合物时的成本也很低廉。所有这些因素加起来意味着什么？意味着人人都能负担得起太阳能。

纳米技术处于新材料技术的最前沿。在这个领域里，对物质的处理在纳米尺度上进行。1 纳米比一只蚂蚁还要小 100 万倍，比一个红细胞还要小 8 000 倍，比一条 DNA 还要小 2.5 倍。纳米这个概念最早可以追溯到物理学家理查德·费曼（Richard Feynman）1959 年的一次演讲。他的演讲主题是"在底部有足够大的空间"，但是真正让纳米技术名声大振的是"纳米技术之父"埃里克·德雷克斯勒（K. Eric Drexler）于 1987 年出版的著作《创造的引擎》（*Engines of Creation*）。在这本书中，德雷克斯勒描述了一种可以自我复制的纳米机器，即可以制造其他机器的微型机器。因为这些机器是可编程的，所以可以引导它们去生产更多的自己，或者生产更多你想要的其他东西。同时因为这些都是在原子尺度上进行的，所以这些纳米机器人可以一个原子一个原子地分解任何物质——土壤、水、空气，然后以得到的这些材料来建造任何东西。根据德雷克斯勒的说法，在这个世界上的任何东西，即便是沉积在池塘底部的"渣滓"，也可以利用纳米技术重新组成一枚完美无瑕的多克拉钻石戒指。

从那时起，纳米技术的发展突飞猛进。现在，市场上已经出现了许多纳米产品。你再也不想叠衣服了？在织物中添加纳米级添加剂可以帮助织物防止起皱和褪色。你再也不想擦窗户了？也不是问题，纳米薄膜可以让窗户自动清洁、抗反射，并能导电。想为你的房子加一个太阳能发电装置？我们可以用纳米涂层来捕捉阳光的能量。纳米材料可以制造出更轻、更坚固的汽车、飞机、棒球棒、头盔、自行车、行李箱、电动工具等。哈佛大学的研究人员制造了一种纳米级的 3D 打印机，这种打印机能够生产不到 1 毫米宽的微型电池。如果你不喜欢那些笨重的虚拟现实眼镜，也不是问题，研究人员正在使用纳米技术来制造智能隐形眼镜，其分辨率是目前智能手机的 6 倍。

更大的好消息正陆续传来。在医学领域，事实已经证明，能够在身体内部传递药物的纳米机器人在抗击癌症方面尤其有用。纳米计算可能是一个更令人惊奇的事情，哈佛大学的一位生物工程师最近在 1 克 DNA 中存储了 7 TB 的数据。在环境方面，科学家可以从大气中提取出二氧化碳，并将其转化为超强的碳纳米纤维，用于制造其他东西。如果我们能做到这一点，并以太阳能为动力，那么一个大小是撒哈拉沙漠 10% 的系统可以在大约 10 年内将大气中的二氧化碳含量降低到工业化之前的水平。纳米技术的应用空间是无止境的，并且新的应用方法来得也非常迅速。在接下来的 10 年里，这个非常非常小的东西，其影响力将会变得非常非常大。在本书的第 2 部分中，我们将研究这些发展是如何影响社会各个主要方面的，但是在那之前，让我们先把注意力转向一类特殊的物质——生命的基本组成部分：细胞、基因和蛋白质，并看看它们给生物技术带来了什么变化。

生物技术

20 世纪 70 年代，美国演员约翰·特拉沃尔塔（John Travolta）的演艺事业风生水起。虽然他的事业在 1972 年就取得了突破，但是他之所以能够引起公众的广泛关注，是因为在 1975 年的电视节目《欢迎归来，科特》（*Welcome Back, Kotter*）中成功的演出。最终，他凭借在电视电影《无菌罩内的少年》（*The Boy in the Plastic Bubble*）中的精彩演出，三次获得艾美奖提名，在 1976 年成为真正的明星。

这部电视电影是根据戴维·维特尔（David Vetter）的真实生活改编的。维特是一个来自得克萨斯州的男孩，患有"X 连锁严重联合免疫缺陷病"，这是一种破坏免疫系统的基因疾病。患了这种疾病的人必须生活在一个"泡泡"状的无菌罩内，以免受任何细菌的侵害。这个"泡泡"是一个自给自足的环境，所有进入"泡泡"的东西——水、食物、衣服，都必须先经过严格的消毒。对于得这种疾病的患者来说，呼吸正常的空气都可能是致命的。

大约在约翰·特拉沃尔塔出演《无菌罩内的少年》4年前，发表在《科学》上的一篇文章认为，一种新的治疗方式可能会给患有严重免疫缺陷病和其他遗传性疾病的患者带来希望。这个治疗方法就是基因疗法，这种疗法有点儿不走寻常路，却可能很有用。遗传疾病是由DNA突变引起的，所以基因疗法的要点就是试图找到一种方法，用好的DNA替换掉那些不好的DNA。或者，用计算机术语来说，是对系统进行调试。

但是，如何才能让好的DNA"就位"呢？

这就要让病毒来发挥作用了。病毒可以说是一类微小的"寄生虫"，它们要通过附着在细胞上才能生存繁殖。一旦进入细胞，病毒就会将自己的遗传物质注入细胞核，导致宿主复制病毒的DNA，使宿主变成一条被劫持的装配线。基因疗法就是利用这个过程，将病毒代码中致病的部分剥离出来，代之以好的DNA。一旦病毒把好的DNA注入宿主细胞，那么疾病的症状就会消失，疾病也就被治愈了。

虽然基因治疗的前景非常巨大，但是相关的科学研究并不容易。第一批治疗方案花了近20年才出现，那也正是许多意外问题出现的时候。1999年，一个名叫杰西·盖尔辛格（Jesse Gelsinger）的18岁男孩患上了一种罕见的代谢紊乱疾病，他报名参加了宾夕法尼亚大学主持的一项基因治疗药物实验。盖尔辛格的病情原本不是致命的。只要严格地注意饮食，每天服用32片药，症状就可以得到控制。但关键是，这个实验性基因治疗方法有可能彻底治愈他，所以他报名参加了。但是盖尔辛格并没有痊愈，相反，在接受第一次药物注射的 4 天之后，他就不幸去世了。这是基因治疗导致的第一个死亡记录。

更多的事故接踵而至。不久之后，在法国进行的一项旨在治疗"泡泡男孩"疾病的基因疗法实验中，10 个参加实验的孩子当中有两个患上了癌症。美国食品药品监督管理局立即叫停了所有基因治疗实验。2001 年的互联网泡沫也是致命的一击，因为正是互联网泡沫带来的资金为探索基因疗法的初创公司提供了资金。这是欺骗性阶段的阴冷陷阱，当时有许多人认为我们再也无法挣脱这个陷阱。

但最终还是成功挣脱了，而且是以更加科学的方式。

在美国食品药品监督管理局发布禁令之后，基因疗法淡出了人们的视线，但是研究仍然在继续。2019 年 4 月 18 日，这种疗法突然以一个惊人的公告形式重新出现了：有一些患了"泡泡"病的人已经通过基因疗法被治愈了。10 个出生时就患有这种疾病的婴儿（严格地说，他们在出生时是没有免疫系统的），在接受基因疗法治疗之后已经痊愈了。这不只是说他们的症状有了好转，也不只是说他们的病情变得更加可控，而是说他们完全好了。在接受治疗前，他们没有免疫系统，在治疗结束后，他们拥有了健康的免疫系统。疾病彻底消失了。

针对其他疾病的基因疗法也紧随其后。现在，已经有超过 50 种基因治疗药物进入了临床试验的最后阶段，我们开始看到治愈许多不治之症的希望。而且，基因疗法只是生物技术更大转变的一小部分。

简而言之，生物技术就是把生物作为技术来使用。它正在把生命的基本组成部分——基因、蛋白质、细胞，变成操纵生命的工具。这是一种非常真实的技术，因为有关的故事就是从人的身体开始的。人的身体是 30 万亿到 40 万亿个细胞的集合，这些细胞能否正常发挥自己的功能，决定了我们的健康状况。每个细胞都包含来自母亲的 32 亿个字母，以及来自父亲的 32 亿个字母，那是你的 DNA、你的基因组，也是编码"你"的软件。你的头发的颜色、眼睛的颜色，你的身高、性格、患某种疾病的概率、寿命等的很大一部分，全都取决于此。

直到最近，要"读懂"这些字母都是很困难的，要理解它们的功能就更难了。这也正是人类基因组计划的目标，这个计划耗资 1 亿美元，历时 10 年，才于 2001 年最终完成。然而，从那之后，成本就开始直线下降了，速度超出摩尔定律三倍。如今，人类基因组测序只需要几天时间就可以完成，成本不到 1 000 美元。几年之后，像 Illumina 这样的公司承诺在一小时内就可以完成基因测序，而且只收费 100 美元。

为什么更便宜、更快捷的基因组测序很重要？因为这意味着医疗游戏规则的改变。现有的修复细胞的几种主要方法全都依赖于它。基因疗法替代细胞内有缺陷或缺失的 DNA，基因编辑技术如 CRISPR-Cas9 则允许修复细胞内的 DNA，而干细胞疗法则完全替代细胞。正是在拥有了更快的基因组测序方法之后，所有这些治疗方法现在才获得了可观的市场。

例如，CRISPR-Cas9 这种基因编辑技术已经成了抗击遗传疾病的一个希望。从技术上讲，这是一种基因工程工具，可以让我们精确定位基因代码中的位置，然后重写 DNA。想要移除导致肌肉萎缩症的 DNA 链吗？很简单。只要瞄准基因组中的那个点位，释放出 CRISPR-Cas9，然后修剪、修剪、再修剪，问题就解决了。

更重要的是，CRISPR 这种技术便宜、快速、易用。在过去的几年里，它几乎已经成为编辑基因组的唯一方法。最近，哈佛大学的科学家推出了 CRISPR 2.0，这是一款非常精确的下一代基因编辑器。它可以定位并改变 DNA 序列中的一个字母。32 亿个字母中的一个字母有什么用？"在目前已知的与人类疾病相关的 5 万多个基因突变中，"领导这项研究的哈佛大学化学生物学家刘如谦（David Liu）认为，"其中有3.2万个基因突变是由碱基对与另一个碱基对的简单交换引起的。"

当然，我们还需要考虑干细胞。干细胞是人体的主要修复机制之一，这种细胞具有转化成任何其他类型细胞的非凡能力，这正是为什么人体会用它来修复受损组织的原因，干细胞疗法也基于这个原理。

目前，在美国只有为数不多的干细胞疗法获得了批准，但是这并不妨碍全球各地的实验室正在展开的大量研究。研究人员正在探索如何用干细胞疗法治疗癌症、糖尿病、关节炎、心脏病、黄斑变性、骨骼组织修复、疼痛管理、神经系统疾病、自身免疫条件、烧伤和其他皮肤病、失明等疾病，这些都是开创性的研究。

更加重要的是，生物技术不仅仅意味着干细胞疗法或基因疗法，也不仅仅意味着CRISPR基因编辑技术，它是这些技术和所有其他生物技术的综合力量。技术融合才拥有最大的潜力。

也许，这种融合的最大成果将是个性化定制的药物或所谓的"单病例药物"（N-of-1 medicine）。所谓"单病例药物"是指，你接受的每一种治疗、每一种药物都是专门为你设计的，也就是根据你的基因组、转录组、蛋白质组、微生物组，以及所有其他你特有的条件定制而来的。这将是前所未有的预防性医疗保健。你将会知道哪些食物、营养品和运动养生方法最适合你。你将了解到生存在你肠道内的微生物有哪些，以及令它们保持"健康"的饮食是什么。你将知道哪些疾病是你最容易患上的，并且能够采取措施预防它们。

我们将进入一个难以置信的个性化医疗保健时代，在那里，生活的工具已经变成了爱护生命的工具，许多困扰前几代人的疾病都已经开始从记忆中消失。

第 4 章

指数型技术融合带来的 7 大加速力量

唯一不变的只有变化，而且变化的步伐正在加快，这是我们一直在强调的一个观点。这种不断加速的步伐是三个加速器叠加起来后导致的结果。第一个加速器是计算能力的指数型增长，以及本书前两章所探讨的所有基于这种增长的技术。第二个加速器是，加速发展的个别技术正在与其他加速发展的技术融合，从而产生相互重叠的变化大潮，它们很有可能将前进道路上的几乎所有东西都冲刷得一干二净。你可以想一想，当人工智能与机器人技术相融合，数亿工作岗位随之消失时，会发生什么。

我们要讨论的最后一个加速器由一组额外的力量构成，这组原力总共有 7 种。每一种力量都是正在融合的指数型技术的副产品，用技术性的术语来说，它们都是"二阶效应"，发挥着作为额外的创新促进剂的作用。各个力量的作用是相互独立的，但它们在实际发挥作用时则是以组合形式出现的。我们可以把它们想象成一个数学方程中的不同步骤，想象成一个能够增加世界变化的速度、扩大其影响范围的算法。从某种意义上说，它是我们所有人设计的。每一步都是相互作用的，而且每一步都在加速前进，所有这些加在一起，进一步加快了我们前进的步伐，导致现在一年内产生的变化就要比我们的祖父母一生所经历的变化还要多。

在这一章中，我们将分别独立对这些力量加以探讨，然后在本书的第2部分集中研究它们的影响，看看它们将如何重塑我们未来10年的生活。现在，我们就来逐一地讨论这些力量。

力量1：节省下来的更多时间

在《原始的麦金塔》(*The Original Macintosh*)中（这本书是网上奇闻异事合集，讲述了这台虚构的机器是如何诞生的），苹果计算机科学家安迪·赫茨菲尔德（Andy Hertzfeld）讲述了一个具有典型乔布斯风格的故事。说它很典型，是因为在这个故事里，就像在其他很多故事里一样，乔布斯很沮丧。

这个故事是关于速度的。

第一台苹果电脑本来应该是非常快的，至少在纸面上的设计是这样的。它基于摩托罗拉68000微处理器，整个系统的运行速度实际上可以达到Apple II的10倍。但是它的内存很有限，因此必须通过软盘上传额外的信息。这个问题在电脑启动过程中尤其容易出现，电脑的启动往往会延迟好几分钟。

这种延迟让乔布斯抓狂。一天，他冲进了工程师拉里·凯尼恩（Larry Kenyon）的办公室，提出了一个典型的乔布斯式的要求："麦金塔启动得太慢了，"他说，"你必须让它快起来！"

凯尼恩耐心地听着。他已经听乔布斯这样说过了。于是他只得再告诉乔布斯一遍：他们可以用各种方法让电脑变快一点，这个可以修改一下，那个也可以修改一下。但不幸的是，所有这些修补工作所针对的都是电脑启动之后的问题。

乔布斯非常不满意。

"你知道，"乔布斯说，"我一直在想。有多少人会用麦金塔？100万人？不，肯定不止这么多。我打赌，几年之内就会有500万人使用这种电脑……好吧，假设你可以把启动时间缩短10秒，再乘以500万用户，就是每天5 000万秒。那么一年呢？那就可能相当于几十辈子的时间了。所以，如果你让它启动速度加快10秒，就等于挽救了十几条生命。真的很值得，难道你不这样认为吗？"

在接下来的几个月里，他们成功地将启动时间缩短了10秒。乔布斯没有说错：这些节省下来的时间确实等于挽救人们的生命。而且，这并不是一个孤立的事件。这里有一个模式："节省时间"是技术带来的主要收益之一。

换句话说，这里缩短的绝不仅仅是电脑启动的时间。

以搜索引擎为例，它是我们使用最广泛的技术之一。在搜索引擎出现之前，如果你想了解某个事物，就得亲自跑到图书馆去，而这当然需要时间。需要多少时间？早在2014年，密歇根大学行为经济学家陈燕（Yan Chen）就曾经进行过这方面的实验：要求被试给出一些问题的答案，其中一半人可以上网查，另一半人则只能去图书馆查，然后开始计时。在线查询平均需要7分钟就可以给出答案，而离线查询则需要22分钟，这意味着我们每利用搜索引擎完成一个查询，技术就会为我们节省15分钟的时间。每一天，全世界的用户每人利用谷歌搜索引擎进行查询的平均总次数高达35次，对此，如果我们应用乔布斯的逻辑，那么就意味着仅仅是谷歌搜索引擎，每天就为我们节省524亿分钟的时间。乔布斯是对的，因为这相当于很多人一辈子的时间。

同样的道理也适用于我们通过网上购物、娱乐等节省下来的时间。大家都知道，在过去，如果你要买一块手表，就必须去商店。看电影就意味着开车去电影院。预订机票也包括打电话、等待机票送上门的时间，有时还包括你亲自去排队买票的时间。现在不再是这样，这无疑会给我们带来极大的好处。

主要的原因是，创新需要很多自由时间。在几个世纪以前，世界的变化非常缓慢，其中一个主要原因就是我们没有时间去做出所需的改变。我们的祖先从早到晚的大部分时间都花在基本的生活必需品上：种植或采集、捕猎食物、挑水、制衣、织补、洗涮等。进入现代社会以后，正如乔布斯所指出的，技术解决了这个问题。

过去的 100 年来，节省劳动力的设备已经大幅减少了我们从事家务劳动的时间。家务劳动是公认的最不受欢迎的活动之一，幸运的是，平均家务劳动时间已经从 1900 年的每周 58 小时减少到 2011 年的每周 1.5 小时。对于企业家和发明家来说，这意味着，只要你活着，每个月就能免费多得到一周的工作时间。

从根本上说，这就意味着节省下来的时间不仅是技术带来的一个好处，也是创新的一个驱动力量，而创新正是另一种加速我们前进的力量。而且，我们今天节省下来的时间与明天相比，其实可以说是微不足道的。在 19 世纪末，从纽约到芝加哥，乘坐公共马车要用 4 个星期。几十年后，火车把这个时间缩短到大约 4 天，飞机则把它进一步缩短到 4 个小时。从今天开始的几年后，你乘坐超级高铁可以在一个小时内完成这趟旅程，而虚拟现实和身外化身技术更有可能将所需的时间变为零。

传感器不仅使我们的设备"拥有"了智能，而且同时也延长了我们一生可以利用的时间。试想一下这样一些情景：只要你的咖啡喝完了，你的冰箱就能注意到并自动订购咖啡，区块链智能合约会自动下单，亚马逊无人机则会把它送到你家门口。你唯一会注意到咖啡喝完了的时候，是你把新咖啡袋子从收货箱里取出来并放进厨房。而且，不久之后，你的机器人管家就会替你去取咖啡了。

最大的优势已经开始在我们的工作和生活中积累起来了。在从材料科学到医学研究的各个领域，人工智能都使我们能够在计算机上而不是实验室中测试新化合物，从而缩短了发现时间，使之从动不动需要几年，减少到几个星期甚至更短。量子计算也一样是为我们节省时间的，只不过它更快，因此节省得更多。3D 打印技术则使得建造厂房、制造产品所需的动辄几个月、几年的时间大为缩短。你肯定明白这些。

所有这些都会影响创新的速度。随着这类额外的工作时间越来越多，发明家和企业家就可以有更多的时间去不停地尝试了——失败，再来过；再失败，再来过……最后，成功。技术缩短了创新所需的、同时又增加了创新者致力于创新的时间。这是一个加速的正反馈循环。当然，它并不是唯一的一个。

力量 2：更多可得的资金

这是有史以来最伟大的"连环拳"之一。1957 年，苏联发射了第一颗人造卫星"斯普特尼克一号"（Sputnik 1），并成功地将它送入了轨道。消息传到美国，一切都似乎乱了套。美国物理学家、氢弹之父爱德华·泰勒（Edward Teller）称这个事件为"自珍珠港事件以来美国最大的失败"。参议员迈克·曼斯菲尔德（Mike Mansfield）警告说："这事关乎我们的生死存亡。"而且，苏联人给美国人的打击远不止此。在击出了"第一拳"仅仅 4 年之后，尤里·加加林（Yuri Gagarin）成了第一个环绕地球飞行的人。

这两记重拳结结实实打在每个美国人的下巴上，大大加重了冷战的寒意，也就此拉开了太空竞赛的序幕。

那么美国又是怎样做出反击的呢？美元，很多很多的美元。

几个月后，美国前总统肯尼迪发起了阿波罗计划，将美国国内生产总值的 2.2% 投入航空航天领域。大量美元的涌入，推动了一个创新的时代，从美国第一位进入太空的宇航员艾伦·谢泼德（Alan Shepard）的亚轨道之旅，到尼尔·阿姆斯特朗（Neil Armstrong）的月球漫步，这一切只用了 8 年。

确实如此。

再没有什么能比金钱更能加速技术的发展了。有了更多的钱，就有更多的巴克·罗杰斯（Buck Rogers）这样的企业家和战略家。更多的资金意味着可以组织更多的人进行试验、失败、重新开始，并最终突破。这就是我们要说的下一股力量：可用资本的空前增长。

今天，创新者比以往任何时候都更容易找到资金。而且这种富足也正在为更多的创新提供资助——更多的登月计划、更疯狂的想法，更……金钱也许不能使地球停止运转，但是它确实使未来发展得更快。那么，这些资金从何而来？

答案是：数字技术。

虽然新技术总是意味着赚钱的新方法，但是融资领域至关紧要的一个重大变化是数字技术带给我们的，那就是筹集资金的各种新方法。众筹就是其中的一个，它代表了融资可得性光谱的最低端。

有的人可能不是很熟悉"众筹"。其实，众筹是非常简单的。这里所说的"众",指的是目前已经能够上网的数十亿人;而"筹"则意味着"向大众要钱"。一般的流程是这样的,众筹者对外演示他们的产品或服务,通常的方法是,制作好一个视频,然后发布到一个专门的网站上,并开始募集资金。通常有4种筹集资金的形式:贷款(更技术化的说法是点对点借贷)、股权投资、以资金换取某种奖励(如T恤衫),以及提前购买产品或服务。众筹可以筹集相当可观的资金。

第一个众筹项目出现在1997年,当时英国前卫摇滚乐队马利里安(Marillion)通过网络捐款筹集了6万美元,用于美国巡演。20年后,这个市场的规模得到了大幅增长,到2015年,全球众筹总规模达到了340亿美元。而且与马利里安发动众筹时不同,当时他们必须发明推动他们活动的整个后端流程,但今天的创业者可以从北美600个不同的众筹平台中任选一个。

例如,美国最受欢迎的基于奖励的众筹平台Kickstarter已经完成了超过45万个众筹项目,筹集到的目标资金达到了44亿美元以上。这个平台大大加快了初创企业的启动过程。迄今为止最成功的Kickstarter众筹项目是为一款名为Pebble Time的智能手表发起的,该项目在一个多月的时间里筹集了2 000多万美元,而这在马利里安的时代,肯定需要好几年才有可能实现。

而且,与许多其他数字平台一样,众筹正借助摩尔定律,实现了两位数的增长。专家预测,到2025年,通过众筹生态系统流动的资金总额将会达到3 000亿美元。然而,最大的进展并不在于筹集的资金数量;相反,是在于谁能获得这些资金。

像Kiva这样点对点小额贷款网站,为世界上投资者长期视而不见的许多地区带去了可用资金;同时,一系列基于奖励的项目则能够帮助我们克服几乎一切以往难以克服的融资困难,从为开发海洋清理技术融资,到为像头戴式显示器 Oculus Rift 这样"异想天开"的突破提供资金。众筹实现了获取资本途径的大众化，无论你是什么人，无论你身在何方，只要有好点子，并且有机会使用智能手机，就都可以找到启动项目所需的资金。这就是为什么高盛将众筹形容为"很可能是所有新金融模式中最具破坏性的"一种的原因。

如果说众筹是创业者筹集资金新模式的代表，那么就可以说风险投资代表了旧的融资模式。然而，旧模式在加速新模式的形成方面一直扮演着重要的角色。在过去的 50 年里，我们要感谢风投在苹果、亚马逊、谷歌和优步等公司的创办和发展过程中的作用，它们不仅是让这种加速过程进一步加速的一个力量，也是推动这个过程的基本动力之一。

在美国，风险投资从 1995 年的 81 亿美元增加到 2016 年的 614 亿美元。接下来的 2017 年更是标志性的一年。在美国，风险投资总额达到 995 亿美元（这是历史上第二高的总额，仅次于 2000 年互联网泡沫高潮期间的 1 190 亿美元）。但是，更加重要的是世界其他国家和地区的表现。亚洲是一个相对较新的市场参与者，风险投资额达到了 810 亿美元，同期欧洲的风险投资总额则为 210 亿美元，均创下了历史新高。

更为重要的是，大部分资金都是直接流入技术领域的，这让滚滚向前的创新车轮转动得更加顺畅。对指数型技术的风险投资尤其常见。区块链领域的风险投资近年来呈指数型增长，语音激活接口技术也是如此。人工智能领域也毫不逊色，投资额从 2017 年的 54 亿美元攀升至 2018 年的 93 亿美元。生物技术也经历了类似的繁荣，从 2017 年的 118 亿美元增长到 2018 年的 144 亿美元。

不过，就能不能在"一眨眼"的时间内就筹集到巨额资金这一点而言，几乎没有什么方法能够与首次代币发行相提并论。首次代币发行是一种新兴的、以区块链技术为基础的众筹形式。初创公司可以通过创造和出售自己的虚拟货币来筹集资金,这种虚拟货币被称为"代币"或"虚拟币"。这些代币可以让投资者拥有初创公司一定比例的所有权(至少是投票权)和分享未来利润的权利,或者也可以采取证券的形式,代表对不动产或类似东西的部分所有权。

令首次代币发行声名大噪的原因是它能非常迅速地筹集到大量资金,并且能够在一些奇怪的情况下筹集到资金。例如,Filecoin 公司运行着一个基于区块链的分散数据存储网络,它可以让参与者将服务器上的额外存储空间出租给他人使用,以换取 Filecoin 币(这是该公司发行的虚拟币名称)。当该公司在 2017 年 8 月进行首次代币发行时,整个项目仅在 30 天的时间内就筹集了 2.57 亿美元的资金(仅在第一个小时就筹集了 1.35 亿美元)。然而,在那个时候,这家公司甚至还没有任何一个可用的产品。

当然,Filecoin 的成功并非特例。就在 Filecoin 首次代币发行之前一个月,Tezos 币,一种自治货币(被称为"比特币更新"),在短短 13 天内就筹集了 2.32 亿美元。然后是 EOS 币,当今最受欢迎的加密货币之一,从为期一年的首次代币发行中筹集了破纪录的 40 亿美元。

而且,首次代币发行的这种趋势至今仍然没有放缓的迹象。首次代币发行的次数每个季度都在激增,从 2017 年第一季度的大约 12 次,增加到了 2017 年最后一个季度的超过 100 次。在那之后的首次代币发行次数甚至更多。

不过,现在暂且忘记首次代币发行吧。在谈到可配置资本的"母矿"时,最重量级的巨头还是要数主权财富基金(Sovereign Wealth Funds,简称 SWFs)。这些投资巨头持有大约 8.5 万亿美元的资产。注意,这里的单位是"万亿",不是亿。

主权财富基金通常将资金投资于公共股权、基础设施和自然资源，但是随着初创企业经济前景的不断攀升，这些基金也越来越多地在初创企业群体中寻找超额回报的机会。马德里 IE 商学院（IE Business School）主权财富实验室研究中心的数据显示，仅仅在 2017 年，就有 42 笔总价值约 162 亿美元的主权财富基金流向初创企业。

不过，这个数字与软银首席执行官孙正义领衔组建的巨型基金"愿景基金"（Vision Fund）的投资行动相比，也就相形见绌了。孙正义相信雷·库兹韦尔倡导的"人工智能奇点即将来临"的观点（库兹韦尔认为人工智能的发展将带来前所未有的技术进步，并导致人类文明发生不可思议的变化），决定通过投资加速人工智能技术进步的进程。

"我完全相信这个观点，"孙正义在一次演讲中表示，"在未来 30 年，这一切必定会成为现实。我真的相信它会到来，这就是为什么我如此急切地要去筹集资金、去投资的原因。"

愿景基金成立于 2016 年 9 月，当时沙特阿拉伯副王储穆罕默德·本·萨勒曼（Mohammed bin Salman）飞往东京与孙正义会面，寻求将沙特原来的以石油为主的投资组合加以多元化的途径。孙正义提出的想法是，建立一个有史以来最大的基金，并将之用于资助科技初创企业。不到一小时后，本·萨勒曼就同意成为核心投资者。"45 分钟，450 亿美元，"孙正义后来在私募股权投资行业领军人物大卫·鲁宾斯坦（David M. Rubenstein）的节目中这样说道，"每分钟 10 亿美元。"

此后不久，苹果、富士康和高通等公司也加入进来，形成了今天大家见到的愿景基金。孙正义表示，1 000 亿美元的愿景基金只是"第一步"。事实上，他已经宣布，将在未来几年内建立第二个愿景基金。"我们将迅速扩大规模。愿景基金 2、愿景基金 3、愿景基金 4……每两到三年就设立一个新的愿景基金。我们正在建立一个机制，把融资能力从 10 万亿日元提高到 20 万亿日元，再提高到 100 万亿日元。"

不管怎么说，那无疑都是非常大的一笔钱。再加上众筹、风险资本和首次代币发行，可用资金总额就更大了。不难发现，这些资金的触角肯定不会局限于商业领域。这将是一场技术的"涡轮增压"，它正以破纪录的速度将金钱转化为创意和创新。

力量 3：更多的非货币化

在第 3 章中，我们介绍了"6D 框架"，即所有指数型技术都要经历的 6 个发展阶段。我们是将这些阶段作为一种时间标记引入进来的，目的是用它们来指示技术在今天所处的位置和明天的发展方向。在这里，我们想回到其中一个阶段——非货币化，探索它是如何作为一个导致加速的"原力"而发挥作用的。

让我们先从一个简单的事实开始吧。创新需要研究。那么，有什么能比拥有数百万美元的研究经费更好的呢？比如，让那几百万美元再扩大一百万倍会如何？

这就是非货币化所能提供的。

正如我们在上一章中已经提到过的，2001 年基因组计划获得了成功，那时对整个人类基因组进行测序要花费 9 个月的时间，成本高达 1 亿美元。如今，Illumina 公司的最新一代测序仪可以在一小时内完成这项工作，成本则只需要 100 美元，这意味着速度提高了 6 480 倍，同时价格下降了 100 万倍。因此，如果你在基因领域从事研究，那么现在你获得的研究基金比以往任何时候都能资助你走得更远，从而加速研究，促进突破。

像基因测序这样的事情在很多领域都会出现。曾经只有最富有的公司和最大的政府实验室才能使用的工具，现在几乎任何人都可以以接近于零的价格买到。这方面最明显的一个例子就是你口袋里的"超级计算机"——手机。如果回到几十年前，这台机器可能价值数百万美元。在《富足》一书中，我们计算过，当时一部有点贵的智能手机（800美元左右）所预装的各种免费技术——音乐播放器、摄像机、计算器等以2012年美元计，价值超过了100万美元。而在今天，在孟买花50美元就可以买到的一部智能手机也有同样甚至更好的配置。照相机、加速计和GPS等传感器的体积缩小了1 000倍，价格也同时下降了100万倍。

就在不久以前，机器人仍然是只有少数大公司才可能拥有的东西。而今天，你自己就可以买一个机器人来清洁你的家居，价格比你买一台吸尘器还要便宜，驱动这些机器人所需的电力价格也出现了大幅下降。根据国际可再生能源机构（International Renewable Energy Agency）2019年发布的一份报告，可再生能源目前已经占据全球电力的1/3，而且成本已经降低到了煤炭之下。以目前的成本下降速度，太阳能发电产生的电力，只要再增加5倍，就可以满足我们所有的能源需求了。18个月后，当太阳能提供的电力再次翻倍后，我们只用这项技术就可以满足能源需求的20%。我们正朝着电力彻底非货币化的方向前进。因为所有的创新都需要电力，所以这必定会进一步加快世界的变化速度。

但是，要想真正提高这种变化速度，单靠加速创新本身还是做不到的。我们永远需要有人来把这些创新推到市场上去。感谢非货币化，几乎每一种基本商业设施，比如能源、教育、制造、交通、通信、保险和劳动力，都以指数级速度变得更加便宜。更多的钱意味着更多的巴克·罗杰斯。但是，非货币化带来的冲击更大，毕竟，只有通过非货币化，你才能达到超光速的飞行速度。

力量 4：更多的天才

1913 年，数学家 G. H. 哈代（G. H. Hardy）收到了一封不同寻常的信。"尊敬的先生，"信的开头部分是这样写的："我是马德拉斯港口信托公司会计部的一个职员，年薪 20 英镑。"这个开头平淡无奇。但是接下来，这封信给出了整整 9 页的数学公式，包括 120 个不同的结果，涉及数论、无穷级数、连分式和广义积分等多个领域。"我很穷，"信的结尾这样写道，"如果您认为我写的这些东西有价值的话，我希望我的理论能够发表出来……"这封信的署名是 S. 拉马努金（S. Ramanujan）。

对于数学家来说，收到一封包含着一些数学公式的信件并不稀奇，但是拉马努金这封信激起了哈代的浓厚兴趣。尽管它所涉及的数学问题是从人们熟悉的微积分开始的，但是很快就朝着惊人的方向发展，并得出了一些惊人的结论。对于这些结论，哈代后来评论道："它们肯定是正确的，因为如果它们不是正确的，没有人有想象力去创造出它们。"

这是数学史上最荒诞的故事之一。拉马努金于 1887 年出生在印度马德拉斯，母亲是一个家庭主妇，父亲是一家纱丽店的店员。虽然拉马努金很早就表现出对数字的天赋，但是他从来没有接受过正式的教育，也没有接触过真正意义上的好老师。他对学术其实也没有多大耐心。在大学里，除了数学，他每门课都不及格，但即便是他的数学教授也无法理解他的作业。他不到 20 岁就退学了，并过着极度贫困的生活。最后，在绝望中，拉马努金提笔给哈代写了那封信。

困惑是哈代当时的第一反应。他把这封信拿给同事、数学家约翰·利特尔伍德（John Littlewood）看，想搞清楚这是不是一个玩笑。没过多久，他们就明白这不是一个玩笑。第二天，哲学家伯特兰·罗素（Bertrand Russell）遇到了这两个数学家。罗素后来这样写道："他们兴奋得发狂，因为他们相信自己找到了第二个牛顿。这个'牛顿'是马德拉斯的一名印度职员，一年只挣 20 英镑。"

哈代把拉马努金带到了剑桥大学。5 年后，拉马努金被选入英国皇家学会，成了有史以来最年轻的皇家学会成员之一，也是第一位来自印度的皇家学会成员。不幸的是，4 年之后，拉玛努金因肺结核去世了；但幸运的是，他去世之前就已经贡献了超过 3 900 个数学公式，为许多长期以来被认定为无法解决的问题提供了解决方案。他还对计算机科学、电气工程和物理学做出了重要贡献。现在，拉马努金已经被公认是历史上最伟大的思想家之一，一个无法掩盖的天才。这一切无疑是令人瞩目的。但是与他所有的成就相比，也许更令人惊讶的是他得到人们关注的方式。

直到最近，大多数天才其实都是被浪费掉的。即便你生来就拥有惊人的天赋和能力，你运用它们的机会也可能是非常有限的。性别、阶层和文化都很重要。在很多地方，如果你不是出生在富裕的家庭中，如果你不是男性，那么你接受小学三年级以上教育的机会几乎为零。即便你确实获得了足够的教育来释放你的天赋，但要让这种天赋得到认可，并能够利用它来成就一番事业，也远不是一件简单的事情。

虽然智商并不是衡量天才的唯一标准，但是我们还是可以借助于它。斯坦福－比奈量表（Stanford-Binet scale）的标准分布显示，只有 1% 的人符合"天才"的条件。从技术上说，这 1% 也就意味着世界上有 7 500 万个天才。但是，他们当中有多少人能真正产生影响呢？

遗憾的是，直到最近，并没有多少天才对这个世界产生影响。

因此，非常重要的一点是，我们这个高度互联的世界带来了一个副产品，即这些非凡的天才人物将不会再度成为阶层、国家或文化的牺牲品。我们往往不会去考虑因失去一个天才而产生的机会成本，但是这种成本确实是相当惊人的。幸运的是，感谢我们日益增长的互联性和指数型扩张的网络，所有这些阻碍天才脱颖而出的障碍都慢慢消失。更多天才崭露头角，带来的结果必定是更多的突破性想法、更快的创新和更快的加速。

而且，这只是故事的一半。

虽然天才可能是一种罕见的现象，但是我们现在已经开始了解天才背后的神经生物学原理了。这方面的研究有两个主要的作用，一个是短期的，一个是长期的。在短期内，对所谓"创新的神经学基础"的研究，也就是对创造性、学习、动机和被称为"心流"的意识状态的研究使我们能够以前所未有的方式放大这些关键技能。

以"九点连线问题"（nine-dot problem）为例，这是一个用来测试创造性地解决问题能力的经典问题。你怎样一笔画出 4 条连续的线段，把纸上的 9 个点连起来？在正常情况下，只有不到 5% 的人可以做到这一点。在澳大利亚悉尼大学进行的一项实验研究中，所有参加实验的被试都没能解决这个问题。但是随后，研究人员选取了第二组被试，并使用经颅直流电刺激来人为模拟"心流"过程中产生的许多变化。结果发生了什么？40% 的人都顺利解决了这个问题，这是一个创纪录的结果。

着眼于长期的方法也采取了类似的策略，即利用特定的技术来改善认知功能，但这种技术会永久性地植入我们的大脑。马斯克创办了一家名为 Neuralink 的公司，Braintree 联合创始人布莱恩·约翰逊创办了 Kernel 公司，还有 Facebook 等科技巨头，都已经在下一代大脑植入物上投入了数亿美元。这些植入物通常被称为"神经义肢"（neuro-prosthetics）或"脑机接口"（brain-computer interfaces）。至于它们的目标，正如约翰逊所解释的那样，"不在于创造能够与人类相抗衡的人工智能。相反，目标是创造 HI，即'人类智能'（human intelligence），人类与人工智能的结合。"

相信每个人都同意，"赛博格人国家"的建立还有很长的路要走，但是进步的速度比许多人想象的要快得多。我们已经有了可以帮助中风患者重新控制瘫痪肢体的脑机接口，还有一些神经植入物可以帮助四肢瘫痪的患者通过思维来控制电脑。感觉替代设备也已经出现（比如，植入的耳蜗）。我们预计，全尺寸视觉假肢将会在10年之内出现。

记忆是最新的前沿。2017年，南加州大学神经科学家宋东（Dong Song，音译）巧妙地借用癫痫患者使用的癫痫控制神经植入物完成了一项开创性研究。他用这种神经植入物去刺激与学习和记忆有关的神经回路，结果使记忆力提高了30%。在短期内，这是一种治疗老年痴呆症的新方法，而从长远来看，这意味着每个人都有机会实现大脑能力的增强。

雷·库兹韦尔预测，"全赛博格人"到21世纪30年代中期就会出现。我们知道，库兹韦尔预测的平均成功率高达86%，但是，即便他的预测误差有10年，就我们在从网络到神经科学等各个领域看到的进步而言，最终的结果也必定会是更多的天才、更大的突破和更快的加速。

力量5：富足的通信

我们要讨论的下一个创新加速器是网络的力量。网络是一种工具，允许思想与其他思想联系、交换思想，并激发创造。在《富足》一书中，我们已经探讨过，18世纪欧洲咖啡馆的兴起是如何成了启蒙运动的关键驱动力的。正如英国作家马特·里德利（Matt Ridley）所说，这些平等主义化的场所吸引了各行各业的人，让新奇的观念得以相遇、碰撞、混合。通过成为信息共享的中心，即一个网络的中心，咖啡馆变成了推动进步的基地。

毫不意外，我们在城市中也看到了类似的网络效应，或者说，这些城市本质上就是一些巨型咖啡馆。2/3的增长都发生在城市环境中，这是因为人口的密集导致了思想的交叉。这就是为什么物理学家杰弗里·韦斯特

（Geoffrey West）认为，将一个城市的面积扩大一倍，是可以使收入、财富和创新（用新专利的数量衡量）增加 15% 以上的原因。

但是，就像咖啡馆与城市相比黯然失色一样；与全球相比，任何大城市都不可能不相形见绌。2010 年，全球只有大约 1/4 的人口（即大约 18 亿人）接入了互联网。到 2017 年，这个数字已经达到了 38 亿人，大约占全球人口的一半。在未来的 6 年里，我们将把所有剩下的人都连接起来，从而为全球对话增加 42 亿个新思维。不久之后，我们这个星球上所有 80 亿人当中的每一个人，都将以千兆比特的速度接入互联网。

如果网络规模、密度和流动性已经将城市变成了我们所能创造的最好的转换引擎，那么我们将整个世界连接到一个网络这个事实就意味着，整个地球只需再花几年时间就会成为有史以来最大的创新实验室了。

力量 6：全新的商业模式

传统上，创新意味着突破性技术的出现，或者新产品或新服务的创造。但是，这个定义并不能涵盖当前正在发生的一类最具影响力的创新，即新商业模式的创建。

商业模式指企业用来创造价值的系统和过程。历史上的大部分时间里，商业模式一直非常稳定，它们由一些关键的思想主导，并时不时通过对基本主题的一些比较大的改变而升级。对此，2015 年《麦肯锡季刊》的一篇文章解释道："创造和获取经济价值的基本游戏规则，以前往往是好几年、甚至几十年固定不变的，因为企业努力试图做到的是，长期执行一个固定的、比竞争对手更好的商业模式。"

进入 20 世纪之后，基本上每十年就有一次重大的商业革命。例如，在 20 年代，我们推出了"饵与钩模式"（bait and hook），在这种模式下，消费者会被一种低成本的初始产品所吸引（这就是"鱼饵"，比方说，一个免费的剃须刀），然后不得不接近永不停息地购买后续产品（即，"鱼钩"，例如，用来替换的刀片）。到了50年代，麦当劳开创了"特许经营模式"（franchise models）；然后是60年代，我们有了像沃尔玛这样的"超级市场"。但是，到了90年代，随着互联网时代的到来，商业模式的重新创造进入了一个急剧加速的时期。

我们看到，在不到20年的时间里，网络效应以创纪录的速度催生了无数个新平台，比特币和区块链削弱了现有的"可信的第三方"的金融模式，众筹和首次代币发行颠覆了传统的融资方式。所有这些新模式的共同特点是什么？它们极大地缩短了"我有一个好主意"和"我经营着一个价值10亿美元的企业"之间的距离，因此这些模式不仅仅是对系统和流程的升级，它们实际上是另一种加速的力量。

更加重要的是，颠覆性创新的规模正在扩大。加速和融合的技术，已经变成了加速和融合的市场，这意味着过去几十年间已经发生的商业模式的巨大改变，与即将到来的改变相比仍然只是小巫见大巫。当然，这并不意味着我们对未来是完全盲目的。我们现在就已经可以观察到的7种新兴的商业模式，它们可能最终会在未来几十年里重新定义企业。每一种都是创造价值的革命性的新方式，每一种都是加速的力量。

1. 众包经济（The Crowd Economy）。这包括了众包、众筹、首次代币发行、杠杆化利用资产和按需雇用员工等。实际上，我们可以把所有能够为数十亿联网用户和将要连上网络的数十亿用户赋能的新发展都包括进众包经济的范围。所有这些，彻底改变了我们"做生意"的方式。考虑一下杠杆化利用资产，它能让企业实现快速扩张。爱彼迎已经成为世界上最大的"连锁酒店"，但是该公司连一个房间都没有。他们资产化（出租）了其他人的资产（闲置的卧室）。这种商业模式还依赖于员工的随需随聘制的出现，这种用工制度为企业提供了适应快速变化的环境所需的灵活性。今天，从较低端的为亚马逊公司的"土耳其机器人"（Mechanical Turk）提供支持的"微任务"劳动者，到较高端的卡歌公司（Kaggle）随需随聘的数据科学家，全都是如此。

2. **免费/数据经济**（The Free/Data Economy）。这种商业模式可以说是以前的"饵与钩模式"的平台版，其实质是用对一个很酷的服务——如 Facebook 提供的在线社交服务的免费访问机会来吸引客户，然后利用收集到的客户数据赚钱。在这方面，Facebook 同样是一个很好的例子。这种商业模式还包括了大数据革命推动的所有发展，这让我们能够以前所未有的方式利用微观人口统计数据。

3. **智能经济**（The Smartness Economy）。在 19 世纪末期，如果你想开创一项新业务，要想出一个好主意似乎并不困难，你只需要利用现有的工具（比如手钻或搓衣板），然后给它配上电力，就能制造出新的带动力的机器（例如电钻或洗衣机）。《连线》杂志联合创始人、作家凯文·凯利（Kevin Kelly）在他的著作《必然》（*The Inevitable*）一书中指出，我们即将看到这种经济的升级版：人工智能将取代电力的位置。换句话说，利用任何现有的工具，然后再添加一个智能层就可以了。这样一来，手机就变成了智能手机，立体音箱就变成了智能音箱，汽车就变成了自动驾驶汽车。

4. **闭环经济**（Closed-Loop Economy）。在自然界中，没有任何东西是"浪费"的。一个物种留下的"碎屑"，总是会成为另一个物种生存的基础。人类也一直在试图模仿这种完全不产生任何废物的系统，这种经济有时候被称为"仿生设计"（如果你讨论的是如何设计一种新产品的话），或者被称为"从摇篮到摇篮的设计"（如果你讨论的是如何设计一个新城市的话），或者更简单地，被称为"闭环经济"。例如，塑料银行（Plastic Bank），它的业务是，任何一个人都可以捡起废弃塑料，并将之扔到"塑料银行"中去。然后，这个"捡垃圾的人"可以通过网络在任何时间收到现金报酬，而塑料银行则会对材料进行分类，并将它们卖给适当的回收商，这样就完成了塑料生命周期的一个闭环。

5. **去中心化的自治组织**（Decentralized Autonomous Organizations）。在区块链和人工智能的交汇处，出现了一种全新的公司，没有员工、没有老板，不间断生产。一整套预先编程的规则决定了这些公司如何运营，其余的全由计算机来完成。例如，一个拥有以区块链技术为基础的智能合约层的自动出租车车队，可以每周 7 天、每天 24 小时自动运行，包括出车接送乘客、开车到修理厂进行维护等，完全无须任何人工参与。

6. **多世界模型**（Multiple World Models）。我们已经不再生活在一个固定的地方了。我们同时拥有现实世界中的"角色"和网络世界中的"角色"。这种非固定地域的生活方式在未来肯定还会一路扩展。随着增强现实和虚拟现实的兴起，我们在这个等式中引入了更多的层次。你将会拥有为工作准备的身外化身、为娱乐准备的身外化身。所以这些化身都是某种版本的自己，同时也标志着巨大的商业新机会。例如，围绕着虚拟世界《第二人生》，形成了一个价值数以百万美元计的小型经济体。人们花钱请别人为他们的数字化身设计数字服装和数字房屋。每一次在数字层上增加一个新层，我们也就在这个层上增加了一个完整的经济体系，而这也就意味着我们现在可以同时在多个世界里开展业务。

7. **转型经济**（Transformation Economy）。体验经济就是分享自己的经验，这也正是星巴克从一个咖啡连锁店变成了"第三空间"的原因。你既不在家也不工作，而是置身于一个让你可以享受人生的"第三空间"中。买一杯咖啡变成了一种体验，星巴克则成了一个含咖啡因的主题公园。这种商业思想的下一个迭代是转型经济，也就是说，你不只是为一种体验付费，你还在为这种体验改变了你的生活而付费。转型经济的早期版本，其实从各种"转型类节日"的兴起中已经可以初见端倪了，比如火人节。又或者，像 CrossFit 这样的健身公司也是很好的例子。在 CrossFit，健身者的体验通常并不好（你是在一个旧仓库中健身的），但是完成的转型则是很令人羡慕的（你在这个仓库中挥汗苦练三个月后，成了一个全新的人）。

这一切告诉了我们什么？一切"正常"的商业活动，都正在变得"不再正常"了。正如哈佛大学教授克莱顿·克里斯坦森（Clayton Christensen）告诉我们的，对于现有公司而言，这已经不再是一个可有可无的备选项了："大多数（商业组织）认为，增长的关键在于开发新技术和新产品。但是通常来说情况并不是这样。要开启下一波增长，企业必须在颠覆性的新商业模式中嵌入这些创新。"

对于我们这些身处颠覆性模式之外的人来说，我们的体验将会更好、更便宜、更快。更好意味着新商业模式能够完成旧商业模式能做的所有事情（即为现实世界中的人们解决问题），而且能够做得更好。更便宜是更加显而易见的。随着非货币化的愈演愈烈，消费者——实际上意味着我们所有人，都能够以更少的钱获得更好的体验。不过，真正的转变是最后那一项：更快。新商业模式不再是维持稳定和可靠的力量。为了在今天这种不断加速的环境下竞争，所有新商业模式是针对提高速度和敏捷性而设计的。最重要的是，所有这一切都没有任何放缓的迹象。

力量 7：更长的寿命

计算机控制着我们的世界，而算法则控制着计算机。这样也就引出了一个问题：算法从何而来？似乎很令人恐惧，这并不奇怪。以前还有人对诗歌感到恐惧呢，他们害怕诗歌会产生令人发狂的影响。

艾达·洛夫莱斯（Ada Lovelace）于 1815 年出生于伦敦，他的父亲是声名远播的天才诗人拜伦。拜伦在洛夫莱斯十几岁时就离开了这个家庭，洛夫莱斯的母亲一个人将她抚养成人。洛夫莱斯的母亲是一个非常聪明而尽责的女人，为她的女儿聘请了家庭教师，并且特别强调数学和科学才能。这在当时是一种相当激进的思想，因为在那个时代，女性还不被允许从事这两项专业活动。但是洛夫莱斯的母亲自有主张。她坚信是艺术，尤其是诗歌，导致她的丈夫拜伦精神失常。她担心这种情况会遗传给后代，因此很早就把她的女儿的注意力从艺术领域引开，不让她做任何可能带来这种麻烦的事情。

洛夫莱斯的母亲的苦心得到了回报。1833 年，洛夫莱斯 17 岁了，她的生活重心开始转向计算。就在那时，她遇到了查尔斯·巴贝奇（Charles Babbage），剑桥大学卢卡斯数学教授（艾萨克·牛顿曾经担任过那个职位，后来斯蒂芬·霍金也担任过）。在得知洛夫莱斯对数学的热诚和才华后，巴贝奇邀请洛夫莱斯和她的母亲去看他的"差分机"，那是一台以蒸汽为动力的计算机器。

洛夫莱斯被眼前的情景惊呆了，她下定决心要把这一切理解透彻。于是，她向巴贝奇要来了这台差分机的蓝图，潜心研究。当巴贝奇准备制造下一个版本的差分机时（这一次，它被重新命名为"分析机"），洛夫莱斯已经做好了准备。这台分析机是世界上第一台可编程计算机的概念机，只不过这是一台由蒸汽驱动的计算机。意大利工程师路易吉·梅纳布雷亚（Luigi Menabrea）用法语写了一篇关于巴贝奇思想的论文。洛夫莱斯决定把它翻译成英语，并在巴贝奇本人的鼓励下，把她自己的想法融入进去。

洛夫莱斯的想法其实包含着一个全新的思想，一种让分析机执行计算的全新方法。就这样，洛夫莱斯写出了世界上第一个公开发表的计算机程序，也就是我们的第一个算法。然而不幸的是，也许是新发现给她自己带来了过大压力，也许只是运气实在不佳，在她完成翻译之后不久就病倒了。世界上第一个计算机程序员，也是历史上最有趣的人物之一，就这样在 36 岁时英年早逝了。

这就引出了另一个问题：我们当中有多少人虽然还活着但实际上已经死了？艾达·洛夫莱斯、阿尔伯特·爱因斯坦，又或者史蒂夫·乔布斯，这些人如果能多活 30 年，他们又会有什么成就？饶具讽刺意味的是，当我们步入晚年，当我们拥有了一生中最多的知识、最敏锐的技能和最丰富的人际关系的时候，衰老和死亡却把我们踢出了局。这些追问把我们带到了所要讨论的最后一个加速力量面前，它也是对上述问题的一个答案，那就是：让健康的人寿命显著延长。

延长健康人的寿命意味着增加我们能够以最高效率工作的年数，从而使我们有能力为社会做出最大贡献。这是一种能让我们在更长的时间内追逐梦想的能力。那么可以延长多久的寿命呢？

20 万年前，穴居人平均在 13 岁左右就会进入青春期，不久之后就要生儿育女。我们的大多数祖先在 25 岁左右的时候，他们的孩子已经在准备生孩子了。既然发生了这种情况，由于食物稀少且珍贵，为了确保血统延续下去，你能够做到最好的事情之一，就是保证你自己不会从孙子嘴边偷饭来吃。因此，进化建立了一种"自动防故障保险机制"，让人的平均寿命保持在只有 25 年左右。

在随后漫长的年月里，情况几乎没有发生任何变化。一直到中世纪，人类的平均寿命才延长到 31 岁左右。到 19 世纪末，人类的平均寿命才第一次突破了 40 岁。真正的加速是在 19 世纪与 20 世纪之交开始的。从细菌致病理论的提出和抗生素的发明，到更好的卫生设施的出现和清洁用水的推广，儿童死亡率终于有了突破性的下降。1900 年，美国 30% 的死亡事件发生在 5 岁以下的儿童身上。而到了 1999 年，这个数字则只有 1.4%。与此同时，绿色革命和更好的交通网络，增加了人们的平均热量摄入，从而再一次延长了寿命。最终的结果是人类的平均寿命净增加了大约 30 年，在 20 世纪与 21 世纪之交，人类的平均寿命已经达到了 76 岁。

识别和治疗两大生命杀手心脏病和癌症的能力的进步，使我们的平均寿命增加到 80 多岁。研究表明，当我们能够彻底治疗神经退行性疾病之后，人类的预期平均寿命将会达到甚至超过 100 岁。而且，许多业内人士都认为，我们不会就此止步。

技术的融合增强了这种信念。人工智能、云计算、量子计算、传感器、海量数据集、生物技术和纳米技术的交汇，正在创造出大量的新医疗技术和工具。一大批令人眼花缭乱的初创公司已经开始利用这些技术和工具将延长人类寿命的活动商业化。

我们第一次听说这些创业活动是在 2013 年 9 月，当时谷歌公司（现在的字母表公司）宣布成立一家致力于延长人类寿命的初创公司 Calico。美国各地的新闻头条都宣称，谷歌这家科技巨头正在发动一场死亡的战争。《时代周刊》的标题是"谷歌启动解决死亡问题的新项目"。《大西洋月刊》声称"谷歌想要欺骗死神"。不过，真相则更微妙一些。Calico 实际上在做的事情，可以从它发表的论文的标题反映出来，例如"长寿奥秘一瞥：裸鼹鼠（一种会表现出可忽略衰老策略的哺乳动物）的循环代谢组学特征。"无论如果，真正的要点在于，与以往任何时代相比，现在确实有更多的钱和更多的人投入到了抗衰老这个领域。谷歌这种规模的投入就是一个证明。

而且，谷歌并不孤单。我们将在后面的章节中更详细地讨论这个问题，但是现在先简略地讨论一下已知的3种主要抗衰老方法，它们都是当前研究的热门。

首先是"抗衰老细胞药物"（senolytic medicines）。为了防止细胞分裂失控（癌症就是细胞分裂失控），在通常情况下，人体在细胞经历了一定次数的倍增后就会停止细胞分裂过程。控制这个开关的细胞，就是"衰老细胞"（senescent cells），它们会产生炎症，这是衰老的一个重要原因。这就是杰夫·贝佐斯投资的联合生物技术公司（Unity Biotechnology）正在努力开发针对并摧毁这些细胞的"抗衰老细胞药物"的原因，目的是恢复先前发炎的组织的正常功能。这里特别值得注意的一个结果是，给中年大鼠服用这种药物，可以使它们健康寿命延长35%。

接下来，是所谓的"年轻血液"方法。早在2014年，斯坦福大学的研究人员就发现，从幼龄小鼠身上提取的血液可以逆转老年小鼠的认知障碍。从那时起，就有许多公司试图将这个过程的不同组成部分分离出来并予以商业化。例如，哈佛大学下属研究型公司Elevian正在研究一种名为GDF11的年轻血液因子。将GDF11注射到老年小鼠体内后，它们的心脏、大脑、肌肉、肺和肾脏都能得以再生。

干细胞是我们要讨论的第三种方法，也可能是最有希望的一种方法。Samumed公司正瞄准调节成体干细胞自我更新和分化的信号通路开发新药。如果成功，他们的专利分子应该能够实现再生软骨、治愈肌腱炎症、消除皱纹，以及最重要的，治愈癌症。这也解释了为什么Samumed作为一家仍然处于"隐身模式"的公司，却拥有了130亿美元的估值的原因。

研究干细胞还有另一种方法，其领先者是Celularity公司。这家公司是由干细胞领域的先驱罗伯特·哈里里（Robert Hariri）创办的，戴曼迪斯也是它的联合创始人之一。哈里里的实验证明，在动物身上，来源于胎盘的干细胞可以将寿命延长30%到40%。这个公司的任务是让这种方法在人类身上同样可行，即利用干细胞增强人体抵抗疾病和自我治愈的能力。

这一切意味着什么？雷·库兹韦尔经常讨论"长寿逃逸速度"（longevity escape velocity）这个概念，它的含义是指，科学可以让你一生的每一年生命都延长一年以上。在库兹韦尔看来，尽管这听起来像是遥远的未来的事情，但是实际上要比你所想象的近得多。"（我们认为，）很可能只需要再过10到12年，公众的寿命就会达到长寿逃逸速度。"

我们正越来越接近科技创造的青春之泉。也正因为如此，我们每个人都可以多出几十年的时间来为社会做贡献，这是加速前进的另一种力量。当这种力量与前面描述的那六种力量结合到一起时，产生的结果必定会是令人眼花缭乱的。我们正在迈向一个长寿的、人工智能增强的、全球互联的人类世界，这是一个与我们今天所处的世界大不相同的世界。

这样也就引出了本书的第2部分。为了帮助我们更好地理解未来的世界，在接下来的几章中，我们将探讨正在融合的各种指数型技术的冲击和它们的次级效应对更广阔世界的影响。当然，因为没有更合理的方法来涵盖如此广泛的主题，所以我们不得不进行聚焦。第2部分所涉及的社会范畴，既代表了对我们的经济贡献最大的领域，也代表了对我们日常生活影响最大的领域。

此外，为了便于阅读，我们还对较长的章节和较短的章节进行了穿插安排。在本书的第3部分，我们将探讨能源和环境。

当我们结束本书时，读者就会对不断融合的指数型技术如何重塑我们的明天有一个全面的理解了。

第 2 部分

完全重塑的 8 大行业

THE FUTURE IS FASTER THAN YOU THINK

How Converging Technologies
are Transforming Business,
Industries, and Our Lives

第 5 章

零售业的未来

西尔斯的兴起与衰落

现在我们要讨论的这个事物始于手表,终于对冲基金经理,其间还重塑了一个国家。这是什么呢?西尔斯商品邮购目录。

1863 年 12 月 7 日,理查德·沃伦·西尔斯(Richard Warren Sears)出生于明尼苏达州的斯图尔特维尔。他的母亲是一个家庭主妇,父亲则是一个失败的淘金者。后来,他的父亲成了一个成功的铁匠和马车制造商。但这种家庭财务方面带来的安全感并没能持续多久,在西尔斯十几岁的时候,他的父亲在一次失败的股票投资中亏掉了所有的钱,从此一蹶不振。几年后,父亲突然去世,使整个家庭雪上加霜,尚未成年的西尔斯不得不承担起照顾母亲和姐妹的重任。那时他只有 16 岁。

在令人绝望的处境之下,西尔斯并没有放弃。他自学了电报,并在铁路公司找到了一份工作。虽然很快就被提拔为一名车站管理人员,但他仍然无法挣到足够的钱来养家糊口。于是,西尔斯不得不继续寻找增加收入的办法。1886 年,事情终于出现了转机。

芝加哥的一个批发商寄了一箱手表给明尼苏达州雷德伍德福尔斯的一个珠宝商，但是珠宝商拒绝收货，所以手表滞留在了西尔斯工作的火车站。西尔斯从来不会错过任何一个赚钱的机会，他马上联系了制造商，提出由自己来销售手表。一块手表的"硬成本"是 12 美元，商店通常会以两倍的价格出售。在两者之间，西尔斯发现了一个新点子，即以比成本高，比实价低的价格来推销。

于是，折扣定价法就这样诞生了。西尔斯选择的时机也非常好。19 世纪 70 年代初，美国正处于铁路大扩张过程中。有史以来第一次，美国普通公民在一天之内就可以乘坐火车在国内旅行数百公里。这时，如何在旅途中随时掌握时间就成了一个问题。

当时每个城市都有自己的时钟，美国总计有 300 个不同的时区。1883 年，为了保证火车准时运行，铁路部门决定将计时方法标准化。他们把全国划分为 4 个时区，并对时钟进行了相应的调整。突然之间，人们对随身计时工具的需求大幅增加，特别是对火车站的工作人员来说，要保证火车准时运行，手表就成了必不可少的工具。每个人都需要一块手表，而西尔斯的定价是 14 美元，对当时的人们来说，这个价格很有吸引力。

西尔斯在第一箱手表上整整赚了 5 000 美元（放到今天可能超过 12 万美元）。那年他只有 23 岁，却已经成了一位新晋企业家。利用第一个单子赚取的利润，西尔斯买进了另一箱手表，顺势成立了西尔斯手表公司，并在当地报纸上为他的产品做广告，同时着手扩展业务。

1887 年，西尔斯聘请了一位名叫阿尔瓦·柯蒂斯·罗巴克（Alvah Curtis Roebuck）的年轻手表修理匠来帮他。两人合作得非常好，西尔斯手表公司更是生意兴隆。4 年后，两人出版了第一份商品目录，那是一本总计有 52 页的手表和珠宝精选册。两年后，这本商品目录的篇幅增加到了 196 页。这是一个奇迹，尤其是对于一个最初靠农业发展起来的国家来说。

西尔斯公司也不再只限于出售手表和珠宝，而是把商品范围扩展到从马鞍到缝纫机的各个领域。西尔斯商品邮购目录永久地改变了购物方式。

在接下来的 10 年里，西尔斯公司继续发展壮大，还得到了邮政部门的大力协助。在那个时代，许多农村地区都没有邮政服务，而且邮政服务已经成了当时的一个社会热点问题。国会认为在农村地区提供邮政服务费用太高，同时当地的零售商——那些经营着"夫妻店"的人（这种零售业态在全国占据了主导地位），则不惜以各种手段保护他们的自然垄断地位。

但在 1896 年，美国国会通过了《农村地区邮件免费送达法案》（Rural Free Delivery Act），该法案的出台打开了广阔的农村市场的大门。为了填补这个市场空白，西尔斯公司迅速出击，与当时方兴未艾的汽车热一起，掀起了一股风潮。全国性道路网络很快铺设完成，邮购商人几乎可以抵达美国的每一个家庭，从而帮助西尔斯商品邮购目录成了美国历史上强有力的促进商业大众化的力量之一。

在西尔斯商品邮购目录出现之前，垄断地方市场的商人会耍各种各样的手段，对商品的可用性和价格的介绍往往不实。在这种情况下，富人有机会获得高质量的商品，穷人则不得不费尽心思去劣质商品堆中筛选勉强可用的东西。西尔斯改写了这些规则，他们出版的商品邮购目录对所有消费者一视同仁。所有商品的价格都清楚地标示出来，无论人们的阶级、信仰或肤色如何，他们都只需支付同样的价格。

记者德里克·汤普森（Derck Thompson）在《大西洋月刊》上撰文写道："在不到 10 年的时间内，西尔斯商品邮购目录就增加到了 500 多页，成了消费者的'圣经'。不久之后，这本消费者'圣经'就成了反映美国经济发展状况的一个指数。西尔斯公司出售一切东西，包括洋娃娃、连衣裙、可卡因、墓碑，甚至还包括自建的房子。在距离分析师开始谈论平台技术几十年前，西尔斯公司实际上已经成了一个技术平台。"

1915年，在最鼎盛的时期，西尔斯商品邮购目录多达1 200页，卖出了10万多件商品，每年产生1亿多美元的销售额。而且这一切仅仅是一个开始，因为西尔斯接下来进入了零售业。

20世纪20年代，美国掀起了一股巨大的城市化浪潮。无数美国人从乡村搬到了城市，西尔斯公司抓住这个转变带来的商机，在城市化浪潮最为汹涌的10年间，它在多个大型城市开设了300多家零售店。到20世纪30年代中期，美国人每花出去100美元，就有1美元是花在西尔斯公司的。他们取得了难以置信的成功。当然，一切并不是没有原因的。

社会批评家和畅销书作家杰里米·里夫金（Jeremy Rifkin）指出，所有主要的经济范式转变都有一个共同点。"在某个时刻，"里夫金在接受商业内幕网（Business Insider）的采访时提到，"三种具有决定性意义的技术的出现和融合，创造了……完善的基础设施，从根本上改变了我们管理权力和推动经济活动沿价值链展开的方式。这三种技术分别是：有助于更有效地管理经济活动的新通信技术、为经济活动提供动力的新能源、能够更有效地推动经济活动的全新交通方式。"

西尔斯公司的成功，就是因为驾驭了当时技术融合的浪潮。美国的邮政服务对应通信技术，廉价的得克萨斯石油对应能源，汽车则对应交通方式。然而，新的范式终将取代旧的范式，我们都知道西尔斯发展道路的终点在哪里。经过132年的经营，西尔斯公司于2018年秋天申请破产。在2013年至2018年间，西尔斯公司关闭了1000多家门店，损失了近60亿美元，最终由拥有它的对冲基金将剩余的备货清光。

西尔斯公司由盛转衰的过程中到底发生了什么？

沃尔玛公司在西尔斯衰落的过程中具有举足轻重的作用。尽管西尔斯是打折促销的先驱，但是沃尔玛在西尔斯首创的这个"游戏规则"中击败了他们。沃尔玛在非货币化和大众化方面都胜过了西尔斯。沃尔玛选择了在租金低廉的地方开店，支付员工的工资更低，商品价格也更低。最重要的是，沃尔玛很清楚指数型技术会带来什么样的挑战。

德里克·汤普森在《大西洋月刊》上的文章中继续写道："拥有传奇经历的西尔斯公司的悲剧性讽刺意味在于，在西尔斯崛起期间发挥重要作用的通信技术，在西尔斯的衰落中也发挥了重要作用。20 世纪 80 年代，沃尔玛和其他更现代的零售商使用数字技术收集消费者的购买信息，并将这些信息传达给沃尔玛总部，总部会对其中表现出的畅销趋势和需求进行判断，然后快速反应去采购大宗商品以满足消费者需求。沃尔玛进行的高效率的超低价促销竞赛，导致西尔斯的业绩迅速下滑。20 世纪 80 年代初期，西尔斯的总收入是沃尔玛的 5 倍。然而到了 90 年代初期，沃尔玛的规模就达到了西尔斯的两倍。"

但是，这仍然只是继西尔斯崛起之后零售业大洗牌的第二个篇章。历史总会重演。差不多就在沃尔玛颠覆西尔斯的同一时期，杰夫·贝佐斯创办了亚马逊公司，他把西尔斯和沃尔玛两种模式的精华很好地融合在了一起。亚马逊同时利用了帮助西尔斯傲视群雄的商品邮购目录和帮助沃尔玛走向巅峰的通信技术，使自己变成了一个万有商店，取代了曾经取代一切商店的其他万有商店。因亚马逊而备感压力的，并不仅仅是只有西尔斯和沃尔玛。

如果只是说零售领域在过去 10 年发生了很大变化，无疑是十分保守的。亚马逊和阿里巴巴等电商巨头正在推动电子商务行业的数字化，将指数型增长推向新的高度。与此同时，许多实体店都步入了西尔斯的行列，走向破产之路——仅仅在 2017 年，零售企业破产的总数就达到了 6 700 家。想要了解正在发生的这种巨变，你只需要看一看表 5-1 就足够了。

表 5-1　零售企业的市场价值变化

公司	2006 年市场价值（10 亿美元）	2016 年市场价值（10 亿美元）	2019 年市场价值（10 亿美元）	2006—2018 年间市场价值的变化率（百分比）
西尔斯	14.3	0.9	已破产	−100%
杰西潘妮（JCPenney）	14.4	2.75	0.18	−98%
诺德斯特龙（Nordstrom）	8.5	10.2	4.8	−43%
科尔（Kohl's）	18.8	9.4	7.3	−61%
梅西（Macy's）	17.8	12.2	4.8	−73%
百思买（Best Buy）	21.3	14.5	17.6	−17%
塔吉特（Target）	38.2	42.1	54.4	+42%
沃尔玛	158.0	216.3	319.47	+202%
亚马逊	17.5	474.4	893.1	+5103%

你是不是觉得这种程度的颠覆非常令人不安？事实上，电子商务革命才刚刚开始。尽管网络购物的销售额从 2009 年第一季度的 340 亿美元增长到了 2017 年第三季度的 1 150 亿美元，但是网络购物销售额仍然仅占零售总额的 10%。为什么？因为有许多人仍然没有上网。

在《富足》一书中，我们多次提到"正在崛起的十亿人"，那指的是在未来 10 年内将会上网的新数字群体。到 2025 年，上网的人的数量将从 2017 年的 38 亿增加到 82 亿。这些人中的大多数都不会经常光顾零售商店或购物中心。相反（随着讨论的深入，原因将会变得更加清楚），他们将会在舒适的家中通过移动设备进行网络购物。零售业恰好位于正在突破的通信技术、能源技术和交通技术的融合之处，因此它就像"矿井里的金丝雀"，是里夫金所说"下一个重大经济范式转变"的起点。无论如何，有一件事是非常肯定的，那就是人类的购物方式再也不会像过去那样。

人工智能与零售体验

没有人真正理解人工智能对零售业的影响，但是如果你开始思考即将发生的事情，就会很清楚人工智能会给不同的零售店主带来不同的优势，因为它会将市场分成两大阵营：那些能够充分利用人工智能的人和那些即将宣布破产的人。

人工智能会让零售变得更便宜、更快捷、更高效，它能够解决从客户服务到产品交付的方方面面的问题。它还重新定义了购物体验，让整个购物流程变得无比流畅——而且，一旦我们允许人工智能帮自己购物，还能使购买最终变成无形的。

让我们从最基本的东西开始讨论：将欲望转化为购买的行动。对于大多数人来说，这意味着去商店买自己需要的东西。我们中的一些人非常依赖在线市场，而在线市场有时能满足我们的需求，有时却不能。如果你足够幸运，雇用了一个私人助理，你就可以（这很奢侈）向这个足够了解你的人描述你想要什么，这个人就可以在大多数时候都能买到你想要的东西。

然而，大多数人是没有或不需要这样的私人助理的。这时候，数字助理登场了。

现在，零售业"末日四骑士"正在为争夺我们的钱包发动一场惨烈的战争。亚马逊的 Alexa、谷歌的 Now、苹果的 Siri 和阿里巴巴的天猫精灵，正在展开一场正面交锋，争夺语音激活、人工智能辅助的电子商务平台的领头羊位置。值得注意的是，这些竞争者中没有一个是传统零售商。考虑到这些"末日骑士"已经在人工智能的交锋中花费了数十亿美元，这种情况在未来也不太可能发生改变。

我们以前也曾经看到过类似的市场转变。诺基亚曾经一度贵为全球手机行业的领导者，但是当智能手机出现后，该公司却倒闭了。为什么？这个行业本来是做语音通话生意（电话生意）的，但是突然之间，电话生意变成了电脑生意。像苹果和谷歌这样的公司成了他们的新竞争对手，但是他们已经赶不上了。我们之所以预测零售企业破产潮将至，也是基于同样的逻辑。

对于看着《星际迷航》中的柯克船长与企业号电脑对话长大的婴儿潮一代来说，数字助理似乎是科幻作品中的东西。对于千禧一代来说，数字助理却不只是这个自动化的魔法世界中下一个合乎逻辑的步骤而已。随着千禧一代进入具备消费能力的年龄，通过语音指令购买产品产生的销售收入，预计将会从目前的 20 亿美元跃升至 2023 年的 80 亿美元以上。虽然我们距离让零售购物顺畅无碍还有一段距离，但是现在的数据已经显示了这种趋势的走向：平均而言，使用亚马逊 Echo 的消费者比标准的亚马逊 Prime 会员花费得更多（1 700 美元对 1 300 美元）。

关于数字助理的颠覆性潜力，也许没有比 2018 年谷歌公司的人工智能 Duplex 演示会更好的例子了。每一年，谷歌 I/O 大会上会有 7 000 多名与会者聚集在一起，进行为期三天的主题说明、代码实验室阐释和（作为重点的）交互式演示。在硅谷，产品演示往往是传奇诞生的起点。在过去的几十年里，苹果公司的发布会往往是最吸引人的，因为总是穿着黑色高领毛衣的史蒂夫·乔布斯在台上不停地说"等一下，等一下……还有一件事"这个口头禅，他们的很多发布会都堪称经典。但是在 2018 年，语气温和的谷歌公司首席执行官桑达尔·皮查伊（Sundar Pichai）夺得了桂冠。

在山景城（Mountain View）海岸线圆形剧场的舞台上，皮查伊踱着步，开门见山地指出，就目前而言，要想把一件事情做好，很大一部分工作还得靠打电话。"你可能想换一次油，"他这样说道，"你也许会在一周中间打电话给管道工，甚至通过电话预约理发师……而我们现在认为，人工智能可以帮助你解决这个问题。"

皮查伊通过海岸线圆形剧场的巨大扬声器（同时在他身后的大屏幕上打出相应的字幕），向观众播放了预先录制好的、由他们的下一代数字助理谷歌 Duplex 拨打的一系列电话。第一个电话是向餐馆预订餐位的，第二个电话是预约理发的。预约理发的电话让所有人都笑了起来，这主要是因为 Duplex 表现出了非常自然得体的语言能力，包括在谈话中间偶尔冒出一个长长的"嗯嗯"声。在这两通电话中，在电话另一端接听的人都不知道自己正在与人工智能对话。

可以肯定的是，人工智能的匿名性问题也引起了一些人的警惕："如果已经有人工智能可以骗过接线员了，怎么能保证其他人不会被它欺骗呢？"确实有很多人都会受骗。在那个会议结束后的几天里，这个演示激起了强烈的反对声浪，以至于 Duplex 现在宣称自己只是"谷歌的自动预订系统"。但是，这个系统的成功有力地证明，人工智能可以无缝地融入我们的零售业务中，并使零售业务变得更加便利。

而且，这只是开始。下一个被人工智能颠覆的零售领域将是客户服务业。Zendesk 最近的一项研究表明，良好的客户服务会使消费者决定购买的可能性增加 42%，而糟糕的客户服务则会使得零售商家有 52% 的可能从此失去生意，这意味着我们中超过一半的人会因为一次令人失望的客户服务互动而停止从这个商家购物。这些互动意义重大，而且它们也都是非常适合人工智能解决的问题。

皮查伊演示的这类技术，既可以用来向消费者打电话，也可以用来向零售商打电话——它的应用能够以两种不同的方式展开。

首先，对于有意让人类产生参与感的那些组织来说，它们可以利用 Beyond Verbal 公司的技术（这是一家总部位于特拉维夫的初创公司），该公司已经推出了人工智能客服教练。只需通过分析客户的语音语调，这个系统就能够判断出电话里的人是马上要发火、是真的很激动，还是介于两者之间。对超过 7 万名被试（他们使用了 30 多种不同的语言）进行的研究表明，Beyond Verbal 的应用程序可以检测到 400 种人类的不同情绪、态度和性格特征的标记。

现在，Beyond Verbal 的应用程序已经被整合进了呼叫中心，可以帮助人类销售人员理解和应对客户的情绪，从而在使这些通话更愉快的同时，也变得更加有利可图。例如，通过分析词汇的选择和语音风格，Beyond Verbal 的系统可以判断在线购物的人实际上是哪种类型的人。如果他们是偏好创新的人，那么人工智能就会提醒销售代理推荐最新、最好的产品；如果他们是更保守的人，那么人工智能就会建议推荐更可靠的产品。

其次，以新西兰 Soul Machines 公司为代表，许多初创公司正在努力试图让人工智能完全取代人类客户服务专员。在 IBM 公司沃森的支持下，Soul Machines 公司打造了栩栩如生的客户服务虚拟形象，这些虚拟形象的设计初衷是激发同理心，这让该公司成了引领情商计算领域的众多先驱之一。我们稍后将会进一步深入探讨这个问题，在这里只需要着重强调一个关键的统计指标：40%。有了他们的技术支持，40% 的客户服务互动中的问题现在都能在没有任何人工干预的情况下得到解决，而且满意度很高。这个系统是使用神经网络技术构建的，它在每一次交互中都在不断地学习——这意味着上述百分比还将继续提高。

这种交互的数量也在持续增长。现在，软件生产商欧特克（Autodesk）已经在他们所有的新产品中加入了一个名为"欧特克虚拟助手"（Autodesk Virtual Assistant，简称 AVA）的"灵魂机器化身"。它停留在屏幕上的一个小窗口里，随时准备安抚情绪、解决问题，从而永久性地抵消漫长的等待时间。他们为戴姆勒金融服务公司（Daimler Financial Services）打造了一个名为莎拉（Sarah）的虚拟形象，用于帮助客户完成现代最烦人的三项业务：融资、租赁和汽车保险。当然，在未来，如果"分布式自主组织"（DAOs）真的控制了自动驾驶出租车车队，那么很快就会出现这样的情况：

分布式自主组织的人工智能将会与戴姆勒的莎拉讨论融资、租赁和保险，这将是人工智能对人工智能的谈判，根本不需要人工介入。

而且，这也不仅仅是与人工智能有关的，也是与人工智能和其他指数型技术的融合有关的。在这个故事中再加入网络和传感器，就会增大其颠覆性的影响和规模，提高我们在无接触购物过程中的无摩擦商数（frictionless quotient）。

走吧，走吧，收银员该走了

2026年4月的芝加哥，在一个凄风冷雨的日子，你出了门，打算和母亲一起吃午餐。出门太急，你忘了带外套。在前往市中心的优步自动驾驶汽车上，你上网搜索，结果发现有一家商店在出售一种环保的纯素皮夹克——对于这种商品，你以前已经听说过很多次了，它是用从干细胞中生长出来的皮革制成的，因此不需要使用动物皮革，也就不会有任何动物受到伤害。

你随手点击了屏幕上的"感兴趣"按钮，然后把手机放回了口袋里。你很快就把这件事给忘记了。但是，你手机上的人工智能与商店的人工智能"接上了头"，并自动重新设定了你的出租车。直到下车时，你才意识到自己站在了一家复古风格的"纯手工服装店"门口，那里仍然雇用的是真人服务员。一个名叫西尔维娅的女人在门口迎接你，手里拿着你刚才选的纯素皮外套。你试了一下，这件衣服非常合身。这并不奇怪，几个月前，你在手机里安装了改良版的Wii传感器，它早就完成了对你身体的全面测量，每一块肌肉和每一条褶皱都没有漏过。你的绝大多数鞋子也都装了重量传感器，所以当你的体重有波动时，你的身体地图也会进行相应的自动调整。

在你走进那家商店之前，你的手机和商店的电脑就共享了你的身形和体重信息。当然，你也不需要排队付款。各种各样的摄像头和传感器会追踪你和你的夹克，当你踏出商店时，支付系统会立即从你的银行账户中扣除相应的金额（也有可能你使用的是加密货币账户）。此外，因为这些传感器知道这是你第一次光临这家商店，所以它们会给你发一张电子优惠券，声称下次购买时可以打七五折，以吸引你再次光临。

在这笔订单完成结算的同时，你买下的这件夹克曾经挂过的衣架上的传感器会向商店的人工智能发出缺货警报。人工智能会马上从制造商那里订购另一件夹克，并给一名员工发短信，让他为现在已经空了的衣架补充库存。另外，由于这已经是两天内售出的第三件纯素皮夹克了，库存控制系统注意到了这一点，认为它可能会流行一段时间，所以它还会订购几件常规尺寸的夹克作为备货，以防万一。

上述场景绝非遥不可及。事实上，这是物联网的影响不断扩大的自然结果，几乎不需要我们特意去做什么，而且随着越来越多的设备被接入互联网，物联网的影响不断扩大现象必然会自动出现。根据麦肯锡的研究，到 2025 年，物联网在零售业创造的价值将介于 4 100 亿到 1.2 万亿美元。而更好的消息是，大部分的技术现在其实已经实现了。

能够将顾客从等待的煎熬中解放出来的自动结账商店也已经出现了。2018 年 1 月，亚马逊旗下第一家 Amazon Go 自动结账商店在西雅图开业，美国人得以初识自动结账的庐山真面目。第二年就又开了 7 家新店，并计划到 2021 年将开店总数扩大到 3 000 家。《纽约时报》将进入这家店的旋转门感觉描述为"类似于进入地铁，在店内购物的体验更像是'入店行窃'"。

顾客进入自动结账商店后，只需要用手机扫描二维码，人工智能就会完成剩下的工作。摄像机会跟踪顾客在通道上的移动，货架上的重量传感器则会追踪产品的移动。拿起你想要的东西，把它放进背包，就可以飞奔回家啦。在你出门的时候，相关费用会自动从你的亚马逊账户余额中扣除。

这就是无接触购物的情景。传统购物中，排长队往往会使顾客望而却步，而雇用收银员也是要花成本的。通过降低对员工数量的要求——亚马逊自动结账商店里唯一的员工在酒水区，因为在美国，购买酒精饮料要查验身份证，麦肯锡估计，到2025年，自动结账商店每年可以为零售商节省1 500亿到3 800亿美元的支出。也正因为如此，亚马逊并不是唯一一家追逐这种"无收银员"未来的公司。位于旧金山的初创公司V7labs也正在帮助所有零售商店实现同样的转型，而阿里巴巴无收银员的盒马生鲜超市在中国的尝试甚至比亚马逊还整整早了两年。

智能货架技术已经出现，主要是利用无线射频识别（RFID）标签和重量传感器来检测物品什么时候被取走。这种创新技术可以防止盗窃，实现自动补充库存，并且确保库存商品总是摆在正确的位置。今天，英特尔公司生产的一种智能货架还需要安装一个屏幕。到明天，智能货架将会是人工智能增强的，并能够与顾客进行对话。想知道你手里拿着的毛衣是否需要干洗吗？问问货架就知道了。

也许未来零售业最大的转变将是效率的提升，尤其是在供应链管理方面。2015年，思科的一项研究发现，我们有充分的理由认为，物联网解决方案会对该行业产生超过1.9万亿美元的影响。人工智能能够探测到人类无法探测到的数据模式，这意味着供应链中的每一个环节——库存水平、供应商质量、需求预测、生产计划、运输管理等，都正在发生革命性的变化。

而且变化来得非常快。

目前，70% 的零售和制造企业都在对物流运作的各个方面实施数字化管理。更加重要的是，所有这些颠覆性运作其实在机器人进入零售市场之前就已经发生了，但是……机器人才是那头可怕的狼！

机器人来了

2016 年 8 月 3 日，《龙与地下城》（*Dungeons & Dragons*）玩家的祈祷得到了回应。那天，达美乐比萨推出了达美乐送餐机器人（Domino's Robotic Unit，简称 DRU），这也是第一个送货上门的比萨机器人。从外表上看，它就像 R2-D2 和一个超大的微波炉混合体。激光雷达和 GPS 传感器可以帮助它行走，温度传感器可以帮助保持食物原有的温度，冷热兼可。现在，达美乐送餐机器人已经在包括新西兰、法国和德国在内的 10 个国家得到应用。不过，它在 2016 年 8 月的首次亮相是最关键的，因为那是我们第一次看到机器人送货上门。

现在至少有十几种不同的送货机器人正在进入市场。例如，由 Skype 创始人贾纳斯·弗里斯（Janus Friis）和阿赫蒂·海因拉（Ahti Heinla）创办的初创公司 Starship Technologies 就推出了一个通用型的家用送货机器人。这个机器人的操作系统是一个由摄像机和 GPS 传感器组成的阵列，而他们未来很快就会推出的新产品，其中将包括麦克风、扬声器，并具备用由人工智能驱动的自然语言和与客户沟通的能力。自 2016 年以来，Starship 公司已经在 20 个国家的 100 多个城市完成了 5 万个批次的产品交付。

与此类似，朱家俊（Jiajun Zhu）等人共同创办的 Nuro 公司也推出了自己的微型自动驾驶汽车。朱家俊是主导谷歌自动驾驶汽车项目的重要工程师之一。只有普通轿车一半大小的 Nuro 自动驾驶汽车，看起来就像一个带轮子的烤面包机，不过它有一个特殊的使命。这款"烤面包机"能够自动装卸货物——它可以运送大约12袋食品杂货（2.0版则可以运送20袋）。从2018年起，这种"烤面包机"汽车就在帮助克罗格精选商店送货了。2019年，达美乐比萨也开始与Nuro公司合作。

在送货机器人"占领"大街小巷的同时，其他一些机器人则正在天空中飞驰。2016年，亚马逊率先发布了Prime Air，他们承诺这款无人机可以在30分钟或更短的时间内完成送货。几乎是在同时，7-11、沃尔玛、谷歌、阿里巴巴等众多公司也加入了这股潮流。尽管一些批评人士仍持怀疑态度，但是美国联邦航空局无人机整合部门负责人最近表示，无人机交付的日子可能要比"怀疑者设想的……要快得多。众多企业已经在准备全面展开这项业务了。我们正在处理相关申请，也需要尽快采取行动"。

对于那些不想去商店购物的人来说，送货机器人能够帮助我们省下逛商店的时间。也有人就是喜欢用传统方式购物，亲身体验逛街的乐趣，对于这样的人来说，机器人也可以帮上大忙。事实上，它们已经在商店里准备就绪了。

2010年，软银推出了可以理解人类情感的人形机器人"小辣椒"（Pepper）。"小辣椒"有很多可爱之处：它高1.2米，有一个白色的用塑料外壳做成的身体，两只黑黑的大眼睛，一个弯弯的嘴巴，看上去就像在微笑，还有一个像美人鱼尾巴一样的底座。"小辣椒"胸前有一个触摸屏，可以用来与人交流。人们与"小辣椒"进行了很多沟通。"小辣椒"这些可爱之处是有意设计的，因为它有自己的使命，那就是尽可能地帮助人类享受生活。现在，已经有超过1.2万个"小辣椒"成功售出。它在日本卖冰激凌，在新加坡的必胜客和食客打招呼，在帕洛阿尔托电子商店和顾客跳舞。更重要的是，"小辣椒"还有自己的同伴。

沃尔玛使用货架上的机器人来控制库存，百思买（Best Buy）使用机器人收银员实现每周7天、每天24小时的营业，而劳氏家居装饰公司

（Lowe's Home Improvement）则使用机器人 Lovebot——一个巨大的带着轮子的 iPad，来实时追踪库存、帮助客户找到他们需要的物品。

机器人技术最大的优势也许体现在仓储物流行业。2012年，当亚马逊宣布向 Kiva 机器人系统投入 7.75 亿美元时，很少有人能预料到，仅在 6 年之后，亚马逊全球物流中心就拥有了总计约 4.5 万个 Kiva 机器人，在圣诞节期间，它们每秒能够处理 306 个订单。

其他零售商也在纷纷效仿。如果你从盖璞（Gap）订购了一条牛仔裤，在仓库里，这条牛仔裤很快就会在一个 Kindred 机器人的帮助下完成分拣、包装和运输。还记得以前玩过的一个"古老"的街机游戏吗？Kindred 机器人与之相似，它的爪子会抓取 T 恤、牛仔裤之类的衣物并把它们放到一个类似于小型邮箱的指定投递区，以便进一步分类或运输。在整个过程中，真正重要的是机器人的大众化。Kindred 机器人既便宜又容易操作，从而使小公司也有机会与亚马逊这样的巨头展开竞争。

对于有意继续经营的零售商来说，他们在这个问题上似乎没有太多的选择。到 2024 年，美国的最低工资预计将达到每小时 15 美元（众议院已经通过了相关法案，工资的上涨将会在从现在到 2025 年的几年内逐步实现），而许多人认为这个水平仍然太低。因此，随着人类劳动力成本的持续攀升，机器人将不仅仅只是存在而已，事实上它们将无处不在。对于零售商店老板来说，人类员工会请病假、迟到，而且他们很容易受伤，这会给经营造成较大的负担。机器人则可以每周工作 7 天，每天工作 24 个小时；它们从不休假，不用中途上厕所，也不需要医疗保险，更不需要休产假。展望未来，这意味着技术性失业将会成为一个很大的社会问题——本书第 3 部分将更多地讨论这个问题。单就零售业而言，机器人可以给企业和消费者带来的好处无疑是非常巨大的。

3D 打印与零售

2010 年是让凯文·鲁斯塔吉（Kevin Rustagi）感到沮丧的一年。他的朋友阿曼·阿德瓦诺（Aman Advano）、基特·希基（Kit Hickey）和吉汉·阿玛阿西里瓦德纳（Gihan Amarasiriwardena）也是如此。四个人刚从麻省理工学院毕业进入职场，他们很快就发现自己非常讨厌工作制服。商务服装真的是太垃圾了，而从常理上来说也说不通——运动员现在已经在穿着包含各种高科技的服装参加比赛了，而注册会计师的服装却仍然与码头工人没有什么区别。

基于以上原因，他们四人决定给董事会办公室带去一点惊喜。他们一起创办了供应部公司（Ministry of Supply），这是一家服装公司，他们打算从美国国家航空航天局借用宇航服中应用的那些技术，生产正装衬衫。2011 年，他们最初确定的筹款目标是 3 万美元，但是在 Kickstarter 网站上的举行一个筹款活动让他们筹集了将近 50 万美元。他们的生意顺利启动了。

不久之后，"阿波罗"牌礼服衬衫就上市了。从表面上看，"阿波罗"牌衬衫与传统的衬衫并没有什么不同。但其实不然。这种衬衫使用了"相变材料"来控制体温、减少排汗和消除异味。它还能自动适应穿衣者的体型，让他们一整天都收放自如，不用担心起皱。正如一家科技公司博客 TechCrunch 总结的那样："从根本上说，这是一件'魔法'衬衫。"

继生产"魔法"衬衫之后，他们又陆续推出了"魔法"裤子、"魔法"西装等。如今，供应部公司正在为客户生产各种高性能的智能服装，其中就包括一款新的智能夹克，它可以对语音指令做出回应，并自动把衣服"加热"到顾客想要的温度。最近，他们又把高科技方式扩展应用到了制造过程中。如果到他们位于波士顿纽伯里街的零售店参观，你可以一边喝着咖啡，一边等店员打印出高性能的衬衫、西服、裙子或裤子。整个过程大约需要 90 分钟。他们使用的 3D 打印机本身也是个奇迹。它拥有 4 000 根针和 12 根不同的纱线，可以创造出任何想要的材料和颜色的组合，而且不会产生任何浪费。

如果你无法亲自到波士顿去，那也没问题。如今，如果你想要一件 3D 打印服装，只需要一部智能手机就够了。自从时装设计师丹尼特·皮莱格（Danit Peleg）在 2015 年首次推出 3D 打印服装业务以来，已经有至少 6 位设计师争相效仿了。锐步和新百伦都采用了这种技术，前者主要是用这种技术提高生产设备的生产速度和质量，后者则是用这种技术为运动员定制鞋垫。许多其他时装公司也在正快速跟进。

时尚产业只是这个故事的一部分，3D 打印技术现在已经在零售行业得到了广泛应用。办公用品公司史泰博（Staples）多年来一直在提供这项服务。他们最近推出了一个在线版本，客户可以在家里上传办公用品的设计图纸，然后史泰博的员工就可以在店里按样打印出来，然后再把产品送到你家门口。法国五金工具制造商乐华梅兰（Leroy Merlin）则为客户提供了打印定制工具的业务。想要买一个 10 英寸（约 25.4 厘米）的平头钉或一个弯曲的套筒扳手（可以伸进各种角落）吗？好，马上给你打印好送过来。

这就是我们今天已经实现的场景。未来 10 年，3D 打印将在以下四个关键方面重塑零售业。

1. 消灭供应链。有了 3D 打印，零售商就可以自己购买原材料，然后直接打印出货品（在仓库或零售店都可以）。这一转变意味着供应商、制造商和分销商的末日。

2. 消灭废料。也许现在我们还不能完全杜绝浪费。但是随着消费者变得越来越喜欢环保产品，同时零售商也在致力于实现材料成本最小化,恰到好处的 3D 打印无疑是一个现成的解决方案。

3. **消灭配件市场。**如果你是一个艾奥瓦州的农民,万一你的拖拉机在收获季节坏掉了,而新的配件要几天之后才能收到,这就可能会耽误整个收获工作。3D 打印机就可以解决这个问题。它可以打印咖啡机,也可以打印滑板轮子,范围之广,超出你的预料。这不仅意味着配件业务的末日,也意味着我们购买的产品寿命会达到一个前所未有的水平。

4. **用户设计产品崛起。**当然,市场上总还是会出现某个版本的苹果电脑——像苹果这样以设计为中心的超级公司,推出的产品都非常巧妙,总能找到买家。然而我相信,大量由客户设计的个性化产品一定会逐步取代由设计师设计的标准化产品,从时装到家具,应有尽有。

除了以上四点,最后还会引出一个问题:不久的将来会有 Alexa 帮助我们下单、有 3D 打印机生产产品、有无人机送货上门,这样的话,还会有人去购物吗?

融合的零售业

在发表于《哈佛商业评论》(*Harvard Business Review*)的一篇题为《欢迎来到体验经济》(Welcome to the Experience Economy)的文章中,作者约瑟夫·派因(Joseph Pine)通过一个奇怪的指标物——生日蛋糕,追踪了近两百年的经济发展轨迹。

之前,作为农业经济的一种"遗留"习惯,母亲们会选择从零开始做生日蛋糕。她们把各种农产品(面粉、糖、黄油和鸡蛋)混合在一起,事实上,这些东西加在一起的成本非常低。后来,随着以商品为基础的工业经济的发展，母亲们会花一两美元到贝蒂妙厨（Betty Crocker）去买一份预先按比例配好并搅拌均匀的配料，回家烘焙。再后来，当服务经济站稳了脚跟时，忙碌的家长们会直接从面包店或杂货店订购蛋糕，价格为 10 美元或 15 美元，大约相当于预配拌料的 10 倍。到了今天，在时间极其宝贵的 20 世纪 90 年代，父母们既不自己动手做生日蛋糕，也不亲自筹办生日派对。相反，他们会花 100 美元或更多的钱把整个活动"外包"给出奇老鼠（Chuck E. Cheese's）、发现地带（Discovery Zone）、矿业公司（Mining Company）等为孩子们举办令人难忘的活动的公司，而这些公司通常会免费赠送蛋糕。欢迎来到新兴的体验经济！

体验经济是一种新的颠覆性的商业模式，它以预先制造的体验代替了预先制造的配料，满足了一种新的需求。在历史上的大部分时间里，我们并不想要"预先包装"好的体验，因为生活本身就是一种体验。只是想要确保安全、温暖、有饭吃就需要具有足够的冒险精神。但是，技术改变了这一情况。

在工业革命之初，即便是地球上最富有的人也用不上空调、自来水或室内暖气，当然也没有汽车、冰箱和电话，更不用说电脑了。今天，在美国，即便是生活在贫困线以下的人也可以享受这些便利。那些更富有的人的生活自然更不必说。事实上，我们已经开始把现代人离不开的这些东西视为理所当然了。在此基础上，对许多人来说，感人的、难忘的、真实的体验可能比财产更有价值。

零售商很好地利用了这个趋势。星巴克使自家店铺的熟悉氛围扩展到了全球，户外用品零售商卡贝拉（Cabela's）把他们的展厅变成了人造的户外冒险场所，甚至还配了瀑布！可以肯定，正在融合的指数型技术一定会把体验经济推到一个新的高度。

西田购物中心集团（Westfield Shopping center group）提出了关于零售业未来10年的愿景——"目的地2028"。西田购物中心配有空中花园、智能更衣室和冥想讲习班，致力于打造一个"高度互联的微型城市"，而且每一个购物中心都拥有无微不至的个性化服务，令人难以置信。智能美容工作室可以为顾客提供个性化定制的营养和补水建议；眼睛扫描仪和人工智能可以根据顾客之前的购买情况提供个性化购物"快车道"；"魔镜"将为顾客呈现穿着各种各样新产品时的虚拟影像。

"目的地2028"的宗旨是帮助顾客成为更好的自己，它试图将娱乐、健康、学习和个性化产品配对等全都很好地结合在一起。西田集团下的赌注是，所有这些体验，肯定能够抵偿消费者离开家外出购物的不便。

这当然是一个很大的赌注。整个美国有1 100多个超级购物中心和4万多个购物中心。明尼苏达州的美国购物中心本身就是一个小镇，它占地52万平方米，容纳了500多家商店。中国最大的购物中心占地超过65万平方米，比整个五角大楼还大。这种升级后的体验经济可能意味着，这些购物中心还有机会可以继续经营下去。

但即使这样，那也已经是一种非常不同于以往的零售业形态了。如果西田集团的愿景成了现实，零售业将成为一个"融合行业"，这意味着消费者在商场里度过的时间必须能为他们带去多重红利。购物过程可能同时也是医疗、娱乐和接受教育的过程。或者说，正如我们将在下一节看到的，我们印象中的购物中心会变成回忆的一部分，而购物本身会变成另一项外包给人工智能的任务。

消失的购物中心

在这一章的前半部分，我们给出了一个关于2026年购物方式的思想实验。到那个时候，想必传感器、网络和人工智能等指数型技术的融合将会重塑零售业。而现在，我想带你进行另一个思想实验，将时钟再向未来推几年，并且在上述"零售组合"中再增加五项额外的技术。

欢迎来到2029年4月21日，这里是达拉斯，天气晴朗无云。你明天要举办一个筹款午餐会，但还没有找到合适的衣服。你最不想做的事情就是逛商场。不必担心，你的智能助手中保存的身材体重数据仍然是最新的，因为一个星期前才刚刚扫描过。你只要戴上虚拟现实头盔，与人工智能助手进行对话，就可以解决这个问题。为了方便，你可以把它命名为"贾维斯"（因为本书的一位合著者似乎无法摆脱对《钢铁侠》的迷恋）。

"该为明天的活动买一件衣服了。"是的，你只要说出这句话就足够了。

不一会儿，你就会被传送到一个虚拟的服装店里。所需的旅行时间为零。不用忍受高速公路上的交通拥堵，也不必为寻找停车位而感到苦恼，更不会有推着婴儿车的人愤怒地朝你竖中指。相反，你进入的是一家专为你一个人打造的私人定制服装店。店里的每件衣服都是你的尺寸，而且这家商店几乎可以联系到地球上所有的设计师，拿到最新、最好的设计。问一下贾维斯吧，他会告诉你上海最近最流行的是什么，并且马上给你奉上一场时装秀。每一个在T台上昂首阔步的模特看起来都像你，唯一不同的是，他们身上穿着的是上海最新款的服装。

这时，你的电话响了，是你最好的朋友打来的。她想通过自己的虚拟现实头盔和你一起购物。当你们俩聊天时，你的人工智能会倾听。你的意见会被人工智能悉数听取："我想要一双黑色的高跟鞋来搭配我的新裙子"，话一出口，一双双完全合脚的鞋子就会呈现在你面前。

然而你发现，这些鞋没有一双能完全令你满意。"你衣柜里吉米周（Jimmy Choo）那双缎面鞋，与这条裙子搭配怎么样？"你的朋友问。没有问题。你在现实世界中拥有的每一件实体衣物，在虚拟世界中都有对应的电子版。只要一开口，你马上就可以看到真实的搭配效果。

当你选好衣服后，人工智能会为你买单。当然，这件新衣服是在工作间里用3D打印机打印出来的，而且在打印的过程中——在用无人机快速送给你之前——它的数字版设计图就已经添加到你的个人信息库中了，以便供你在未来的虚拟活动中调取。那么整个购买过程的成本是多少呢？由于没有中间商，价格肯定不到你在实体商店里所付的一半。

现在回到当下，让我们把未来的各部分拆开分析一下。

3D人体扫描技术已经日臻成熟。李维斯和布鲁明戴尔（Bloomingdale's）这样的服装公司都已经可以借助红外深度传感和成像技术来制作一份关于你的身材信息的数字档案，它们在许多门店里都开设了扫描成像服务。像耐克、博斯和阿玛尼等品牌服装公司也不甘落后。当然，参与其中的不仅包括这些大品牌服装公司，也包括一些初创企业。Bombfell公司开设了一个提供时尚休闲男装订购服务的网站，它可以将时尚设计师与人工智能配对，从80多个不同的品牌中进行选择，然后将选择结果发送给你。在线零售商也参与到了这场变革中，亚马逊在2017年收购了3D人体扫描初创公司人体实验室（Body Labs），进而开设了Prime衣橱服务，主要功能是为会员定制服装。

此外，阿里巴巴和亚马逊也都为人工智能时尚顾问提供了大展身手的机会。在一年一度的双十一购物节期间，阿里巴巴旗下的Fashion AI概念店利用深度学习算法，根据人类时尚专家的建议和店铺的库存提供穿搭建议，由此实现的销售额在全部 250 亿美元的成交额中占了很大一部分。与此类似，亚马逊网站的购物算法也会根据用户偏好和社交媒体行为给出个性化的服装搭配建议。

在虚拟现实系统方面，我们现在已经有了奥本未来光场复现技术（Hololux），那是由微软和伦敦时装学院合作推出的一个项目。他们的虚拟现实眼镜可以让你在世界任何地方的"交互现实"中购物。想去伦敦繁华街道上的普拉达专卖店看看吗？只要戴上眼镜就可以实现。

现在你应该明白了，未来购物行为发展的趋势是非物质化、非货币化、大众化和去本地化，或者说，未来可能意味着"购物中心的末日"。当然，如果在那之后再等几年，你就可以乘坐自动驾驶的飞行出租车去西田集团的目的地 2028 购物中心逛上一圈。那可能是一种相当值得的体验。所以，或许未来也不一定是购物中心的末日。不管怎样，未来必定意味着零售业的彻底转型。

接下来我们来设想一下，如果广告业中也发生了同样的事情会怎么样吧。

第 6 章

广告业的未来

广告狂中狂

在获得艾美奖的电视剧《广告狂人》(Mad Men)中，20世纪60年代的一家典型广告公司成了主角。这是一家充斥着自大狂、午餐豪饮和新兴技术的广告公司。在那个时代，印刷媒体、电视和广播在广告业中占据着主导地位，广告狂人们在当时都很成功。在差不多半个世纪的时间里，这三种媒体决定了企业如何将自己的产品推向市场，让公众接受。那些广告机构在当时的潮流中如鱼得水，但在互联网问世之后，它们迎来了危机，互联网改变了广告业的游戏规则。

互联网革命刚刚开始的时候，很少有人知道它会给广告业带来怎样的颠覆性破坏。然而没过多久，克雷格列表（Craigslist）就差不多"掏空"了报纸的分类广告版面，随后，各个网站的横幅广告也"掏空"了杂志的广告版。紧接着，数字视频录像系统（DVRs）流行起来，葫芦（Hulu）、奈飞、亚马逊视频提供的付费数字服务等一系列的创新形式，把大众从乏味的电视广告中拯救了出来。在互联网出现之后不到20年的时间，谷歌和Facebook两家的广告收入加起来超过了地球上所有的印刷媒体。

2017 年，谷歌的广告收入总额超过了 950 亿美元，Facebook 超过了 390 亿美元。这两家公司的广告收入总额大约占到全球广告支出的 25%。在快速发展的开源电子商务平台、移动设备和在线支付基础设施的推动下，社交媒体营销实际上已经取代了整个传统广告业。整个过程只花了不到 15 年时间。

2018 年，全球广告业规模超过了 5 500 亿美元，谷歌公司的估值超过了 7 000 亿美元，Facebook 的估值则超过了 5 000 亿美元。它们的估值之所以急剧增长，原因在于，这些广告是基于互联网用户产生的数据和在搜索中留下的线索而推送的，其中包含着大量关于我们的喜好、需求、社交关系和关注焦点的信息。

但是，随着技术融合的发展，广告业也遭遇了闪电战，这个行业的急剧变化还在继续。一开始的时候，广告可能会变得更具有侵入性，同时也变得更加个性化。然而，这种情况不会持续太久。不久之后，整个社交媒体营销市场可能会完全消失。整个转变会持续多长时间？我认为会是 10 到 12 年。下面就让我们来看一看原因所在。

空间网络

纵观整个人类历史，每个人在观察世界时得到的体验大体上都是相同的。除了患有精神疾病、吸食迷幻药或想象力过度活跃等特殊情况之外，现实一般来说是一个共有的常数——你在某个地方看到的东西和我在某个地方看到的东西是一样的。但是现在，数字与实体之间的界限开始模糊。我们周围的世界正在获得多个层次的信息。很多东西，当你没有合适的设备时是看不见的，戴上一副增强现实眼镜后，你就会发现极其丰富的、个性化的交互式数据，这是以前从未有过的。这也就意味着，我的世界和你的世界现在可能是完全不同的两个世界了。

欢迎来到现实2.0或Web 3.0，又或者可以称为空间网络（Spatial Web）。为了更好地理解空间网络，我们可以从Web1.0开始。Web1.0中只有一些静态文档，用户和网站的交互仅限于只读形式，广告客户"接触"消费者的最佳方式是通过横幅广告。随后出现的Web 2.0引入了多媒体内容、交互式网页广告以及强调参与性的社交媒体。但是这一切仍然是通过2D屏幕来实现的。而在Web 3.0阶段，基于高带宽的5G连接、增强现实眼镜、新近崛起的万亿传感器经济以及强大的人工智能等的融合，我们获得了将数字信息叠加在物理环境之上的能力，这也将广告从屏幕的"暴政"中解放了出来。

想象这样一个场景。在未来，你走进了一家苹果专卖店，当你接近一个苹果手机屏幕时，一个与真人完全一样的史蒂夫·乔布斯增强现实技术化身就会出现。他会向你介绍，帮助你了解苹果产品的最新特性。"阿凡达"·乔布斯？这可能有点太过了，所以除了语音之外，你可能不会看到他的形象，取而代之的是浮动文本，即在你面前的空间中盘旋的一系列新功能介绍。你比较过几种产品之后，没有选择苹果手机，而是选择了一副应用新的增强现实技术开发的苹果智能眼镜，执行智能合同只需要另一个语音指令。

戴上新买的苹果智能眼镜之后，你去了一个朋友家。在她的厨房里聊天时，你被她的新橱柜吸引了。眼镜上的传感器追踪了眼球运动，这样你的人工智能助手就知道你的注意力在哪里。通过你的搜索记录，它也知道你一直在考虑如何改建自己的厨房。眼镜中的智能推荐偏好选项是打开的，所以橱柜价格、设计和颜色等信息将自动进入你的视野。这是一种新的广告形式，可以说是无接触购物的延伸，也可以说是一种新型的垃圾邮件——取决于你对此持有什么观点。

这种场景的早期版本现在已经出现了。许多公司的产品都已经集成了通常被称为"视觉搜索"的功能。例如，如果你购买了阅后即焚（Snapchat）和亚马逊合作开发的一款摄像头，那么只需将摄像头对准一个产品，就会得到一个显示该产品本身或类似产品的链接，帮你选择购买。与此同时，品趣志（Pinterest）也提供了大量的视觉搜索工具，比如其中的"买你所见之物"（Shop the Look）功能，该功能会将照片中的每个物体都加上标签。你喜欢这个沙发吗？单击对应沙发上的标签就可以了，接下来网站会帮你搜索正在出售的类似产品。或者，再以该公司的实时视觉搜索工具 Lens 为例，你只需将摄像头对准某一个场景，应用程序就会自动生成该场景中所有产品的链接。

谷歌则更进一步。他们于 2017 年发布了一个通用的视觉搜索引擎——谷歌镜头（Google Lens）。它不仅可以识别出待售的产品，而且还能解码整个景观。你可以利用它学到任何你想学的东西：花坛里植物所属的类别、公园里遇到的狗的品种、城市街道两旁建筑物的历史等。

宜家在这方面取得的进展更大。在智能手机中安装好他们利用增强现实技术开发的应用程序后，你就可以绘制你家客厅的效果图了，这个数字版本的效果图中包含了所有家具的确切尺寸。你需要一张新的咖啡桌吗？应用这个程序你就可以尝试各种尺寸、各种款式的咖啡桌。如果你选定了，就可以直接支付，然后宜家就会定制好咖啡桌并把它送到你家门口。还有一个问题，你会组装吗？别担心，增强现实技术应用程序也可以一步一步地引导你完成安装。

这些视觉搜索器之间当然存在着激烈的竞争，而且这种竞争客观上加速了相关技术的发展速度，消费者的接受度也在逐步提高。随着越来越多的人使用这些搜索系统，更多的数据被反馈给背后的人工智能系统。到了 2018 年秋，这种反馈循环已经使每月的视觉搜索次数超过了 10 亿次。事实上，几乎每个全球性的公司都在为一个"点、拍、买"的世界的到来做准备。这也是我们预测购物中心可能将走向终结的另一个原因，因为现实世界处处可以变成购物中心。如果你认为这听起来不太舒服，那么我下面要说的可能会让你感到毛骨悚然。

超个性化的可怕力量

你被跟踪了！你只是在百货公司随便逛了逛，他们的面部识别系统就认出了你。于是你的增强现实技术眼镜亮了起来："嗨，莎拉，很高兴见到你……"

可恶！你忘记选择"请勿打扰"选项了。

一微秒后，该百货公司的电视监视器继续对你发动"攻击"。叫你名字的设备也许是一幅全息图，也许是美国总统："莎拉，等一下。你的毛孔关系到了国家安全。我想告诉你，你的基因组序列与一个新系列护肤品非常匹配。"

当你选择不对美国总统的"喊话"做出回应时，人工智能就会改变策略。现在轮到你的妈妈来叫你了。你情不自禁地停下了脚步。她的声音已经深深地印在你的脑海里。但是你知道不是的，于是你又继续往前走。见鬼！有时候你还会听到你最喜欢的电影明星在喊你的名字（基于你的奈飞账户数据而推断出你最喜欢的电影明星是谁），或者你最喜欢的体育明星在喊你的名字（基于你在互联网上的搜索数据），又或者，一些让你害怕的人比如你的神父——麦克法兰神父，也会冷不丁叫起你的名字。无论如何，这些肯定都与代言万宝路的那个男人叫你的名字有天壤之别。事实上，如果这些技术不是被用在了这些烦人的地方，可能会相当有趣。

这个场景听起来像是一个遥远的幻想吗？你可以仔细想想再给出自己的回答。

你还记得电影《碟中谍》吗？还记得影片中汤姆·克鲁斯（Tom Cruise）用来模仿坏人声音的"喉麦"（throat mic）吗？到目前为止，已经有两家公司发布了真实版本的"喉麦"。第一家是位于蒙特利尔的初创公司琴鸟（Lyrebird）——以琴鸟这种擅长模仿声音的鸟来命名，这家公司开发了一种新颖的语音合成技术，只需要用很少的数据就可以模仿一个人的声音。

具体来说，只要有 30 个句子就足够了。也就是说，只要获取一段在你"惊喜生日派对"拍的一段三分钟视频就足够了——该死的，你甚至不记得有人拍过视频呢。第二家公司是中国搜索引擎巨头百度。百度的研究人员开发出了一个比琴鸟更快的人工智能系统，只需要有 10 个 3.7 秒的样本就足以在 95% 以上的情况下训练语音识别系统。如果有 100 个 5 秒左右的视频片段，那么模仿的声音就可以做到非常逼真。

虽然琴鸟和百度的语音合成技术还没有达到完全真假难辨的程度，但是这个领域还在迅速发展着，而且其结果远不止是让广告比以往更加令人"毛骨悚然"。

百度通信团队的一位成员表示："这项技术的应用场景非常广泛，比如声音克隆技术可以帮助那些丧失讲话能力的患者。这也是个性化人机交互界面的一个重要突破，父母可以利用自己的声音为孩子生成有声读物。此外，这种技术也可以用于生产原始数字内容。可以想见，未来电子游戏中的数百个角色都将拥有独特的声音，或者也可以用于语音翻译，因为合成器可以学习模仿讲另一种语言的演讲者。"

深度伪造术

2018 年，关于美国前总统奥巴马的一段视频在互联网上流传开来。有 600 多万人看到了他坐在一面美国国旗旁，对着镜头认真讲话的画面。奥巴马说："特朗普是个彻头彻尾的混蛋。我永远不会对别人说这些话，至少不会在公开演讲中说。但其他人肯定会，像乔丹·皮尔（Jordan Peele）

这样的人。"

接下来，视频切换到分屏模式。左侧的画面显示奥巴马仍在继续说着话。而右边我们看到，这位前总统说的那些话其实出自演员、导演和喜剧演员乔丹·皮尔之口。这段视频是深度伪造的，是用人工智能驱动的人类图像合成技术制作的。它利用现有的图像和视频（奥巴马演讲的视频），把它们映射到源图像和视频上（乔丹·皮尔模仿前总统奥巴马骂特朗普总统的视频）。

皮尔制作这个视频是为了说明深度伪造技术的危害，网络上已经有了千千万万个类似的深度伪造视频。伪造视频并不是一个新现象，它们其实早就被用于政治讹诈、诋毁他人了，例如，利用假冒的名人色情视频诈骗。虽然这些早期的伪造视频与真实视频非常接近，但是其伪造痕迹还是可以检测出来。

卡内基梅隆大学的研究人员最近开发了一种新的算法，可以实现更逼真的合成效果。他们的人工智能不仅能将头部动作、面部表情和目光从一个视频转移到另一个视频，而且还能转移一些更加细微的细节，例如眨眼的频率、轻微的眉毛抖动、肩膀的微耸等。伪造出来的视频几乎没有任何破绽，结果真假难辨。在他们的实验中，绝大多数被试看了之后，都认为那些视频是真实的。

虽然这种技术有一些积极的用途（我们将在下一章中对此进行探讨），但是它的缺陷也是不容忽视的。许多人担心有人利用这种技术炮制出"假新闻"，因为可能会毁坏声誉，引发社会动荡，甚至影响全球政治。此外，还可能产生其他法律后果。深度伪造技术的流行还会让那些"被录下来的"人更倾向于宣称不是自己干的，因为我们可能永远都无法找到真相，而这正是问题所在。

不过，就广告业而言，尝试伪造导致的问题，比如你被伪装成你母亲的营销人员在百货商店里"尾随跟踪"，但更多只是暂时性的，并不会构成一种长期的趋势，因为广告业本身可能很快就会消失。

送别广告业，迎来贾维斯

从昔日的《广告狂人》到今日的"广告狂中狂"，广告的目的始终没有发生变化，那就是把商品推销给顾客。所以广告总是在宣扬好处：买 X 商品会让你变得性感、成功、美丽动人等。但如果你并不是那个做出购买决定的人，又会发生什么呢？嗯，是的，这时候你的购物助理贾维斯就会来救场。

试想象一下未来吧，如果你只是简单地说了一句："嘿，贾维斯，给我买点儿牙膏来吧。"贾维斯会去看电视吗？他会不会碰巧看到那些充满灿烂笑容的深夜广告？当然不会。相反，可能在一纳秒之内，贾维斯就可以把以下事项全都考虑一遍：牙膏的全部可能分子配方、不同牙膏的成本、支持牙膏美白效果的研究报告、批评牙膏无法使口气清新的研究报告、已发表的消费者满意度调查报告……最后，它可能还会评估你的基因与哪种风味、哪种配方的牙膏最匹配。

衡量一圈之后，贾维斯会决定帮你买什么牙膏。

更进一步说，在未来，你将永远不需要亲自动手去订购牙膏。贾维斯会监控你日常消费的所有物品的供应状况，从咖啡、茶、杏仁奶到牙膏、除臭剂等。在你意识到需要补充什么之前，它可能就已经订购好了。

那么，当你需要买点新东西时又会发生什么呢？你儿子想要一架无人机作为生日礼物，这时候，你只需要向贾维斯描述一下自己的需求就行："嘿，贾维斯，你能花不到 100 美元给我买一架无人机吗？它要很容易飞起来，拍的照片也很棒。"

那么，关于时尚方面的需求和决定呢？我们能够相信人工智能会替自己选到合适的衣服吗？乍听上去似乎不太可能，但是如果你考虑到了以下情况，可能就会有不同的想法了。人工智能可以追踪我们逛商店时的眼球运动、通过收集分析我们的日常对话来了解我们的偏好，通过浏览我们的社交信息来了解我们和朋友的时尚偏好。有了这些细节，时尚界的贾维斯就能很好地替我们选择服装，整个过程不需要任何广告。

在未来，人工智能不仅能替我们做出大多数购买决定，而且能够不断为我们买到一些可以带来意想不到的惊喜的产品或服务。如果你不喜欢惊喜，那么关掉相关功能就好了，或者选择"无聊"和"古板"选项吧。不管怎样，这种转变都会对传统广告业构成致命的威胁，同时却为消费者带来了非常大的好处。

第 7 章

娱乐业的未来

重塑娱乐业

要讲述数字娱乐崛起的故事，一个很好的方法是从奈飞创始人兼首席执行官里德·哈斯廷斯（Reed Hastings）做出的四个关键决定讲起。哈斯廷斯做出第一个决定时是 1999 年。当时他是以从计算机科学家转变成为企业家的跨界人士身份出现在世人面前的。在那之前，他创办的第一家软件公司已经公开上市了，他选择将股份套现，为自己留下一笔可观的资金，用于投资创办下一个企业。哈斯廷斯当时想到了一个有趣的主意，他想通过互联网来出租 DVD，然后利用邮政服务把它们寄出去。很快他就将这个主意付诸实践，正是这个决定造就了后来的奈飞。

几个月之后，哈斯廷斯做出了第二个决定，他想到了一个更好的主意，即永远不向消费者收取滞纳金。第三个决定则是使奈飞实现真正的突破的关键，他们开发了杀手级应用程序"排队"（queue）。订阅用户可以创建一个他们想看的电影列表，一旦将之前租赁的 DVD 寄回，奈飞就会寄出另一张。奈飞的 DVD 租赁政策允许一次预定三部电影，因此用户永远不会没有电影可看。这项为用户带来极大便利的政策，使奈飞变成了众所周知的租赁电影 DVD 的好地方。渐渐地，实体租赁店的客户越来越少，（更何况如果租赁过期了，他们还必须为延迟归还支付罚金）。由此，奈飞成了最早取得成功的平台之一，它改变了这个行业，并最终成长为巨头。

1999 年，也就是奈飞正式成立的那一年，他们一共只有 239 000 位订阅用户；仅仅 4 年之后，他们的订阅用户数量就达到了 100 万。而真正改变游戏规则的是哈斯廷斯做出的第四个决定——2007 年，他决定用宽带流量取代邮政寄送 DVD 服务。2018 年秋季，奈飞的订阅用户数量飙升到 1.37 亿，而且专家预测，未来几年订阅用户数量可能还会再翻一番。

现在，奈飞已经成了流媒体领域无可匹敌的巨头。全网 51% 的流媒体订阅量都属于奈飞，这为他们带来了超过 45 亿美元的年收入和 1 500 亿美元的市值。奈飞也正在成为内容提供者，很多很多内容的提供者。2017 年，他们在原创电影和电视节目制作上花费了 62 亿美元，超过了哥伦比亚广播公司（40 亿美元）和 HBO（25 亿美元）等传统的大型制片公司，只略低于时代华纳（Time-Warner）和福克斯等大型竞争者（它们每年的投入为 80 亿到 100 亿美元）。不过仅仅一年后，奈飞在内容方面的投入又翻了一番，达到 130 亿美元，跻身大型制片公司之列。

与投资总额相比，真正重要的是奈飞用这些钱做了什么事情。2018 年，美国的六大电影公司总共发行了 75 部电影，而奈飞则用它的"战争基金"制作了 80 部新故事片和 700 多集新电视剧。

以上这些数据也正是我认为讨论指数型技术对娱乐业的影响应该从奈飞开始的原因。事实上，在任何关于指数型技术颠覆性的"编年史"上，都少不了奈飞对百视达造成毁灭性打击的这个经典故事。当初，百视达放弃了以 5 000 万美元收购奈飞的机会，这个事实完全可以与柯达公司未能充分利用数码摄影技术相提并论（讽刺的是，数码摄影技术正是柯达公司发明的）。不过，奈飞对百视达的打击本质上不过是一次技术融合的结果。

在"消灭"家庭视频的时候,奈飞利用了互联网这个新技术,让美国人可以舒舒服服地躺在沙发上租DVD看。如今,奈飞利用一组正在融合的指数型技术,也就是宽带技术和人工智能技术,挑战价值上万亿美元的娱乐生态系统。

当然,奈飞并不是在孤军奋战。

流媒体平台正处于爆炸式增长过程中。大多数大型科技公司都加入到了这个行列,这也是技术融合导致市场融合的一个副产品。2018年,苹果在原创节目上的花费超过10亿美元,而亚马逊也投入了50亿美元。Sling、YouTube以及葫芦等公司,甚至还有那个以修理割草机出名、在Facebook上有300万粉丝的家伙,都来与好莱坞争抢同一块蛋糕了。

在这一章的其余部分,我们将探索在未来10年中,不断融合的指数型技术将如何重塑娱乐业。有三个重要的转变正在发生,我们可以分别从"谁"、"什么"和"在哪里"三个角度来讨论,也就是说,我们可以考察一下是谁在制作内容、制作什么类型的内容,以及我们是在哪里观看、体验这些内容的。

自从银幕出现以来,娱乐产品一直把控在少数几家资金充足、控制严格的制片公司、院线和广播电视网络公司中。电视广告收入和电影票房加起来,每年创造的总收入接近3 000亿美元。通过囤积一些稀缺的资源——技术、人才、融资和分销渠道,少数好莱坞电影公司和电视网络公司实际上牢牢控制了所有这些收入。

不断加速的指数型技术天生有一种使稀缺资源变得富足的方法,对娱乐业而言也不例外。接下来,我们来看看娱乐业三大转变中的第一个,即制作内容的人的转变。

超级内容生产者的崛起

21世纪初，随着视频摄像机、编辑软件和录音机逐渐成为手机的标准配置，人们开始做一些事后看来很明显应该会做但事前根本没有预料到的事情，即使用这些工具来生产内容。业界为这些自制内容创造了一个新的术语：用户生成内容（user-generated content，简称UGC）。博客代表了这种内容交流的书面形式，播客代表了其音频形式。与此同时，自制视频也带来了一个问题，没有任何一个地方可以被称为这些用户生成的视频的"家"（一个可以自由共享一切的中心）。

这一问题引得各大公司竞相填补这一空白。谷歌本来有很大机会——马当先，作为一家科技巨头，他们迫切希望成为第一，但无奈他们提供的视频共享服务落入了法律的泥沼。谷歌公司的律师在面对知识产权问题时畏首畏尾，不知道如果用户发布了本不属于原创的内容时，谷歌应该怎么做。

YouTube公司则没有考虑这个问题。当时，这家公司只有三个人，他们都是Pay Pal公司的前员工，他们只有一个想法、一个车库，还有一张信用卡。这家公司太小了，小到他们根本无暇关注律师有什么看法。

当谷歌还在犹豫谁可以发布什么内容的时候，YouTube就已经爆发了。第一个视频是由YouTube联合创始人贾韦德·卡里姆（Jawed Karim）自己上传发布的，它毫不起眼，标题为《我在动物园》（*Me at the Zoo*）；但在不到6个月后，一段以巴西足球明星罗纳尔迪尼奥（Ronaldinho）为主角的视频就成为第一个获得100万点击量的视频。红杉资本（Sequoia Capital）当即决定注入350万美元的投资，YouTube用这笔钱升级了网络，巩固了他们在业界的地位。一年多后，谷歌认定，联合应该比竞争更加合算，于是他们关闭了自身的视频分享服务，并斥资16.5亿美元收购了YouTube，认为该网站代表了"互联网发展的下一个阶段"。

这一说法显然过于轻描淡写了。

现在，每一天都有数十亿人在 YouTube 观看海量的视频。对于年轻一代来说，YouTube 已经完全取代了电视，成为他们自己选择的媒体。与此同时，由于 YouTube 实现了内容分发的大众化，使得每个用户都能生产自己的内容，这也打破了好莱坞对内容生产者的长期垄断。其中一个后果是，社交媒体上出现了一些很有影响力的人，他们成了新一代的超级内容生产者，以非传统的方式对传统媒体构成了严峻的威胁。

以烹饪节目为例，现在，戈登·拉姆齐（Gordon Ramsay）和雷切尔·雷（Rachel Ray）等名厨的竞争对手是 YouTube 上的"与宝宝一起吃饭"（*Bingingwith Babish*）等视频制作者。在这类视频中，博主安德鲁·雷亚（Andrew Rea）在每一期都会为 100 多万名观众重现著名电视节目和电影中的美食。在《与狗一起做饭》（*Cooking with Dog*）的系列视频中，一位沉默的日本女性会在厨房里做出种种出格行为，而她的贵宾犬弗朗西斯则负责在一旁"讲述"，这一系列视频逗乐了数百万人。还有 80 万人会经常收看《酒醉厨房》（*My Drunk Kitchen*）这档节目。

这些拥有超高人气的短视频博主获得了大笔的收入。2018 年，YouTube 用户洛根·保罗（Logan Paul）依靠他的喜剧视频博客获得了 1 450 万美元的收入，而游戏玩家丹尼尔·米德尔顿（Daniel Middleton）的收入更是高达 1 850 万美元。音乐家也通过 YouTube 赚到了钱，甚至孩子们玩玩具的视频也会带来不菲收入。7 岁的瑞安（Ryan）是《瑞安玩具评论》（*Ryan Toys Review*）系列视频的主角，他的年收入超过了 2 200 万美元，在《福布斯》推出的"收入最高的 YouTube 博主"排行榜上名列榜首。此外，由于没有什么比钱更能赚钱，风险投资家也加入了进来。前期风险投资（Upfront Ventures）、科斯拉风险投资（Khosla Ventures）、首轮资本（First Round Capital）、小写资本（Lowercase Capital）、硅谷天使投资基金（SV Angel）等，都把赌注押在了用户生成内容上，这意味着这些超级内容生产者的吸引力已经与好莱坞大牌明星不相上下了。

随着技术的不断融合，颠覆性破坏的规模只会越来越大。智能手机摄像头作为工具使无数普通用户成了内容生产者，而像 YouTube 这样的平台为这些内容生产者提供了一个平台，一个获得报酬的途径。现在还有了像 Bambuser 这样的基于应用程序的服务，可以帮助任何人构建自己的直播网络，这就使得内容生产者（创作者）可以进军整个娱乐生态系统。

区块链还将进一步放大这个过程。由于区块链允许艺术家为自己的作品创造不可更改的数字记录（这将保证自己的作品不会被盗版），而且由于其交易成本极低或根本不存在，区块链还会将我们带到内容创作的传奇应许之地：微支付。这正是作家、艺术家、电影制片人、漫画家和记者自互联网出现以来一直在等待的东西。直接将自己的作品传达给自己的粉丝，无须经过任何中间人。这将导致一个真正的、有创造力的精英阶层的出现——至少理论上是这样的。

现在，无数新的内容平台正在涌现，它们都试图从这一趋势中分一杯羹。利基市场无处不在。我们可以在网络上看到或听到其他人做的任何一件事情——编写软件、制造机器人、"吸"猫，只要你想看，就可以找到相应的频道、还可以点播或直播，并有相应的应用程序支持，保证粉丝互动达到新的水平。这里最不寻常的，不仅在于对创作者的超级赋能，而且还在于获得赋能的创作者类型十分广泛。

2016 年 6 月，一部极其怪异的短片《春光》（*Sunspring*）以线上的方式发行，这是有史以来第一部由人工智能编写剧本完成的电影。制作人员给这个由神经网络驱动的人工智能"灌输"了数百部科幻电影的剧本，让它先学习再自由地编写剧本，决定故事的情节走向。两个月后，二十世纪福克斯电影公司（Twentieth Century Fox）发布了即将上映的惊悚片《摩根》（*Morgan*）的预告片，它也是由人工智能协助编剧的，而这次出马的是 IBM 公司的"沃森"。

沃森先"看"了 100 部恐怖片的预告片，然后对其进行了视觉、听觉和成分分析，试图全面了解人类心目中的"恐怖"到底是什么。在对《摩根》进行同样的分析后，沃森识别出了这部电影的关键片段。最后，它成功地把制作预告片的时间从 10 天缩短到了 1 天，其中人工参与的部分，就是预告片导演需要把沃森选出的这些片段以一个连贯的顺序拼接起来。

电影并不是唯一一种进入机器时代的艺术形式。佐治亚理工学院的研究人员开发出了"谢赫拉莎德"（Scheherazade），利用这个人工智能，用户就可以在视频游戏中创建自己的冒险故事。现有的由人工智能驱动的视频游戏，都会在开始时设定固定数量的数据集，因此后续只会发生固定数量的可能故事线，而谢赫拉莎德支持用户体验到无限的情节转折点。它实际上就是一个无限冒险机器，只不过它并不是完全依赖于算法的。谢赫拉莎德可以从人类身上获得帮助，游戏内容的创建是通过人工智能和游戏玩家群体之间的协作完成的。

这样也就把我们引向了娱乐业的第二大转变，即创作内容的转变。

从被动到主动

娱乐业的下一个重大转变将会发生在内容生产方面。在本章接下来的内容中，我们将会看到，内容创作将变得更加强调协作化、沉浸式和个性化。我们将依次对这些问题进行分析，首先从"被动"媒体的消亡说起。

被动媒体意味着信息的流动是单向的，比如传统的报纸、杂志、电视、电影和书籍（包括你面前的这本书）。主动媒体则相反，这一名词意味着信息是双向流动的，而且用户是有发言权的。

主动媒体并不是全新的事物。许多公司现在都已经把用户当作开发人员来使用了。例如，维基百科的"带有用户生成的游戏内容的视频游戏"页面上列出了 95 个独立游戏的名单。那当然是一个不完整的名单。像《毁灭战士》(*Doom*)和《马里奥制造》(*Mario Maker*)这样的热门游戏，其实都包含了很容易使用的地图编辑器，任何人都可以创建自己的关卡并在网上分享。而像谢赫拉莎德这样的人工智能型游戏系统，将这种交互性提升到了一个全新的高度。

除了游戏之外，还有其他媒体。

例如，混搭机器（MashUp Machine），这是一个由人工智能驱动的参与式故事创作平台。由于能够将机器智能与人类智能很好地融合起来，应用程序可以基于这两者创建交互式动画电影。这是一条双行道。而当用户自定义内容时，人工智能会学习他们讲故事的风格与细节，并且会提出建议、帮助用户完成创作。

这种交互式创作产出的作品，质量可以持续提升。机器在帮助我们讲故事的过程中，也会成为更好的"说书人"。不久之后，人工智能就将不满足于只通过扫描给定的内容、搜索相关的话题和表情包来产生更多的内容。相反，人工智能将消化掉整部小说、消化掉整部电影，并且（通过给它输入足够的故事进行训练）懂得如何分辨高下、去芜存菁。

与此同时，人类却可能正在失去这种技能。深度伪造就是一个明显的例子。这种首先出现在政治和色情领域的令人不安的趋势已经蔓延到其他娱乐领域。这意味着一种全新的协作型主动媒体的产生。早在 2018 年，加利福尼亚大学伯克利分校的研究人员就开发了一种人工智能动作转移技术，可以将专业舞者的身体叠加到业余爱好者的身体上，将前者的流畅动作与后者日常的笨拙舞步结合为一体。这意味着任何人都可以成为弗雷德·阿斯泰尔（Fred Astaire）、金杰·罗杰斯（Ginger Rogers）或梅西·埃利奥特（Missy Elliott）。获得具有一体性的深度伪装，关键在于，它已经实现了大众化。

Deepfake 1.0 版使用的是人工智能驱动的逐帧图像传输技术，需要多个传感器和摄像头。但是现在，要让自己成为一位舞蹈家，你只需要利用好智能手机的摄像头就行了。

这些"赝品"为娱乐业带来了大量的机会，比如"起死回生"。好莱坞的电影公司还要多久才能让罗宾·威廉姆斯（Robin Williams）、玛丽莲·梦露（Marilyn Monroe）或图帕克·夏库尔（Tupac Shakur）起死回生？观众多久之后才能看到有老明星参演的新电影？我们的直觉是，很快。

接下来我们来讨论一下深度伪造术"真实的伪造"这一面：使用电脑来创造我们自己的替代版本。现在市面上已经有很多种由人工智能驱动的个人助理了，例如 Siri、Echo 和 Cortana。试想一下，你刚刚和你的另一半发生了口角，你觉得自己非常需要一些建议。然而，如果在这种情况下你说"嘿，Siri，我的男朋友生我的气了"，你得到的反馈可能只是"我不知道这该怎么回应"。但如果你的个人数字助理是自助专家励志演说家托尼·罗宾斯又会发生什么呢？

其实这个场景已经不用去想了。2018 年，罗宾斯已经与 Lifekind 公司开始了合作，后者是一家专门为真人制造人工智能"分身"的公司。这个分身具备非常真实的音频和照片模拟，从举止到记忆，让人难以区分真假。为了"重新创造"一个罗宾斯，Lifekind 将 800 多万张图片及他的所有工作成果，包括书籍、视频、博客、播客和现场活动的录音带等，整合在了一起，用罗宾斯自己的话来说，结果得到的是"一个可以操作的人工智能，而不是机器人。它虽然暂时还不能成为一位治疗师，但是我肯定会让这一点'最终'成为现实……音频部分已经非常不错了，连我妻子都分辨不出真假。而最有趣的部分是真实的人工智能。这是一个非凡的机会，能够刻画一个人如何思考、感受或创作。它的记忆力让我相形见绌。而且它拥有我所有的（自助）思维模型，所以它可以看着你们……然后用一个特定的模型确定你们中 20% 的人是有兴趣的，30% 是兴奋的，40% 是投入的。它可以实时地做到这一点"。不仅内容变得比以往任何时候都更加具有"主动性"，这些主动性还可以将人类与机器智能融合在一起，将娱乐行业扩展到更广阔的新领域。

全息甲板，就在这里！

朱尔斯·乌尔巴赫（Jules Urbach）是和《星际迷航》制片人吉恩·罗登贝瑞（Gene Roddenberry）的儿子罗德·罗登贝瑞（Rod Roddenberry）一起上高中的。两人是亲密的朋友，几乎每天都在交流。那么他们都谈了些什么呢？"全息甲板，"乌尔巴赫说，"在很多时候，我们都在谈论全息甲板。"

全息甲板最早是在《星际迷航：下一代》（*Star Trek: The Next Generation*）中出现的。它可以使用全息图来产生用户想要的任何体验。这是一个完全沉浸式的环境，从功能的角度看与现实生活难以区分。乌尔巴赫对全息甲板的痴迷促使他确定了一项使命：在现实世界中建造一个全息甲板。

在完成使命的过程中，他接触了电子游戏，然后是 3D 游戏，最后是 3D 渲染。乌尔巴赫与同伴共同创立了 Otoy 公司，该公司致力于将渲染从桌面转移到云端。在他们的技术面世之前，像《人猿星球》（*Planet of the Apes*）这样主打特效的电影，需要超级计算机运行好几个小时，才能完成一帧画面。而在有了 Otoy 公司的软件之后，这一切都可以通过 WiFi 连接到云端的平板、手机上实时完成。

接下来，乌尔巴赫又与其他人共同创立了 LightStage 公司，这是一家专门从事360度图像捕捉的公司。这项技术当然也能把人变成全息图，从而为Otoy的应用程序提供特效所需的基本图像。

在全息甲板成为现实之前，还有两个障碍需要克服。其中最大的一个障碍是光。当看到一个物体时，我们看到的其实是从这个物体上反射回来的数以万亿计的光子。因此，如果能以合适的角度和强度，人为地向观看者的眼睛投射数万亿个光子，我们就能重建任何现实。

现在，欢迎来到光场实验室（Light Field Lab），这是一家总部位于加利福尼亚州的初创公司，它开发了有史以来第一个能够产生数万亿光子的显示技术。虽然他们最初生产的显示器只有4×6英寸宽，但是已经能够投射出2英寸"厚"的全息图像了，而且在30度的范围内都能看到。他们还可以将这些立方体组合成18英寸的显示器，然后再将这些显示器组合成墙体……光场实验室可以用这些立方体填满整个房间——墙壁、地板和天花板。每一个显示器都能在3米之外投射出全息图。这简直就是《星际迷航》中的全息甲板！

或者退一步说，这已经相当接近《星际迷航》中的全息甲板了。由于全息甲板上的物体看上去摸起来也像真实的物体，所以另一个障碍是触觉。在这方面，光场实验室也已经取得了很大的进展。就像他们用光让你去"看"一样，他们可以用声音让你去"感觉"。当超声波（医生使用的那种超声波）被投射到上述房间里面时，声波本身就能给物体赋予一种真实的存在感。它虽然不具有真正的物体的重量，但是它是有形的。将Otoy公司的软件、LightStage的图像捕捉和光场实验室的投影仪结合起来，我们就拥有了构建全息甲板的所有基本组件——这是迄今为止最具沉浸感的娱乐形式。

强烈的沉浸感标志着内容生产的第三个转变，这种转变与注意力密切相关。要吸引一个人的注意力，主动参与胜过被动引导，沉浸式体验又胜过主动参与，原因在于感官输入。一项活动所涉及的感官越多，我们对它的关注度就越高。

这就是众多公司都在努力开发能够把我们的感官带入虚拟世界的各种工具的原因。让我们有触觉的触感手套已经出现了，而且技术越来越精细。还有将嗅觉视觉技术引入电视的气味发射装置，以及在舒适的客厅里提供音乐会式体验的 3D 音响系统。触觉椅现在可以倾斜、偏转、颤抖和摇摆，而一体式全功能跑步机则可以让我们随心所欲地奔跑、舞动、跳跃。

斯坦福大学神经学家大卫·伊格曼（David Eagleman）[①] 所做的研究则更进一步。他与《第二人生》的创作者菲利普·罗斯代尔（Philip Rosedale）合作，将触觉从手扩展到了整个躯干。罗斯代尔创办的初创企业高保真公司（High Fidelity），致力于创造一个完全沉浸式的虚拟现实世界。而依格曼的初创公司 NeoSensory 开发出了"exoskin"，这是专为完全沉浸式的虚拟现实世界而设计的。从表面上看，exoskin 就是一件长袖衬衫，只是在手臂、背部和腹部每隔几英寸安装了一些微型马达。依格曼解释说："穿上 exoskin 之后，如果虚拟现实世界下起了雨，你就可以感觉到雨滴。或者如果你被另一个人的化身触摸，你就可以感受到他们的触摸。"整个过程中的信号传输速度非常快，穿着这件衬衫的人瞬间就能感受到。

位于洛杉矶的"梦景"公司（Dreamscape）将触觉感应和沉浸式虚拟现实结合了起来，他们拥有的技术能让体验者享受到一种奇异的情调和感受，比如在深海中与蓝鲸同游，或者在外星动物园里抚摸动物。现在，梦景公司已经与 AMC 影院展开了合作，相信参与式观影取代大银幕大片成

[①] 大卫·伊格曼是享誉全球的脑科学家，任教于斯坦福大学。由他写作的讲述人类非凡创造力的畅销作品《飞奔的物种》《大脑的故事》《隐藏的自我》《死亡的故事》中文简体字版已由湛庐策划，浙江教育出版社、北京联合出版公司出版。——编者注

为暑期档最佳惊险刺激之旅的日子已经不远了。

我相信，乌尔巴赫的全息甲板将带来下一个巨大的飞跃。使用超声波来提供触觉，可以提供同样水平的触觉感知，而且不需要烦琐的手套。驱动全息甲板的人工智能将会拥有"情感意识"，它所创造的环境将具有令人难以置信的交互性，而这就意味着我们在娱乐内容生产方面的三大主要转变都将合并为一种体验。这标志着娱乐业未来的巨大变革。但是，这并不是故事的最终结局。

一切还将变得非常个性化，真的真的非常个性化。

完全个性化

2028年的一天，你结束工作，整个人感觉很累。你只有不到45分钟的时间可以用于准备晚餐，但是你迫切地想坐下来喝一杯，放松一下。你会拿起遥控器，打开电视吗？不会的。你会对漂浮在咖啡桌上的全息CNN频道感兴趣吗？也不会。好消息是，这两个问题其实都不重要——因为你的人工智能助手已经知道你需要什么了。

你的人工智能助手不仅可以陪伴你度过一整天，现在它还能够监控和理解你的情绪。它相当详细地记录了你情绪的起起伏伏。今天早上，它在智能镜中捕捉到了你拉长的脸，听到你和妻子在午餐时带着怨气的对话，还发现你在搭车回家的路上忽略了弟弟的电话。最后一点尤其能说明问题，因为这个人工智能助手已经陪伴你很长时间了，它知道，你只有在真正觉得有压力的时候才会忽略弟弟打来的电话。此外，传感器也一直在跟踪你的神经生理学指标变化，所以人工智能助手不仅了解你情绪变化的细节，还知道这些细节如何影响了你的身体和大脑。

重要的是，人工智能助手可以根据这些信息来采取行动。

人工智能主动干预的结果是，当你走进客厅时，你最喜欢的欧文·威尔逊（Owen Wilson）的喜剧片段就已经投射在墙上了。这里非常特别的一点是，你其实从来都没有明确表达过自己是欧文·威尔逊的粉丝——在过去的5年里，你只看了他的几部老电影，但可以确定的是，你很喜欢他的表演。虽然那些电影的情节并没有那么令人难忘，但是每一部电影中都有不少可以让你捧腹大笑的场景。你的人工智能助手注意到了这些，而且它还知道（因为它一直在跟踪你的情绪变化的轨迹），大笑是让你的情绪变好的"快速通道"——在此之前，当你承受了较高的压力时，大笑能让你觉得更好的情形占到了78.56%。

因此，你看到了欧文·威尔逊的精彩镜头剪辑，其中夹杂着其他一些风格相同的喜剧电影片段。在这个视频片段快结束时，你的人工智能助手还插入了几段你和妻子一起大笑的手机视频。幸福的回忆提醒着你，什么才是真正重要的。这个"混搭疗法"的效果很好。在你小酌一杯之后，坏情绪已经完全消失了。你和妻子通过坦诚的交流解决了分歧，然后一起出门吃晚饭。这时，你觉得自己的精神状态非常好。

这些场景中所用的技术，现在大部分都已经出现了，它们被冠以"情感计算"的标签，或者被称为"教授机器理解和模拟人类情感的科学"。这当然也是一个技术融合的案例，因为这是一个位于认知心理学、计算机科学和神经生理学交叉地带的新领域，结合了人工智能、机器人和传感器等正在加速发展的技术。情感计算已经集成到了网络教学应用程序中，如果学习者感到无聊，人工智能就会调整讲解风格；它也渗透进了机器人看护中，使机器人看护的质量大幅提高；它还应用到了社会监控领域，比如人工智能汽车，一旦发现司机生气了，相关系统就会采取额外的安全措施。而它最大的影响是在娱乐领域，因为那里所发生的一切都越来越个性化了。

人的面部表情、手势、眼神、声调、头部动作、说话频率和持续时间，都是富含情感信息的信号。如果将下一代传感器与深度学习技术很好地结合起来，人工智能就可以读取这些信号，并利用它们来分析用户的情绪。重要的是，所需要的基本技术都已经出现了。

Affectiva 是由麻省理工学院情感计算小组组长罗莎琳德·皮卡德（Rosalind Picard）创建的一家初创公司，它开发了一个可供游戏公司和营销行业使用的情感识别平台。如果用户觉得困惑或沮丧，那么这个技术平台就会告诉客服聊天机器人，同时为广告商提供一种测试广告情感效果的方法，为游戏公司提供一种实时调整内容的方法。在惊悚游戏《别介意》（*Nevermind*）中，Affectiva 提供的技术能够通过面部表情和生理反应来捕捉玩家的焦虑感。当系统发现用户感到害怕时，游戏就会加码——增加挑战性的任务和超现实的内容来提高刺激性。

另一家情感计算初创公司光波（Lightwave）的技术不仅可以捕捉个人的情绪状态，还可以捕捉整个群体的情绪状态。思科公司已经利用相关技术来充当一个创业投资大赛的裁判了，它还帮助音乐节目主持人保罗·奥肯弗德（Paul Oakenfold）在新加坡的一场音乐会上提高了听众的参与度，并在《荒野猎人》（*The Revenant*）预热期间帮助测试观众的反应。

情感计算也在向移动化的方向发展，这意味着手机可以根据现实世界中发生的事情来提供内容——我们的情绪、位置、同伴、同伴的情绪等。一些初创公司，比如 Ubimo 和 Cluep，可以提供"情感企业家"所需的一切：从情感应用程序开发平台到高度个性化的情感内容交付服务。

随着融合的继续，一种新的高度个性化的可能性组合出现了，所用内容，不仅包括那些预先设定好试图适应我们的情绪的内容，还包括大量被单独创造出来、特别适应我们的情绪的内容。

同样，由人工智能驱动的、能够选择"用户自己的冒险故事叙述风格"的浸入式视频游戏也已经闯入传统媒体的领地。2018年5月，二十世纪福克斯公司宣布将把20世纪80年代的"选择自己的冒险故事"系列丛书搬上大银幕。在这个系列电影中，观众可以用他们的智能手机投票决定自己想要的电影结局、故事情节，还可以设定情节转折点等。然而不幸的是，由于必须利用智能手机来做出选择，因此也可能会导致所谓的"参与杀手"的出现——《好莱坞记者报》（*Hollywood Reporter*）称这种做法"以最糟糕的方式对影院观影体验造成了极大的破坏"。在我看来，利用智能手机接口只是一个临时性的解决方案。不久之后，有了影院感应和情感计算，情感驱动的故事讲述将成为观影体验的另一部分。

未来的人工智能将比我们更了解自己对故事情节的偏好。例如，你可能会记得自己喜欢看什么电影，但是你的人工智能知道你为什么喜欢它。通过语义分析和跟踪生理反馈，它能解析一段看似无关痛痒的对话是怎样变成一个非常有感染力的怀旧时刻的。它会记录你的心率、眨眼率、瞳孔扩张反应，知道你在看什么、你没有看什么。这样的数据洪流意味着，即便在选择你自己的冒险故事时，不久之后我们也不会是那个做出选择的人。人工智能会根据我们的经历和过去、神经生理学指标、地理位置、社会偏好和所期望的沉浸程度来匹配情感，然后在极短的时间内定制内容来匹配所有这一切。

这就把我们带到了接下来要讨论的最后一个转变，不是谁在制作内容或者制作什么样的内容，而是我们将在哪里体验这些内容。

娱乐新天地

关于故事的故事：一个简短的概述。历史学家认为，讲故事本身始于人类祖先在篝火旁所做的活动，同时他们也确信，面向大众的"讲故事"行为起源于印刷品的出现。书籍、报纸、杂志是最早出现的大型信息载体，它们占据了人类娱乐世界的中心舞台达400年之久。后来出现了广播，它提供了一种前所未有的亲切感和即时性。无声电影和有声电影为这种亲切感提供了强有力的补充，而只有广播是第一种能够让整个国家的人都能一起收听的媒体。

黑白电视创造了一个即时共享视觉效果的时代，接着是彩色电视，它与其说是对黑白电视的升级，还不如说是征服。这些巨大的盒子垄断了客厅的中心位置超过半个世纪。然后出现了等离子屏幕。在一个又一个消费电子展之后，这些屏幕变得更薄、更便宜，分辨率也更高了。接下来，在摆脱了电线的束缚之后，这样的屏幕变得铺天盖地、无孔不入。那么，有什么事物能够颠覆目前的这种颠覆性技术呢？

我们先来看看 Magic Leap 公司提供的技术增强现实功能，以及该公司宣告的目标：彻底消灭屏幕。他们的第一代增强现实眼镜看上去只是一种相当呆板的硬件，所以我们得出的结论只能是，这种产品在无意中发挥了一种预言性的作用。但是在那以后，增强现实技术变得越来越受推崇，人们戴眼镜的理由也越来越充分。但是 Magic Leap 公司的志向不限于此，他们想要把屏幕非物质化，把这种眼镜放在任何你希望它会出现的地方——卧室的墙壁上、手掌中、布鲁克林大桥的一侧等。

那么，有什么可能会颠覆智能眼镜这种颠覆性的技术呢？利用增强现实技术开发的智能隐形镜头怎么样？你将不再需要戴头盔，因为屏幕就安装在你的眼角膜上，影像可以直接投射到你的视网膜后面。有什么可能会颠覆这种智能隐形镜头呢？全息甲板怎么样？你的眼睛将不再需要借助任何工具。那么，有什么可能会颠覆全息甲板呢？嗯，正如史蒂夫·乔布斯经常对我们说的，等一下，等一下……还有一件事，是的，总会有下一个颠覆性的创新出现。

让我们再仔细看看。

首先，对于那些仍然想要一个屏幕的人来说，相关技术也正在发生变化。有机发光二极管屏幕（OLED）已经开始全面取代发光二极管屏幕（LED）了。它最初受到人们青睐的优点是图像分辨率高，现在被看重的则是柔韧性强。LG 公司已经生产出了一个 19 英寸的可以卷成圆筒的 OLED 显示屏。其他公司也紧随其后。我们已经在手机上看到了类似的东西，例如，用可延展的石墨烯代替坚硬的硅，中国的研究人员开发出了一种可以缠绕在手腕上的智能手机，看上去就像一只可佩戴的手镯。后面应该很快就会出现能够提供触觉反馈的触摸屏。通过使超低水平的电流流回人体的皮肤，现在的触摸屏已经能够轻柔地"触摸"用户的皮肤了。

但是，屏幕有一个无法打破的限制，那就是它总要占据一定的空间。屏幕意味着你要在固定的地方观看娱乐节目——在客厅或在当地的电影院中。当然，我们也可以通过平板电脑和智能手机在某种程度上获得移动性，但是代价是屏幕太小，参与度不高。如果我们观看的内容是为手机大小的屏幕而设计的，或者是为邮票大小的屏幕设计的，那么我们就更有可能因注意力分散而脱离故事场景。随着增强现实技术的发展，我们已经开始脱离屏幕了。

这种转变正在迅速到来。未来 5 年，增强现实技术预计将会创造一个 900 亿美元以上的新市场。苹果公司首席执行官蒂姆·库克（Tim Cook）在接受《独立报》(*Independent*)采访时表示："我认为增强现实技术和智能手机一样是一个伟大的创新。我们的智能手机适合所有人，苹果手机并不是针对特定的人群、国家或垂直市场而设计的，它适合所有人。我认为增强现实技术也是如此，它的市场是极其巨大的。"

这种技术的发展给我们带来的是一个建立在常规现实之上的信息层，世界本身变成了屏幕。如果你想玩增强现实版《星球大战》游戏，你可以在上班的路上，在储物间、餐厅、浴室等地方与"帝国"奋勇作战。

2016年，我们已经享受到了第一道增强现实"大餐"。任天堂发布了《精灵宝可梦Go》，有史以来最伟大的卡通人物《火鸡射击》（*Turkey Shoot*）随之诞生。《精灵宝可梦Go》拥有500万的日活跃用户、6 500万的月活跃用户，获得了超过20亿美元的收入，这种体验的受欢迎程度当然是有目共睹的。在那之后，增强现实应用程序出现了爆炸式增长。曾经又厚又大的智能眼镜，现在已经变得又薄又轻了，而未来它们还会变得更小。从谷歌到三星，再到魔幻视觉（Mojo Vision）等资金充足的初创公司都在开发增强现实隐形眼镜，这种隐形眼镜可以让你不戴眼镜就能实现抬头显示等功能。

而对于那些对增强现实隐形眼镜不感兴趣的人来说，还有其他选择。乌尔巴赫预计，到2020年，他的全息甲板就会出现在一些迪斯尼风格的主题公园中，可能还会出现在超级富豪的娱乐室里。但是，如果真的到了人们可以自行修补大自然自身的现实投射系统人脑的那一天，谁还需要全息甲板呢？

这也就是我们接下来要讨论的脑机接口的世界。有了增强现实隐形眼镜之后，我们可以制造出一个具有信息层的无缝界面。有了触感手套之后，我们就可以在模拟场景中拥有真实感。如果模拟不是在大街上进行的，而是在一个房间里进行的，那么，加入光子和超声波层，这种体验会令你觉得身临其境。而在有了脑机接口之后，我们就可以用人类通常所用的创造现实的方式来创造现实了，也就是我们的大脑。

脑机接口技术的开发最初是为了帮助患有闭锁综合征（locked in syndrome）的患者进行交流的，它使用脑电图（electroencepha logram）传感器来读取经头皮传出来的脑电波，实现了一个无须用手、直接用精神控制的内容界面。现在，我们已经看到基于脑电图的脑机接口设备开始应用到游戏领域了。研究表明，在传统的街机游戏（如"俄罗斯方块"和"吃豆人"）和多人游戏（如《魔兽世界》）中使用这种技术是可以获得成功的，而我们现在也有了一些新型的借助脑机接口技术开发的游戏，例如精神平衡（MindBalance）和细菌捕杀（Bacteria Hunt）。

华盛顿大学的研究人员于2017年发布了大脑网络（BrainNet），这是首个允许多人同时参与的、通过思想进行脑对脑交流的网络。通过使用脑电图仪来"读取"脑信号，通过经颅磁刺激仪来"写入"脑信号，实验参与者可以相互连接起来，一起玩改良版的俄罗斯方块游戏。在这个游戏中，参与者通过脑电图仪、经颅磁刺激仪和一组闪烁的灯泡进行交流和合作，这标志着一种新的"群体思维游戏"的诞生，也是我们刚刚开始探索的科技最前沿。

我们也看到，脑机接口技术不仅进入了游戏领域，也进入了传统电影领域。2018年5月，英国艺术家兼导演理查德·拉姆丘恩（Richard Ramchurn）发布了一部27分钟的短片《那一刻》（*The Moment*）。观看这部电影时，你只要戴上一个相当便宜的头戴式脑电图仪（价格为100美元），电影的内容——场景、音乐和动画，每一次都会因你的大脑内部发生的事情的不同而不同。

脑机接口意味着，娱乐内容不仅可以根据我们的情绪来定制，还可以根据我们的大脑来定制。脑机接口相当于在电脑和大脑皮层之间建立了直接连接。虽然这种连接的发展可能会超出我们一直关注的10年的时间范畴，但是我们必须在这里指出它对内容创作者意味着什么。媒体公司和神经科学实验室迟早会合并，这是不断融合的指数型技术的产物，因为技术的融合会导致市场的融合，最终形成一个生活在今天的人完全不了解的娱乐新天地。

第 8 章

教育业的未来

对教育数量和质量的追求

同样地，技术融合潮流正在涌向学校和教室，可谓恰逢其时。从宏观的角度来看，教育有两个主要的议题：数量和质量。在数量方面，我们正面临着灾难性的短缺。在今天，仅仅是在美国，我们就需要 160 万名教师。从全球来看，情况更加糟糕。联合国教科文组织估计，到 2030 年，全球所需的教师人数将达到令人震惊的 6 900 万。而目前全世界有 2.63 亿儿童完全没有机会接受基础教育。

在质量方面，我们也面临着同样严峻的挑战。现代教育制度完全不适应现代社会。它是在前一个时代为满足前一个世界的需要而建立起来的。在 18 世纪中期，沿着横贯美国的铁路，我们推广了一种旨在生产标准化"人才产品"的工业化教育体系。踏着那个时代的钟声，学生们要从一个"学习站点"赶到另一个"学习站点"，标准化考试则成了教育"质量"的保证，教育的目的就是让这些年轻的头脑为满足社会的需求做好充分的准备。然而，那是什么样的需求呢？就是，让年轻人成为在工厂里听话的、干活的工人。

想一想工业时代的教育的标志吧，教师是"讲台上的圣人"（sage on the stage）。这种放之四海而皆准的模式，可以追溯到一个好老师和好学校都是稀缺资源的时代。教室里坐满了学生，老师则只有一个，他站在讲台上对着学生"满堂灌"。这种讲课方法虽然比较"经济"，却往往会把学生归为"两类"：一类学生可能听得云里雾里，另一类学生则可能觉得太简单、太无聊。

由于质量控制失控、教师被迫只讲授"考试秘诀"、学生只懂得应付标准化考试，上述问题变得更加严重了，这令人感到悲哀。我们的考试所能考察的，实际上只是一个非常狭隘的技能带，而且其中许多技能与成人生活完全无关。关于这个问题，我们不妨来回想一下，你上一次对一个多项式进行因式分解是在什么时候？

这种"批量加工"儿童的做法是工业社会的一个遗留问题，给当代教育造成了极大的灾难。只要拥有最基本的生物学常识，我们就可以明白，每个人的思维方式都是不一样的。有些思维方式是天生的，有些是后天培养的，但是最终的结果是一样的：每一个人都是独立的个体，没有任何一套标准化的东西可以最大化所有人的学习效果。把这些问题放在一起，恰恰有助于解释美国教育部2015年一项研究的发现：每一天都有大约7 000名美国高中生辍学，或者说每26秒就有一名学生辍学。而这也就意味着，美国每年都有120万名学生离开学校。最重要的是，其中超过一半的人都认为无聊是他们离开校园的首要原因。

幸运的是，正在融合的技术为应对教育质量方面和数量方面的挑战提供了很多新的解决方案。每一项正在对娱乐产业产生影响的技术，都可以在教育领域中发挥双倍的作用。也就是说，正如我们马上就会看到的，"一刀切"与应用程序商店是完全不匹配的。

每年十亿安卓教师

2012 年，麻省理工学院媒体实验室创始人尼古拉斯·内格罗蓬特（Nicholas Negroponte）给几个偏远的埃塞俄比亚村庄送去一批太阳能充电板和摩托罗拉 Xoom 平板电脑。这些平板电脑上都预装了基本的学习游戏、电影、书籍等。关键是，这些东西都是封装在盒子里的，而且这些密封的盒子都不是交给成年人的，而是直接交给孩子们。收到这些盒子的孩子既不会读也不会写。他们以前从未见过这种设备，也没有任何人指导他们。内格罗蓬特希望知道一个很简单的问题的答案：接下来会发生什么？

事实上，内格罗蓬特几十年来一直在试图回答这个问题。他有一个不同寻常的想法：只需要给每个孩子配备一台装有教育应用程序和游戏的笔记本电脑，他们就能够自觉掌握读写能力，同时学会如何上网。

几年前，为了推进这个事业，他创办了一个非营利性组织"每个孩子一台笔记本电脑"（One Laptop per Child），这个组织的目标是打造一台售价 100 美元的平板电脑，供有需要的孩子使用。然而，问题仍然存在，一台廉价平板电脑真的足以解决这个问题吗？孩子们到底需要什么水平的教育和指导？孩子们可以通过使用应用程序和玩游戏来自学吗？

内格罗蓬特在埃塞俄比亚做的实验就是为了回答这些问题，而这个实验也确实给出了答案，还提出了一些进一步的问题。"我认为孩子们是有能力好好利用这些盒子的，"内格罗蓬特告诉《麻省理工科技评论》，"平均来说，在 4 分钟内，孩子们就能打开盒子，找到开关……还给它插上了电源。5 天之内，他们就学会使用 47 个应用程序。不到两个星期，他们就在村子里唱着'ABC……'的歌谣了。不到 5 个月，他们就潜入了安卓操作系统。"

当然，利用电脑来学习读写并不是一个全新的观念。在《富足》一书中，我们已经讨论过纽卡斯尔大学（Newcastle University）教育技术学教授苏伽特·米特拉（Sugata Mitra）的研究了。米特拉的研究表明，功能性文盲并不会构成利用计算机学习读写的障碍。在他的实验中，只要给印度贫民窟的儿童使用可联网的电脑的机会，他们就能很快地学会使用电脑上网，并通过自学掌握读写所需的基础知识。

内格罗蓬特的埃塞俄比亚实验则更进一步。让"每个孩子一台笔记本电脑"团队感到兴奋的是，这个实验揭示了平板电脑是如何开启学生的自主学习能力和创造力的；以及更重要的，孩子们必须在技术上变得多"成熟"，才能激发这些技能。"孩子们完全按自己的想法定制了桌面，"这个非营利组织的首席技术官埃德·麦克尼尔尼（Ed McNierney）告诉《麻省理工科技评论》的采访者说，"所以每个孩子的平板电脑看起来都很不一样。我们本来安装了软件来阻止他们这样做，但是他们克服了我们设置的障碍。这个事实表明，他们拥有创造力和探究能力，能够有所发现，我们认为这是学习所必需的。"

2017 年，"X 大奖"组织了一个奖金总额高达 1 500 万美元的"全球学习 X 大奖"（Global Learning X PRIZE）。奖金主要由埃隆·马斯克与谷歌共同资助，目的是推动针对全球 2.63 亿失学儿童开发一个合适的软件。为了赢得这项大奖，参赛团队必须开发出一个基于安卓操作系统的软件，让一个孩子只用一台平板电脑就能快速进行自学——具体要求是，使用者要在 18 个月内学会读写所需的基础知识和数学知识（用的是斯瓦希里语，因为获胜的软件将在坦桑尼亚进行测试）。

比赛吸引了来自世界各地大约 700 个团队。他们一共开发出了将近 200 个软件，评委从中选出了 5 个最终入围者，每个入围者都得到了 100 万美元的奖金。然后，这 5 个软件被装到了到由谷歌捐赠的大约 5 000 台 Pixel C 平板电脑上。"X 大奖"与世界粮食计划署合作，在坦桑尼亚 167 个不同的极端偏远的村庄中找到了 2 400 名文盲儿童。这些村庄既没有学校，也没有受过教育的成年人。然后，实验人员在当地安装了太阳能充电器（为平板电脑充电），对孩子们进行了预测试（以便为以后的测试设定一个基准），并分发了平板电脑。

2019年5月，最终有两个参赛团队平分了最后的1 000万美元奖金，分别是来自韩国的Kitkit School团队和肯尼亚的Onebillion团队。这两个团队分别开发了一款软件，都做到了只要这些孩子愿意每天认真学习一小时，就能接受到相当于坦桑尼亚全日制学校的教育。根据比赛规则，所有5个进入决赛的团队（包括两支获胜队伍）的软件都是开源的，并可以免费下载。

要让这样的学习软件成为消灭文盲的实用武器，还有一个问题要解决，那就是要让任何一个有需要的儿童或成年人都能拿到平板电脑。其实这才是"X大奖"真正的目的所在。如果每个安卓手机和平板电脑都预装了这款自学软件，那么当富裕地区的人准备对这些设备更新换代时，就可以把换下来的设备捐给慈善机构。这样，捐赠者既可以通过回收利用来保护环境，同时又可以通过为儿童赋能来帮助社会。从实际效果的角度来说，每一个这样做的人都是在捐赠一位"老师"。由于每年都有超过10亿台安卓手机被生产出来，所以这些软件将使历史上最大的人才浪费现象——2.63亿年轻人失学，得到极大的改观。

虚拟现实与教育

假设这是一堂2030年的历史课，课程内容是古埃及的历史，包括法老、王后、墓碑等，涉及的全是最珍贵的古迹。

当然，老师和学生都很想亲眼看一看金字塔。但是机票的费用呢？要为整个班级的学生都订好酒店吗？学生和老师都向学校请假两周去旅行？这些事情几乎没有一件是可行的。而且，即便真的成行，到了地方可能也无法进去。因为许多埃及的古迹长年关闭维修，并且明确禁止青少年进入。

好消息是，你根本不用太过担心，虚拟现实可以解决这些问题。

在真正的现实世界里，古埃及王后奈菲尔塔利（Nefertari）的安息之所坐落在"女王谷"（Valley of Queens），普通民众根本没机会进去看看。为了保护文物，这座陵墓已经对公众关闭了几十年。但是，在虚拟现实世界中，老师和学生却可以自由自在地参观墓室、研究象形文字，甚至可以近距离查看她的石棺。他们还可以请一个世界级的埃及古文物学者作为导游，他会告诉他们："如果把注意力转移到坟墓后面的金银丝细工纹饰，大家就会看到奥西里斯的雕塑，它是埃及的神……"

事实上，实现这一场景并不需要一直等到2030年。2018年，高保真公司的菲利普·罗斯代尔（Philip Rosedale）带领他的团队已经完成了对这种精确的虚拟实地考察软件的编程。他们用3D激光精确地扫描了奈菲尔塔利坟墓的每一个角落，并拍摄了数千张墓室的高分辨率照片。随后，他们将一万多张照片拼接起来，将它内置于3D扫描的地图上。就这样，罗斯代尔创造了一个精确得惊人的虚拟坟墓。后来，他走进一个教室，让孩子们戴上HTC Vive虚拟现实头盔。因为高保真公司提供了一个社交虚拟现实平台，它允许很多人在同一时间分享同一个虚拟空间，所以全班同学可以一起探索那个虚拟坟墓。而这个完全沉浸式的埃及"实地"旅行仅需要一堂课的时间，费用为零！

对于"参加旅行"的这些孩子来说，这无疑是一次异常丰富的学习经历。研究表明，多感官学习的效果要胜过其他形式，在虚拟现实中进行学习也是一样。这也就意味着，该技术可以帮助我们创建一个无限沉浸式的高质量教学环境。而这一切都还只是我们今天已经实现的成果。

那么，未来会怎样呢？许多专家认为，教育可能是虚拟现实技术的杀手级应用领域。不过，更有可能的是，未来教育可能会结合虚拟现实和人工智能这两项重量级的技术。其中一个原因可以通过以下这个例子来说明。还记得虚拟的托尼·罗宾斯吗？帮助 Lifekind 复制这位大师的那个神经网络，也可以帮助我们复制出任何人。想去古希腊看一看吗？你不仅可以看到每一个多立克柱，还会看到一个留着长长的胡子、身穿白色长袍的绅士向你打招呼："你好，我是柏拉图，让我带你参观我的学园吧。"

向发明伦理学的人学习伦理学听起来当然很酷，但是虚拟现实其实还可以做更多的事情。我们在本书第 3 章中已经了解到，虚拟现实先驱杰里米·拜伦逊在过去 16 年里一直在研究虚拟现实扩展同理心的能力。同理心是伦理的情感基础。在研究过程中拜伦逊发现，虚拟现实可以迅速而显著地改变我们对从无家可归者到气候变化、再到种族偏见等事物的态度和相应的行为。如果在虚拟现实中作为一名年长的无家可归的女性体验生存，你在虚拟现实世界中度过的时间会极大地提升你对无家可归者的同理心，而且这种同理心在你离开虚拟现实世界后依然会存在。科技不仅改变了我们在虚拟世界中的感受和行为，也改变了我们在现实世界中的感受和行为。换句话说，虚拟现实开启了一种完全不同的道德教育的可能性。

同理心并不是虚拟现实能够"训练"的唯一情感。在南加利福尼亚大学进行的一项研究中，心理学家斯基普·里佐（Skip Rizzo）运用虚拟现实技术治疗士兵的创伤后应激障碍取得了很大的成功。其他一些科学家也已经将这种疗法扩展到了与焦虑症有关的所有领域。当你把所有这些都放在一起就会看到，虚拟现实，尤其是当它与人工智能技术结合后，再加上传统教育一直缺乏的"移情和情感技能"，肯定能够促进传统教育的迭代升级。

最重要的是，当人工智能、虚拟现实与 5G 无线网络融合到一起之后，全球教育问题也就从招聘教师和资助学校、给几亿没机会接受教育的人提供教育这个几乎不可能完成的任务，转变为如下这个更加可控的问题了：

如何构建一个奇妙的虚拟现实教育系统，并使之能够为任何一个拥有耳机的人所用？最重要的是，质量和数量可以随需而定。

2030 年的学校

2030 年的学校到底是什么样子的？我们关于未来学校最早的设计蓝图出现在 1995 年，当时科幻作家尼尔·斯蒂芬森（Neal Stephenson）出版了小说《钻石时代》(*The Diamond Age*)。这个以人的成长为主题的故事发生在"新维多利亚风格"的未来，在那里，纳米技术和人工智能已经成了日常生活的一部分，而教育则是通过一本书来实施的——那本书的名字是《年轻女子启蒙画本》(*Young Lady's Illustrated Primer*)。

这本启蒙书其实是一个由人工智能驱动的、个人定制的学习伴侣，只是伪装成了一本书的样子。这本书可以以一种基于情境的、引人入胜的方式回答问题。它里面塞满了传感器，可以监控学习者的精力和情绪状态，从而创造了一个丰富的学习环境。它的宗旨是引导学习者完成某种"蜕变"。这本启蒙读物并不试图把孩子们塑造成"社会需要的人"，相反，它有着更多的人文主义目标，即培养坚强、独立、有同理心、有创造力的思考者。

到了今天，尼尔·斯蒂芬森成了 Magic Leap 的首席未来学家，他利用增强现实技术，推出了自己的启蒙绘本 1.0 版。由于内置了 Magic Leap 技术，这个绘本可以在读者周围的空间中投射出全息图。许多在 2D 屏幕上很难理解的概念，比如人体结构，在 3D 空间中则会变得生动起来。我们可以想象一下虚拟尸检，学习者能够在带有导航的"手术室"里剥离任何皮肤或肌肉层。在 3D 空间中学习，获得的经验是非常具体、丰富的，因此更有可能从短期记忆转化为长期记忆。

不过，增强现实的真正魔力在于，它将课堂延伸到现实世界中。等到增强现实技术和人工智能技术实现融合之后，我们的每一次散步都可以变成一节历史课。例如，漫步在曼哈顿的街道上，你可以看到一个世纪前的建筑，里面住着很多维多利亚时代的人，同时，他们也是给你讲课的虚拟历史学家。

当然，增强现实技术本身并不能让我们获得这样的启蒙绘本，但如果我们将它与正在发生的技术融合趋势结合起来，前景就会变得更加清晰。今天的人工智能革命为我们提供了另一个组件，即创建个性化的定制学习环境的能力。例如，加入能够对神经生理数据做出反应的传感器，就可以帮助学生保持一种成长心态（研究表明，这是学习所需要的）；或者推动学习者进入心流状态（研究表明，这种状态可以提高学习效果）。将这些技术组合到一起，我们就可以创造出一个非常不同的未来，一个分布式的、个性化定制的、不断加速的学习环境。那么，2030年的学校究竟是什么样的呢？嗯，那取决于你想学些什么。

第 9 章

医疗保健业的未来

罗斯布拉特的"登月计划"

没有谁会希望听到这样的消息。

1992 年,玛蒂娜·罗斯布拉特(Martine Rothblatt)[①] 被告知,她女儿的生命最多只剩下 5 年时间了。她女儿患的病被称为肺动脉高压病,是一种非常罕见的肺部疾病,在美国历史上任何一个时刻,罹患这种病的人都不会超过 2 000 人。人们很容易误解这个微小数字背后的含义。这种疾病本身是一个无情的杀手,几乎会吞噬掉任何一个患上这种疾病的人。对于不幸患上肺动脉高压病的人来说,他们要面对的是 100% 的死亡率,而不是极低的患病率。不管怎样,女儿现在快要死了,罗斯布拉特决定与这个"凶手"拼个鱼死网破。

医生告诉她,根本不可能找到治愈这种病的方法。罗斯布拉特找过很多医生,还花了无数时间去查找资料。事实上,她不是在与医生见面,就

[①] 玛蒂娜·罗斯布拉特是美国著名生物医药公司联合治疗公司的创始人兼 CEO,她的著作《虚拟人》中文简体字版已由湛庐策划、浙江人民出版社出版。——编者注

是在找资料,她的大部分时间都是在医学图书馆度过的。罗斯布拉特甚至已经形成了一个自己的检索系统:在一本医学杂志上找到一篇关于肺动脉高压的文章后,她会先翻阅相关大学教科书,以理解看到的术语;然后再找到更通俗的高中教科书,以理解关键含义。这个过程她重复了无数遍。

她已经不记得是在什么时候决定启动自己的"终极登月计划"了。这个计划的目标是,要在女儿死于这种肺动脉高压病之前,治愈这种不治之症。而她会制订一个这样的计划,是所有熟悉她的人的意料之中的事情。

事实上,在开始对抗肺动脉高压病之前,她已经完成了两个"终极登月计划"。到今天,总的计划数增加到了7个,而且还在持续增加。

如今,玛蒂娜·罗斯布拉特是美国收入最高的女性首席执行官之一。关于她是怎么做到这一点的,则是另一个更有趣的故事。

玛蒂娜·罗斯布拉特本是男儿身。她原本是一个出生于芝加哥西班牙裔社区的犹太男孩,名叫马丁。在很长一段时间内,马丁并没有表现出什么了不起的才华。他先是从大学辍学,然后成了一个周游世界的背包客。有一次,他很偶然地来到塞舌尔,看到了美国航空航天局设在那里的一个跟踪系统。于是他突然有一个疯狂的想法,觉得可以通过卫星通信来让全世界连通起来。

当时的马丁和后来的玛蒂娜·罗斯布拉特一样,是一个想到就做的人。为了实现自己在塞舌尔的想法,他进入加州大学洛杉矶分校,攻读法律和商学双学位。在掌握了这些学科知识的基础上,他精研空间法方面的专业知识,为日后创办一系列基于太空的通信公司奠定了基础。他亲手创办了全世界第一个全球卫星广播网络,以及天狼星卫星广播公司(Sirius XM,创办于1990年),而后者今天仍然是卫星广播行业的龙头。

在学习和创业的过程中,马丁结了婚,有了一个女儿名叫珍妮丝（Jenesis）,后来,他离了婚,接着又再婚,还生了两个孩子。马丁认定,自己是一位女性,"她"被困在了错误的身体里。于是马丁开始了他的另一场大冒险,通过变性手术,马丁把自己变成了玛蒂娜·罗斯布拉特,同时仍然维持着与妻子的婚姻关系。事实上,他们的婚姻一直很幸福。

但就在那个时候,珍妮丝被诊断出患上肺动脉高压病。

罗斯布拉特将自己在天狼星卫星广播公司的股份套现,然后投入大量的金钱寻找肺动脉高压病的治疗方法。最终,她找到了一种可以治疗肺动脉高压的罕见药物。葛兰素史克公司（GSK）拥有这个药物的专利,但是该公司并没有将其投入研发和生产。罗斯布拉特建立了一个科学家团队,并设法获得了这种"药物"的生产许可。我们在这里非常委婉地使用了"许可"这个词,但是实际上,罗斯布拉特从葛兰素史克公司得到的只是一个小袋子,里面装了几汤匙的白色粉末。葛兰素史克公司很早以前用这些粉末在大鼠身上做过试验,结果表明,在治疗肺动脉高压病方面,这种药物的作用微乎其微。

最终,罗斯布拉特创立了联合治疗公司（United Therapeutics）。

上百名顶级化学家都声称,这项专利永远不可能转化为一种真正的药物,但在3年之后,就在女儿命悬一线之际,这种药物上市了。今天,珍妮丝已经35岁了,这种药物不仅挽救了她的生命,而且每年都可以为联合治疗公司带来15亿美元的收入。现在,活着的患有肺动脉高压病的患者人数已经从以前的不足2 000人上升到了4万人。

如果这就是故事的结局,那么它将会成为一个传奇。但事实上,罗斯布拉特的药物只完成了一半的任务。它能够控制病情,却无法彻底治愈疾病。目前治愈肺动脉高压病的唯一方法就是进行肺移植,彻底治愈肺纤化、肺囊性纤维化、肺气肿或慢性阻塞性肺病的唯一方法也是肺移植。但是在美国，每年只有 2 000 个肺可供移植（而每年仅仅是因吸烟导致的疾病就会使超过 50 万人死于肺衰竭）。在看到这些可怕的事实后，罗斯布拉特决定展开另一项"终极登月计划"——创办一家能够提供无限的可移植器官的公司。

"对于汽车、房子，我们一直都是这样处理的，"罗斯布拉特解释道，"我们用新零件替换旧零件，这样就能让它们维持运转。我想找到一种类似的方法来做人体器官移植。"

罗斯布拉特对这个问题采取了三管齐下的办法。首先，为了解决肺移植的问题，她决定不去做前人做的无用功。现在的情况是，由于濒死患者的肺部充满了有毒的化学物质，超过 80% 为器官移植而捐献的肺，最终都被扔进了垃圾桶。所以罗斯布拉特先着手改进了一种保持肺在体外存活的方法，它的专业说法叫"体外肺灌注"（ex vivo lung perfusion）。到今天，这种方法已经挽救了成千上万人的生命。但她并没有就此止步。

其次，罗斯布拉特决定通过异种移植来解决更严重的器官短缺问题。这一直是一个古老而充满争议的想法——获取新鲜的动物器官来代替衰竭的人类器官，但因为担心疾病传播、排异和侵犯动物权利等问题，这个想法一直被搁置在一边。罗斯布拉特并不在意这些争议，她决定将相关研究坚持推进下去。

猪的器官和人的器官很相似，所以罗斯布拉特决定从猪的器官着手。通过与克雷格·文特尔（Craig Venter）[①] 和合成基因组公司（Synthetic

---

[①] 美国生物学家，"霰弹测序法"发明者，被很多人称为生物学界的"坏小子"，讲述其合成生命壮举的《生命的未来》中文简体字版已由湛庐策划、浙江人民出版社出版。——编者注

Genomics）[1]合作，她的公司绘制出了迄今为止最完整的猪基因图谱。然后，他们用CRISPR技术敲除了所有会导致病毒入侵的基因，消除了患病的危险，培育出了一头"完全干净"的猪。现在，他们面临的最新和最大的目标是：敲除导致人体器官产生排异反应的基因。如果成功了，这将意味着近乎无限的器官供应——不可避免的是，这将给猪带去很多"痛苦"。

为了解决如何避免让动物"受苦"这个问题，罗斯布拉特正在研究运用最尖端的组织工程技术来完全绕过动物，利用胶原蛋白打印人造肺支架。为了把这个支架变成活的肺，她正在用干细胞做实验。

最后，因为把一个器官从产地运送到排队等候移植的患者所在的医院通常需要很长时间，罗斯布拉特还投资创办了贝塔科技公司（Beta Technologies），研发电动飞行汽车，她计划用这种环保的交通工具把新造的器官快运给需要的患者。而在跨入60岁那一年，纯粹是出于兴趣，罗斯布拉特自己也成了一名直升机飞行员。她驾驶着自己的公司设计的一辆飞行汽车，创造了电动直升机速度的世界纪录。对于罗斯布拉特来说，这一切最终意味着，到2028年前后，器官衰竭导致的死亡将会变成一个可以解决的问题，而不是一个可悲的生命事实。我们有足够的理由相信她。

把疾病护理变成医疗保健

罗斯布拉特从外部对医疗行业发动的"攻击"得到了不断融合的指数型技术的帮助和支持——CRISPR、基因组学、干细胞、3D打印、电动汽车等，这些都是当下最前沿的技术。但我们一定要记住的是，罗斯布拉特的故事证明，决心和技术可以使一切成为可能，而这只是成千上万个类似故事中的一个。其他故事也许没有这个故事这么精彩，但同样影响深远。

---

[1] 一个致力于解码人类基因组的公司。

说起当今的医疗保健系统，体系的"病"往往比患者更加严重。甚至连"医疗保健"这个术语本身都有很大的误导性。如今，人们看医生更多是为了治病，而不是为了保健。这种行为从根本上说是被动的，而不是主动的。医生只是在事后进行干预，他们打的往往是一场效率低下、价格昂贵、在某些情况下甚至完全没有把握的"被动防御战"。例如，在美国，由于害怕承担责任，医院每年都要在患者不需要的手术上花费2 100亿美元。

研究方面也没有好到哪里去。每研发5 000种新药，只有5种能够通过临床人体试验，而且其中只有1种能够得到批准。这就是一种新药从实验室研发到用在患者身上平均需要12年、花费25亿美元的原因，也是美国人平均每人每年至少要在医疗保健上花费10 739美元的原因，这比世界上其他任何国家都要多。如果未来没有任何改变，到2027年，光是这个产业就要消耗掉美国GDP的近20%。

不过幸运的是，事情正在发生改变。这是一个涉及范围极其广泛的故事。如果愿意，我们可以写很多本书，把所有这个领域的进展都描述一遍。但是，为了节省篇幅且便于读者理解，我们在这里只重点讨论5个重大转变，其中3个是技术转变，两个是范式转变。

在技术方面，医疗列车的每一节车厢都在经历重新发明的过程。在前端，传感器、网络和人工智能的融合正在颠覆医疗诊断。在中端，机器人技术和3D打印技术正在改变医疗过程的性质。在后端，人工智能、基因组学和量子计算正在改变药物本身。

与此同时，作为趋同效应的一个结果，有两个范式转变正在进行。第一个范式转变是，从疾病治疗向医疗保健的转变，即从追溯性、反应性和通用性的医疗系统向前瞻性、主动性和个性化的医疗系统的转变。

第二个范式转变是管理模式上的转变。在20世纪的大部分时间里，医疗保健行业的运转，主要依赖于大型制药公司、政府、医生、护士和训练有素的医疗专业人员之间的一种不稳定的合作关系。现在我们正在见证一场全面的入侵。许多大型科技公司加入了这个行业，并且开始产生重大影响。"如果你放眼未来，"苹果首席执行官蒂姆·库克在接受《独立报》采访时谈到增强现实技术的潜力时这样说道，"如果你问苹果对人类最大的贡献是什么，答案是健康。"

与苹果展开竞争的则是谷歌、亚马逊、Facebook、三星、百度、腾讯等科技巨头。我们马上就会看到，所有这些公司与现有的制药企业具备三个明显的优势：第一，它们早就进入了你的家；第二，它们已经结合了人工智能技术；第三，它们都是收集和分析你的数据的专家。尽管有人对我们是不是应该把医疗保健业务交给大型科技公司这一做法持怀疑态度，但可以肯定的是，这三种优势对于尽早发现疾病并及时高效地应对、处理至关重要，而这无疑是将疾病治疗转变为医疗保健的至关重要的第一步。

DIY 诊断

2026 年 1 月，凛冽寒冬的一个星期三。那时的你处于被"监视"当中，天衣无缝的被"监视"。你其实是在床上睡觉，但是谷歌的家庭助理知道你的日程安排。由于你还带着乌拉戒指，因此它"知道"你的快速眼动周期刚刚结束，现在进入第一阶段睡眠——这是叫醒你的最佳时机。

于是，家庭助理调亮了房间的照明以模拟日出，同时以优化后的光线波长最大限度地提高了你的清醒程度并同时关注你的情绪，安抚你的"起床气"。不过，当你在卫生间完成上厕所、刷牙、洗脸等"程序"之后，你意识到情绪并不是问题所在。你的关节似乎很紧，身体感觉很冷。

你生病了吗？

美国国家卫生研究院几个月前刚刚推出了一种新型通用流感疫苗，但是你没有时间去注射疫苗。现在你想知道自己是不是犯了一个错误。

但是你根本用不着怀疑。

"嘿，谷歌，我今天早上的身体状况怎么样？"

"等一下，"你的数字助理说。

完成一次全面诊断只需要30秒。由于系统配备了数十个传感器来捕捉数千兆字节的数据，传感器分布在牙刷、厕所、床上用品中，再加上你的各种可穿戴设备、身体里的植入物，这些传感器构成了一个可以360度监控你的身体状况的移动健康套件。

"你身体内部的微生物群看起来完全没问题，"谷歌告诉你，"此外，血糖水平也很好，维生素水平也正常，但是核心体温和免疫球蛋白E水平升高了……"

"谷歌，说明白点。"

"你感染了病毒。"

"什么？感染了病毒？"

"我回顾了你最近48小时内参加的所有会议。你应该是在星期一参加约拿的生日派对时感染病毒的。我需要更多的诊断，你介意使用……"

没有任何犹豫，你同意了。谷歌正在开发一个工具，它可以利用身体内部和外部的传感器，全方位地监控从血糖水平到血液化学指标等的一切身体指标。谷歌也不是唯一一家这样做的科技巨头。曾经价值数百万美元的医疗设备，现在正在被非物质化、非货币化、大众化和去本地化——也就是说，它们以便携式或可穿戴式传感器的形式出现在了人们的日常生活中。有关这样的例子可以拉出一个长长的清单。

现在我们来看一下这种可能性的光谱吧。首先，当下已经出现了很多令人惊叹的新产品。例如，埃克索（Exo）公司推出的有人工智能功能、价格便宜的手持超声波3D成像仪，有了它，你就能在舒适的家中实时了解从伤口愈合到胎儿发育等事情。前谷歌公司X项目负责人玛丽·卢·杰普森（Mary Lou Jepsen）创办的初创企业Openwater推出了便携式磁共振成像仪（MRI），它利用了红色激光全息术，把今天价格动辄数百万美元的机器变成了一个可穿戴的消费电子设备，使得全世界3/4的地区的人们能够得到他们目前严重缺乏的医学成像工具。除此之外，一些看似更简单的创新可能更具革命性。

在不到20年的时间里，可穿戴设备已经从第一代（自计步的自跟踪设备），发展到了第四代（例如苹果手表）。在第四代医用可穿戴设备方面，美国食品药品监督管理局批准的一种可穿戴心电扫描仪，能够实时监测心脏状况。终极前沿医疗设备公司（Final Frontier Medical Devices）推出的DxtER曾经获得了高通公司赞助的"高通三录仪X大奖"，奖金1 000万美元。这种设备由一组很容易使用的非侵入性的医疗传感器，以及一个可以通过应用程序访问的人工智能诊断系统组成。据介绍，DxtER能够可靠地检测出50多种常见疾病。

所有这些发展都指向了这样一个未来：永远在线、价格低廉且简单易用的健康监测和疾病诊断。对于这种转变，人们通常所用的技术术语是"移动医疗"。这个领域预计到2022年将形成一个价值1 020亿美元的市场。到那时，现有的医生在线诊断将不复存在。每个人都会拥有一个装在口袋里的虚拟医生，可以随需随用。

我们已经离这个畅想中的未来越来越接近了。借助移动网络、传感器和计算技术融合的力量，由人工智能支持的医疗聊天机器人正在涌入市场。这些应用程序可以诊断各种疾病，从皮疹到视网膜病变。未来医疗瞄准的不仅包括身体上的疾病，还包括心理疾病。Woebot 公司现在正致力于改善传统的心理治疗方式，他们在尝试通过 Facebook Messenger 向抑郁症患者提供认知行为治疗。

这些趋势究竟会向什么方向发展呢？

以戴曼迪斯创办的人类长寿公司（Human Longevity Inc.）为例。该公司现在可以向用户提供一项"健康核"（Health Nucleus）服务。具体来说，就是帮用户进行每年三小时的健康全扫描，包括全基因组测序、全身核磁共振成像、心肺 CT、心电图、超声心动图，以及大量的临床血液检测——简单地说，它能够给出目前医疗中能给出的最完整的"身体健康图"。

这幅图之所以重要，有两个原因。第一个原因是早期疾病检测。2018 年，人类长寿公司公布了首批 1 190 名客户的数据。9% 的患者被诊断出了此前从来没有被发现过的冠状动脉疾病（世界头号杀手），2.5% 的患者被诊断出了动脉瘤（世界第二大杀手），2% 的患者被诊断出了肿瘤……总的来说，有 14.4% 人都在检查中发现了需要立即加以干预的严重疾病，同时 40% 的人则被发现需要接受长期健康监测。

那么，说它重要的第二个原因又是什么呢？人类长寿公司现在进行的每年一次、每次半天检测和追踪，很快就会变成你身边随需随用的设备和信息。到那时，有了这些永远在线、全天候关注着你的传感器，智能手机就会成为你的私人医生。

阅读、重写和编辑生命密码

近 10 年来,业内专家一直在宣扬,个性化基因组学将掀起一场医疗革命。当人们对你的基因组有了充分的了解后,他们也就知道如何对"你"进行"优化"了。他们知道对你而言什么才是完美的食物、完美的药物、完美的锻炼养生法,所有的一切都可以为你量身定制。他们将知道最适合你的微生物群的肠道菌群类型,最适合你的营养补充剂。你将了解到自己最容易感染哪些疾病,更重要的是,你还知道如何预防它们,故事就是这样……

2017 年,波士顿布莱根妇女医院(Brigham and Women's Hospital)医学教授贾森·瓦西(Jason Vassy)决定对这个故事进行更深入的研究。她招募了 100 名患者参加实验。她和其他研究人员对一半的患者进行了 DNA 筛选,对另一半患者问询了一系列关于家庭病史的问题(这也是确定遗传风险的标准方法)。瓦西想通过这个实验比较压抑感(overwhelm)和焦虑感(anxiety),及其在现实世界中的有用性。个性化基因组学的批评者担心,充分了解基因组会使医生信息超负荷,而患者则会陷入不必要的焦虑中,而这两者都可能伴随昂贵和不必要的后续检验。但是,这些并不是瓦西研究的结果。

根据《内科学年鉴》(Annals of Internal Medicine)发表的研究结果,上述这些担忧没有任何依据。结果表明,接受 DNA 扫描的患者中有 20% 都被发现了罕见的、危及生命的情况,需要立即采取治疗措施。许多人的生命得以延续,重获健康,这与人类长寿公司的"健康核"检测结果非常相似。

然而,更重要的结果并不是来自任何一位接受筛选的患者,而是来自他们的基因组组合。基因数据库越大越完整,基因组学的预测能力就会越强。这也是 2018 年美国国家卫生研究院启动了"我们所有人"(All of Us)

项目，批准了将近2 700万美元的资金，用于对100万个基因组进行测序的原因。同期，哈佛大学遗传学家乔治·丘奇（George Church）创办的星云基因组公司（Nebula Genomics）也在进行类似的研发。

丘奇本人也是人类基因组编写计划（Genome Project-Write）的参与者之一，而这是一个更长远的计划，它试图从零开始编写人类基因组。如果计划获得成功，就可以帮助我们培育可移植器官，提供抗击病毒和癌症的全新武器，生产廉价的药物和疫苗。

另一个前沿是利用CRISPR技术来编辑基因组。这项技术现在还处于早期发展阶段，但是已经取得的进展令人印象深刻。研究人员最近利用基因工程使大鼠产生了对可卡因的抗性，关闭了狗患杜氏肌营养不良症的基因，并已经开始探索针对人类的个性化治疗癌症的方法。甚至还有专门针对昆虫的研究。伦敦帝国理工学院的研究人员利用CRISPR基因编辑技术，培育出了一种不能繁殖的蚊子。他们希望这种蚊子可以战胜携带疟疾病毒的其他蚊子，从而促成一场医疗保健革命。2018年年底，在疟疾肆虐的布基纳法索，研究人员启动了实地实验。

但最大的新闻并不是关于这家公司或这项技术的，而是在于如下事实：在32 000种常见的遗传病中，有一半是因为单个碱基对的错误造成的——这就意味着，患这些疾病的患者的遗传代码中只有一个字母是不对的，这也是最容易纠正的。我们现在还无法实现对单个基因的修正，但是不久之后，利用传统的基因疗法和CRISPR技术，我们就能获得治愈18 000种疾病的能力。到那时，你可能要问一下自己，如果治愈一种疾病就可以称得上一种奇迹，那么能够治愈18 000种疾病，又该称作什么呢？

手术的未来

火星上没有医疗保健服务。这颗红色的星球上没有任何医院、没有任何医疗机构和医护人员。虽然这些在今天来说并不重要，但是在 21 世纪 30 年代，当美国航空航天局向火星发射第一个载人飞船并开展长时间的探索任务时，就会成为一个非常大的问题。在火星上，宇航员不仅脱离了网络，还距离地球十分遥远。离他们最近的急诊室需要在重力辅助装置的帮助下飞行整整 9 个月才能到达。

出现一点点外伤就足以使宇航员彻夜难眠。这不仅是因为以前从未发生过——我们对这种特殊的太空灾难毫无经验，还因为知道未来人类到达火星后几乎肯定会发生。研究表明，太空中出现严重医疗问题的概率为每人每年 0.06%。在一项为期数年的星际任务中，避免发生受伤这类紧急事故尤为关键。这就像埃隆·马斯克曾经解释过的那样："如果安全是你的首要目标，你就不会去火星。"

彼得·金（Peter King）博士想通过自己的努力解决这个问题。他是华盛顿特区国家儿童医疗中心的副主任医师，也是软组织自主机器人（Soft Tissue Autonomous Robot，简称 STAR）研究团队的一员。这种机器人在缝合软组织这项具体任务上的表现，已经超越了外科医生。

软组织修复是非常麻烦的。手术时经常需要面对到处是血的状况，而且要求操作必须精确无误。由于医生的训练水平和灵巧程度各不相同，超过 30% 的软组织手术会引发并发症。而在太空中，这些并发症很容易发展成致命的灾难，所以在向其他星球移民之前就弄清楚如何进行软组织手术是一个至关重要的任务。

软组织自主机器人是我们克服这一难题最大的希望之一。对于这种机器人来说，灵巧性是它们的标准配置，是它们与生俱来的。而且，既然有了人工智能，对它们进行训练也就不成问题了。现在，软组织自主机器人缝合组织的速度比人类快了 5 到 10 倍，而且精度更高。未来的改进版将拥有更精细的力反馈和一组可以穿透软组织的多光谱照相机。彼得·金希望做到的是，未来人类第一次实施火星探索任务时，软组织自主机器人可以保证在太空中完成的手术不会像电影《异形》中的手术那样粗糙。

尽管软组织自主机器人在外太空非常重要，但是它真正的用武之地其实在地球上。在美国，每年大约会进行 5 000 万台手术，但其中只有不到 5% 是由机器人完成的。我们可以问外科医生一些重要的问题："你做过多少台这种手术？"更重要的问题是："你今天做了几台手术？"一般来说，在最复杂的条件下，拥有最多实践经验的外科医生做的手术效果更好。这就是为什么，10 年之后，当你被推进手术室后看到了一个人类医生时，你的第一反应会是："他来做手术？没门儿。我想要机器人来帮我做。"

目前已经有几十种手术机器人正在推向市场。骨科手术中常用的碎骨机器人已经投入使用，还有 5 种不同的脊柱手术机器人即将上线。另外，几乎所有专业的机器人都在研发中。这些机器人大部分都是人机合作机器人（coboti），意思是它们的主要作用是帮助外科医生，而不是代替外科医生。在我看来，最有希望获得成功的还是像 STAR 这样的自主机器人。因为外科机器人医生能够以非常低的成本（只占现有成本的极小一部分）完美地完成常规手术，因而其大众化前景是十分美好的。

在机器人医生的市场上，大型科技公司也纷纷涌入了这个领域。目前，字母表公司和强生公司联合创办了 Verb Surgical 公司，它的目标是实现"手术大众化"——到 2020 年，他们将大批量推出价格低廉、技术水平高超的手术机器人。用通俗的说法来解释"手术大众化"，就是说未来与手术相关的医疗费将会大大降低。

虽然成熟的手术机器人受到了广泛关注，但实际上它们的"小亲戚"可能会更有影响力。说到这里，我们来看看以色列初创公司 Bionaut Labs 的发明创造。在今天的医学界，我们面临的很多问题从性质上说都是局部性的，比如癌症。人们可能会不幸患上肺癌或卵巢癌，而更不幸的是，我们经常用"系统性"的解决方法来治疗局部性的癌症问题，比如化疗。这些系统性的方法往往不够精确，效率很低，同时又容易产生很严重的副作用。这也正是新药物的开发极其昂贵、90%的潜在治疗方法都无法走出实验室的原因。

Bionaut Labs公司开发出了细胞大小的机器人，它们能够以每小时60厘米左右的速度按绝对精确的路线穿过组织，造成的创伤非常小。在弱磁场的引导下，这些微型机器人可以携带不同的有效药物，然后根据需要定点、定时地释放出来。尽管现在离实现它的最佳功能可能还需要几年的时间，但是未来必定可以在诊断、定向给药和微创手术等方面大放异彩。

手术室里的"大机器人"和我们身体内的"小机器人"将彻底改变现有的手术形式，更重要的是，在这个各种技术日益融合的世界里，没有任何东西是独立运行的。人工智能已经进入了手术室，它能够在分析重症监护室的各种设备发出的大量信号的基础上，帮助自主机器人在人体中穿行，并通过像达·芬奇这样的人机合作机器人来保证外科医生的手不会颤抖。但故事还没结束，加入进来的不仅仅是人工智能。

3D打印技术也进入了手术室。事实上，它在手术室中已经存在了一段时间了。在《富足》一书中，我们已经详细描述了当时的技术是如何打败了假肢，开始影响器官打印，并开始进入仿生学阶段的。如今，只要在互联网上检索一下就可以发现，很多几乎没有接受过任何训练的人，都能熟练使用自己从史泰博公司购买的设备制造出具有特殊功能的假肢。与此同时，一些受过训练的人正在制作耳朵、心脏分流器、脊髓、头盖骨、髋关节以及个性化定制的手术工具。随着3D打印技术的发展，我们也在制造仿生人体部件。在2018年，来自明尼苏达大学的一个团队就成功地打印出了一种能够将光转变成某种模式的圆形半导体材料。这种材料的出现，意味着人造眼睛这个终极性的人体器官——可打印的仿生眼，将在不久的未来成为现实。

细胞医学

细胞医学是20世纪90年代干细胞被发现后才首次出现的概念。这个概念新颖而简单，就是将细胞作为对抗疾病的武器。从那以后的这些年里，可以用作这种武器的细胞已经扩展到了多种细胞类型，但是治疗方法仍然是一样的——给患者注射活细胞，这些活细胞可以在不同程度上实现多种功能：毛发再生、恢复组织活力、杀死癌细胞、修复心脏损伤、治疗自身免疫性疾病，甚至是增加肌肉的质量。

在本书前面的章节中，我们提到了神经外科医生和企业家罗伯特·哈里里，他在2000年发现，人类胎盘中含有大量的干细胞，可以作为这类细胞的一个非常充裕的来源，从而极大地扩展了细胞医学的研究领域。

在哈里里的公司被制药巨头新基生物制药公司（Celgene）收购之后，他领导了一个由100多名科学家和工程师组成的团队，致力于将胎盘干细胞转化为真正的药物。在这个过程中，他们还获得了另外两个重要的发现。第一个发现是，随着年龄的增长，干细胞的数量会迅速减少，这个过程被称为"干细胞衰竭"（我们将在下一章深入探讨这种现象）。第二个发现是，胎盘中不仅含有干细胞，还含有免疫细胞，如血液细胞和T细胞。这两种细胞可以识别危险信号，对于人体对抗癌症至关重要。

在正常情况下，我们的免疫系统会在癌细胞发育的早期阶段就将它们摧毁。但是，随着年龄的增长，癌细胞会不断累积，有些癌细胞会逃过免疫细胞的监视。情况就会变得危险起来。为了克服这种危险，专家发明了一种新的疗法——嵌合抗原受体T细胞疗法，简称CAR-T。在实施这种疗法时，医生要将患者的白细胞收集起来，然后将其中的CAR-T细胞分离出来，并以瞄准和杀死癌细胞为目的，利用基因重组技术对它们加以重组。随后，医生再将这些重新编程过的细胞注射回患者体内，这样一来，它们就成了一种十分有效的热追踪式的"抗癌导弹"。

遗憾的是，这种疗法并不便宜。2017年，CAR-T疗法刚刚面世时，每位患者需要支付约50万美元。由于每个患者的CAR-T细胞都必须单独进行"武器化"处理，要推广普及这种治疗方法，科学家面临的更大的问题在于如何大规模生产这种药物。2018年，新基生物制药公司在哈里里的领导下，将内部的细胞医学部门独立出来，成立了一家名为Celularity的新公司。该公司使用来自胎盘的免疫细胞，研制了一款适用于所有人的CAR-T药物。Celularity公司可以成批地、快速地制造出CAR-T，能够在诊断后几小时内就将药物送到患者身边，而不是现在所需的几个星期的时间，大大节省了治病的时间。

细胞生物学家还发现了将胎盘自然杀伤细胞（pNK细胞）制成"武器"的方法，即利用基因技术将它们改造成CAR-NK细胞，以增强靶向消灭肿瘤细胞的能力。与源于胎盘的CAR-T细胞一样，源于胎盘的CAR-NK细胞也可以制成一种适用于所有人的药物，从而降低癌症治疗费用，让普通民众都能够承担得起。癌症是人类面临的第二大杀手，同时胎盘数量也非常丰富。全球每年都有超过1亿个新生儿出生，而其中99%的胎盘都被丢弃了。将它们很好地利用起来，我们就有可能以低廉的价格大规模生产出癌症治疗药物。

药物的未来

传统上，如果某家制药公司想要开发一种新药，一般有两种选择。要么为了找到潜在的候选药物而去搜索庞大的医学资料库，要么派遣一支探险队到异国他乡寻找自然界中可能存在的潜在药物，比如某种具有抗癌特性的稀有树皮。这两种方法都存在不确定性，都可能需要科学家付出多年的努力，而且即使找到了候选药物也只是一个起点。一旦确定了候选药物，接下来就要对它们进行分析、合成，整个过程可能又需要好几年。最后，研究人员还要对发现的药物进行临床试验，一开始是在动物身上进行，然后是在一小群人身上，最后是在一大群人身上……简而言之，药品的开发是一场耗时又耗钱的漫长"战争"。

除此之外，这场战争中的"阵亡者"数量也很大——90%的药物开发都是以失败而告终的。极少数获得成功的药物平均要花10年时间才能进入市场，开发费用则高达25亿到120亿美元。尽管面临重重阻碍，但计算机科学家出身的生物物理学家亚历克斯·扎沃龙科夫（Alex Zhavoronkov）认为，他找到了一条捷径。

2012年前后，扎沃龙科夫开始注意到，人工智能在图像、语音和文本识别方面变得越来越擅长了。在他看来，这三个任务都有一个关键的共同点，那就是在每一种情况下都需要庞大的数据库，从而用于训练人工智能。类似的数据库也出现在了药理学中。因此，早在2014年，扎沃龙科夫就开始考虑是否可以利用这些数据库和人工智能技术来显著地加快药物开发的过程。

在那之前，他曾经听说过一种新技术，叫作生成式对抗网络（generative adversarial networks，简称GANs），即通过让两个神经网络相互竞争，系统可以应用最少的指令产生新奇的结果。此前，研究人员一直在运用生成式对抗网络设计新对象，或用于制作独一无二的假人脸等。而扎沃龙科夫想把这种网络应用到药理学上。他认为，有了生成式对抗网络，研究人员只需要描述清楚药物的属性就足够了，比如"这种化合物在Y浓度下应该能够抑制蛋白质X，同时对人体的副作用最小"，接下来人工智能就可以从头开始构建这种分子了。

为了把他的想法变成现实，扎沃龙科夫在马里兰州巴尔的摩市的约翰霍普金斯大学一个名为Insilico Medicine的机构，紧锣密鼓地开始了研究。他解释说："我们花3年的时间努力开发出了一个系统，让研究人员能够以这种方式进行研究。最后我们成功了，这让我们重塑了药物研发过程。"

Insilico Medicine 的"药物发现引擎"并不是在某个奇异的地方开始他们的研究过程的，相反，其起点是对数百万的数据样本进行筛选，以确定特定疾病的生物学特征，然后再利用这个引擎确定最有希望的治疗靶点，并运用生成性对抗网络去生成完全适合这些靶点的分子。"结果发现了潜在药物靶点的爆炸性增长和一个更有效的测试过程，"扎沃龙科夫说，"有了人工智能技术，我们 50 个人可以做得到的事情，比得上一个典型的制药公司 5 000 人所做的事情。"

就这样，一场以往持续时间长达 10 年或更长的"战争"变成了一个月内就可以结束的小"冲突"。在 2018 年年底，Insilico Medicine 在不到 46 天的时间里就得到了一系列新分子，而且他们的成果不仅包括最初的发现，还包括药物的合成和计算机模拟的验证实验。

现在，他们正在利用这个系统去寻找治疗癌症、衰老症、纤维化综合征、帕金森综合征、阿尔茨海默病、肌萎缩侧索硬化、糖尿病等疾病的新药。这项研究的第一个成果是找到了一种治疗脱发的药物，预计将在 2020 年年底开始第一阶段的临床试验。他们现在还处于使用人工智能在试验前预测临床试验结果的早期阶段。如果成功了，这项技术将帮助研究人员从传统的临床试验过程中节省大量的时间和金钱。

除了发明新药之外，人工智能还被其他科学家用来识别新药靶点，也就是药物在体内的结合位置，这是药物研发过程的另一个关键部分。从 1980 年到 2006 年，尽管每年的投资高达 300 多亿美元，但是平均而言研究人员每年仍然只能找到 5 种新药。其中关键的问题在于复杂性。大多数潜在药物的靶点都是蛋白质，而蛋白质的结构，即 2D 氨基酸序列折叠成 3D 蛋白质的方式决定了它的功能。一个只有 100 个氨基酸的蛋白质（那是一个非常小的蛋白质了）可以产生的可能形状的种类是天文数字，大约是一个 1 后面跟着 300 个 0。这也正是蛋白质折叠一直被认为是一个即使大型超级计算机也无法解决的难题的原因。

早在 1994 年，为了监测这种超越超级计算机能力的蛋白质折叠过程，科学界每年都会举办一次比赛。直到 2018 年几乎没有人取得过成功。但是，DeepMind 的创造者们利用神经网络化解了这个难题。他们开发出了一种人工智能，可以通过挖掘大量的数据集来确定蛋白质碱基对与它们的化学键的角之间的可能距离——这是蛋白质折叠的基础。他们把这个人工智能命名为 AlphaFold。

AlphaFold 首次参赛时需要与其他参赛的人工智能比赛，解决 43 个蛋白质折叠的问题。AlphaFold 答对了 25 个，而获得第二名的人工智能只勉强答对了 3 个。

如果把人工智能 AlphaFold 与生成式对抗网络 Insilico 结合起来，再加上量子计算领域可预期的突破（量子计算是另一项用于药物研发的技术），我们就离个性化定制药物从科幻小说情节变为现实医疗手段的世界不太远了。尽管这看起来似乎是一个非常大的转变，但是仍然没有任何一项与之相关的技术在长寿领域发生突破。

第10章

长寿业的未来

影响长寿的"末日九骑士"

在本书前面的章节中,我们分析过为什么健康人寿命的延长将会对世界的变化速度产生重大影响。这里的关系非常简单——健康人的寿命越长,以高效率进行生产的时间就越长,所产生的创新也越多。但是我们还没有进一步深入讨论这是如何发生的。在本章中,在完成了对相关医疗保健领域的探索之后,我们将把注意力转到长寿问题上来,探讨融合的力量是如何改变技术与死亡之间的竞赛规则的。

我们从死亡本身开始讨论。死亡就是生命的时钟在肉体衰老到一定程度时停止了摆动。"衰老不仅是系统的老化,"长寿科学研究者、美国国家卫生研究院院长弗朗西斯·柯林斯(Francis Collins)这样解释道,"它也是一个'预编程'的过程。演化女神可能有一个'计划',她必须让特定物种的寿命无法永远延续下去。她必须让足够老的人离开,这样年轻人才有机会获得资源。"

为了不让老年人"挡道",演化女神设计了一个保险机制:有计划地淘汰,也就是通常所称的衰老。这是个冗余计划。

科学家现在一般认为，人类衰老的主要"原因"有9个，我们可以把它们称为人类的"末日九骑士"。在探讨本章的主要内容——应对衰老的策略之前，我们先来认识一下"末日九骑士"，并探究一些关于寿命的基本问题：到底是什么杀死了我们？

1. 基因组不稳定性（genomic instability）。众所周知，DNA的复制并不总是按计划完成的。通常，这些基因表达上的错误会被发现并得到纠正，但也总会有"漏网之鱼"。随着时间的推移，这些错误会累积起来，导致我们的身体受损。简而言之，基因的不稳定性会导致基因损伤，进而导致寿命缩短。你可以把这种情况想象成一台坏掉了的复印机，只不过坏了的基因复印机并没有复印出不可读的页面，而是导致了癌症、肌肉萎缩和肌萎缩脊髓侧索硬化症等疾病。

2. 端粒缩短（telomere attrition）。在细胞的中心，DNA被打包成了一种线状结构，这就是人们通常所称的染色体。染色体的末端覆盖着端粒，它们是一些重复数千次的DNA片段。这些重复的DNA片段所起的作用就像汽车上的缓冲器一样，是用来保护染色体核心的。但是，随着DNA的不断复制，端粒会磨损变短。当端粒的长度变得比某个临界值还短时，细胞就会停止分裂，我们就会变得更加容易生病。

3. 表观遗传学改变（epigenetic alteration）。在人的一生中，环境因素会改变基因的表达方式，影响我们的身体状况。例如，在环境中接触到致癌物，就可能导致抑制肿瘤的基因"沉默"，于是这些癌细胞就开始不受控制地生长，人们不幸患上癌症。

4. 蛋白质内稳态丧失（loss of proteostasis）。细胞内部是靠各种蛋白质来"撑起整台戏"的。它们负责运输各种材料、发送各种信号、打开或关闭各种开关，并为人体提供结构支持。但是随着时间的推移，蛋白质的工作效率会降低，因此身体会对它们进行回收再利用。而随着年龄的增长，身体会失去这种回收再利用的能力。"垃圾清理工"罢工了，有毒的蛋白质就会堆积起来，导致多种病症，例如阿尔茨海默病等。

5. 营养感应失调（nutrient sensing goes awry）。人体依赖 40 多种不同的营养元素来保持健康。为了让一切都正常运行，细胞需要有能力识别和处理每一种营养元素。但是这种能力会随着年龄的增长而消失。例如，随着年龄的增长，人们的体重会增加，其中一个原因就是我们的细胞无法像年轻时候那样消化脂肪。而导致人类死亡的其中一个原因是，这种能力的丧失会影响胰岛素和 IGF-1 的代谢通路，从而导致糖尿病。

6. 线粒体功能异常（mitochondrial dysfunction）。线粒体是细胞内部的"发电厂"。通过将氧气和食物转化为能量，线粒体为细胞提供了基本的燃料。但是随着时间的推移，线粒体的性能会下降，结果就是导致自由基的出现。自由基会破坏 DNA 和蛋白质，并且会导致许多与衰老相关的慢性疾病。

7. 细胞衰老（cellular senescence）。当细胞承受压力时，它们就可能会"衰老"，失去分裂能力，同时还会"拒绝死去"，从而变成"僵尸细胞"。这些"僵尸细胞"无法被清除出去。随着时间的推移，这些细胞逐渐累积，会感染邻近的细胞，并导致致命性的炎症型衰竭。

8. 干细胞耗竭（stem cell exhaustion）。随着年龄的增长，人类产生的干细胞数量会直线下降（在某些情况下，数量仅为原来的万分之一）。而且更加糟糕的是，那些顺利留存下来的干细胞也变得越来越不活跃。这就意味着人体内部组织和器官修复系统失去了正常工作的能力。

9. 细胞间信息通信改变（altered intercellular communication）。为了保持身体的正常运转，细胞之间会互相通信。这种交流是持续性的，主要通过我们的血液、免疫系统和内分泌系统进行。随着年纪渐长，信号会出现交叉。一些细胞变得毫无反应，另一些细胞则变成了导致炎症的僵尸细胞。这种炎症会阻碍进一步的交流。一旦发生了这种情况，信息就无法顺畅传递，免疫系统也就无法找到病原体了。

现在，我们已经知道什么会杀死我们了，下面就来看看怎样才能够拯救我们吧。

长寿逃逸速度

你想获得诺贝尔奖吗？去研究蠕虫吧。当然，也不要只限于研究蠕虫，还可以去研究蛔虫和秀丽隐杆线虫（caenorhabditis elegans）。

是的，虫子有很多朋友。

至今已经有6名科学家因为对秀丽隐杆线虫进行的研究工作获得了诺贝尔奖。目前，秀丽隐杆线虫是唯一一个完成基因测序、全基因组测序、大脑神经元连接图绘制的生物。尽管相关研究已经硕果累累，但是许多科学家仍然认为秀丽隐杆线虫对人类社会最大的贡献还没有实现。这是因为，秀丽隐杆线虫是第一个科学家让其与死亡肉搏的动物，从某种程度上说来，这些科学家成功了。

在皮氏培养皿中，秀丽隐杆线虫通常能够存活大约20天。早在2014年，由美国国家卫生研究院资助的在巴克研究所研究衰老问题的一组科学家决定尝试一下，看能不能让这个数字继续增大。之前的研究表明，有两种方法可以产生一定的作用：敲除一个名为 rsks-1 的基因可以使秀丽隐杆线虫的寿命延长 6 天；而敲除另一个名为 daf-2 的基因，则能使它的寿命延长 20 天。现在，这些研究人员想知道，如果同时敲除这两个基因又会发生什么？

"根据猜测，（研究人员）估计这样一种'双重突变'，可能会使秀丽隐杆线虫存活 45 天左右，"这项研究的资助者，美国国家卫生研究院主任弗朗西斯·柯林斯这样写道，"而令他们惊喜的是，当他们真正创造出了这样的虫子之后，有一些个体在 100 天之后仍然活着，而且还会蠕动。也就是说，虫子的寿命延长了 5 倍，这相当于将人类的寿命延长到了 400 岁。"

将同样的过程应用于对人类寿命的研究，就是长寿研究领域的核心所在。当然，遗传因素在这里起着关键作用。在早期对秀丽隐杆线虫的研究基础上，其他研究人员发现了另外 50 多个似乎会引发衰老和死亡的基因。其中有 5 个基因似乎特别关键，因为移除其中任何一个基因都能够使研究对象的寿命延长 20%。

但是，长寿不仅仅是基因的问题。例如，玛蒂娜·罗斯布拉特想要生产出源源不断的可供人类移植的器官，这对长寿也至关重要。另外，机器人技术带来了手术的大众化，人工智能和量子计算机则极大地加速了药物研发过程。但是，重点不是这种或那种单一的技术，而是所有这些技术组合起来之后可以产生的巨大力量。正是这种力量，推动我们走上了一个全新的方向。

最初，人类只有 30 年的寿命，从旧石器时代到工业革命前期一直都是如此。在 20 世纪，抗生素、卫生设施和清洁水源等的出现，使人类的平均寿命从 1950 年的 48 岁延长到了 2014 年的 72 岁。而现在，雷·库兹韦尔和长寿专家奥布里·德·格雷（Aubrey de Grey）已经开始讨论"长寿逃逸速度"什么时候能够实现这个问题了。所谓"长寿逃逸速度"指的是，不久之后，科学的发展能够使我们每多活一年，寿命就可以延长一年。换句话说，一旦跨过了这个门槛，我们离永生就只有一步之遥了。

库兹韦尔认为，这个门槛大约会在12年以后出现，而德格雷则认为要到30年以后。我们为什么可以相信他们？一个基本的事实是：在我们死去的时候，无法把自己带走。就算你拥有数不尽的钱，等你进了坟墓，也就全无用处了。而那些富人为了能够健康地多活10年、20年，甚至30年，愿意付出多少钱呢？这个问题有助于解释为什么在开发抗衰老技术方面的投资会变得越来越多，这方面一个非常突出的例子是谷歌旗下的Calico公司——"Calico"是"加利福尼亚生命公司"（California Life Company）英文字母的缩写。虽然延长富人的寿命表面上看似乎并不是一个好的目标，但是正如我们在其他加速发展的技术中所看到的那样，这种好处很快就会实现非货币化和大众化。而这意味着，你，也包括你的孩子，将有可能使自己的寿命延长几十年，因为随着时间的推移，所有人都会在人生的道路上"遭遇"（应用）一大堆抗衰老技术。

下面，让我们来看几个最有希望获得成功的项目。

抗衰老的药房

复活节岛似乎离我们生活的世界很遥远。这是一个奇异的岛屿，关于它有很多奇怪的谣言。岛上有许多巨大的石像，关于这些石像也有很多奇怪的谣言。有些人说，在说出正确的咒语之后，长老们就能把这些石像从沉睡中唤醒，然后驱使这支石像大军去攻城略地。还有一些人说，石像本身就可以控制人的生命——可以偷走它，让一个人早死；也可以将它放大，赋予被选中的少数人以长寿和力量。后来，在20世纪60年代中期，一个研究小组发现，关于最后一点，即赋予某些人力量和活力这个部分，可能并不完全是谣言。

事情的起因是这样的,居住在复活节岛上的人们(他们构成了一个小型、独立的社群)认为自己已经受够了这种与世隔绝的生活,决定兴建一个机场。

科学家吓坏了。在他们看来,这个世界上生态环境最纯净的地区,会因为这个决定失去它的纯净。在这种担忧中,一个国际研究团队紧急出动,到复活节岛上去收集了动物、植物和微生物样本,其中还包括从岛上一个神秘的头像下面挖出的泥土。

这些泥土最终被送到了一位名叫苏伦·塞加尔(Suren Sehgal)的加拿大微生物学家手中。他发现,这些泥土确实包含了某种抗真菌的神奇物质。塞加尔提炼出这种化合物,并将它命名为雷帕霉素(rapamycin)——以复活节岛的原始名称"Rapa Nui"命名。尽管这种化合物拥有非常大的潜力,但是塞加尔的研究经费很快就用完了,于是相关研究被搁置了起来。直到20世纪70年代末,塞加尔重新获得了足够的资金,才又重启研究。就在这时,他发现复活节岛的泥土中还蕴藏着更多的魔力。雷帕霉素不仅是一种抗真菌物质,它还能抑制免疫系统,这使得它在器官移植手术中具有非常大的应用潜力。

这种潜力不久之后变成了一个产业。自那之后,雷帕霉素被广泛应用于各个领域——从心脏支架的涂层到确保患者不会排斥新肾脏。后来,对于这种神奇的化合物,研究人员又有了更令人难以置信的发现:雷帕霉素可以抑制癌细胞的生长。

这种化合物能够阻断促进细胞分裂的蛋白质。实验结果表明,在蠕虫、苍蝇和酵母中注入雷帕霉素,不仅能预防癌症,还能延长寿命。这就引出了下一个问题:这种魔力在哺乳动物身上能够起作用吗?

2009年，美国国家卫生研究院的科学家回答了这个问题，他们发现雷帕霉素能使大鼠的寿命延长16%。2014年，诺华公司决定在人体上试验雷帕霉素的疗效，这也标志着大型制药公司首次对一种抗衰老化合物进行正式试验。在科学家发现复活节岛的泥土中确实存在这种神奇的成分之后，对其他抗衰老化合物的研究也马上开始了。

其中一些研究指向了我们的药箱，在那里，科学家发现了一种叫作二甲双胍（metformin）的药物。这是世界上最常见的治疗糖尿病的药物，可以阻止糖的生成并帮助调节胰岛素。二甲双胍也能延缓细胞的"燃烧速度"，抵抗氧化应激，抗击癌症，并且可以显著延长蠕虫、小鼠和大鼠的寿命。那么，这种药对延长人类寿命有效吗？这个问题仍然悬而未决，而研究人员正在努力试图找到答案。

雷帕霉素和二甲双胍可以延缓衰老的进程，听上去已经是非常不错的成果了，但是还有一些科学家想要更进一步，他们正在寻找能够逆转衰老进程的化合物。这种"抗衰退疗法"（senolytic therapy）所用的药物能够破坏导致炎症的僵尸细胞（如前所述，僵尸细胞被认为是导致衰老的原因之一）。目前已有6家公司参与了这项攻关，他们找到了大约12种药物，用于清除僵尸细胞，以延缓或减轻从体虚、骨质疏松症到心脏功能障碍和神经紊乱等各种各样的疾病。

联合生物技术公司是其中最引人注目的力量之一，在杰夫·贝佐斯、保罗·艾伦（Paul Allen）和彼得·蒂尔等人的投资支持下，该公司已经开发出了一种方法，能够识别并杀死衰老细胞。具体说来，该公司开发出了一种对大鼠有效的抗衰老方法。从"中年"开始的定期治疗不仅使大鼠的寿命延长了35%，同时也使大鼠变得更加健康了。从低能量水平到白内障，再到肾脏功能障碍，有些常见的衰老症状在大鼠身上完全消失了，有些则明显推迟了。几乎针对每一种衰老疾病，现在都有十几种药物处于研发过程中，其中一些已经完成了第一阶段的人体试验，进展迅速。

接下来我想介绍一下萨姆塞尔（Samumed）公司，它可能是当下最受人们关注的长寿公司。这家总部位于圣地亚哥的生物科技公司的市场估值高达120亿美元，它的研究人员集中关注的是Wnt信号通路。就像这个名字告诉我们的一样，Wnt信号通路是身体发送信息的一种途径。而这些信息控制着一组基因，这组基因既能帮助发育中的胎儿生长，又在衰老过程中扮演了重要角色。Wnt信号发送中出现错误会导致20种不同的疾病，包括癌症。这也是这些通路一直被一些主要的药理学公司视为重要目标的原因。

目前，该公司正在一个特定的Wnt通路上集中全力进行攻关。这个通路调节着成体干细胞的行为。通过这种方法，萨姆塞尔开发了9种不同的"再生药物"。所有这些药物都已经进入了美国食品药品监督管理局的审批流程，功能包括防止脱发、治疗阿尔茨海默病等。而该公司在治疗关节炎和癌症的药物的研发中取得的成功最受关注。

全世界现在有3.5亿人患有关节炎。我们目前还没有掌握治愈这种疾病的方法。2017年，萨姆塞尔公司发表了一项关于膝关节炎的小型研究的结果。61名患者参与了实验，每个人都接受了一种在膝盖上直接注射Wnt再平衡药物的单次治疗。结果所有患者都有了明显的改善迹象。6个月后，研究人员持续追踪了这种药物的效果，结果发现参与实验的人的膝盖有了明显改善——疼痛减少，活动能力增强。最重要的是，还长出了大约2毫米的新软骨。

对此，萨姆塞尔公司的首席执行官奥斯曼·基巴尔（Osman Kibar）解释道："这种分子会在患处停留大约6个月，在此期间，它会刺激干细胞生长出新的软骨。这个新的软骨与长在青少年身上的没有任何区别。关键是，即便你已经80岁了，祖细胞还是存在的，它们只是需要收到适当的信号。"而且，这可能仅仅是一个开始。

"将同样的分子注射到椎间盘遭到破坏的大鼠的脊椎中,可以帮助大鼠再生一个全新的椎间盘,"奥斯曼·基巴尔继续说,"如果你观察细胞的质量,就会发现这个新的椎间盘是更年轻、更强壮的。"

当然,要想让这种药物在人类身上发挥作用则是另一回事儿。很少有药物能直接从大鼠试验跨越到人类试验。萨姆塞尔公司开发的其他用于修复肩袖和跟腱损伤的分子,已经完成了第一阶段的临床试验,他们用来治疗膝关节炎的药物现在正在进行三期临床试验。肯定还有很多工作要做,但是未来确实有可能会出现一种药物,让我们可以多享受几十年健康灵活的关节。

萨姆塞尔公司的在研药物中令人振奋的成果是它们的抗癌药物。从根本上说,癌症就是干细胞失控的结果。由于能够抑制导致这种"狂热"的信号通路,萨姆塞尔公司的抗癌药物实际上可以说是针对所有类型的肿瘤的。这些药物中的大多数仍处于临床试验前的阶段或第一阶段有关安全性和有效性试验中,然而,根据关于"同情使用"的有关法律,萨姆塞尔公司现在已经开始将有关药物提供给了晚期癌症患者,而目前的疗效非常引人注目。

在一项小型研究中,研究人员以很低的剂量用萨姆塞尔公司的药物给患者服用三次,80% 受药者的肿瘤就停止生长了。在另一项针对胰腺癌的研究中,经过较长的疗程,使用该公司研发的化合物成功地治愈了这种致命的疾病。"这位女性患者接受过的所有的治疗都被证明无效",奥斯曼·基巴尔在谈到一位患者的经历时这样说道,"她的体重下降到了不足 32 千克,医生让她回家(等死)。但用我们的药物经过为期一年的治疗之后,她已经完全恢复了健康。她现在可以旅行、约会,体重也回升到了 54 千克,过着正常的生活。当然,对这种化合物的研究仍然处于初期,但至少我们可以说,这是一个很好的开端。"

青春永驻的血之泉

21世纪初,斯坦福大学的一组研究人员前往一个不同寻常的"地方"寻找青春之泉:吸血鬼神话。关于吸血鬼的传说最早可以追溯到古希腊时期,后来在奥维德(Ovid)的罗马诗歌中重新出现,然后在哥特式的吸血鬼故事中再次复活。从医学的角度来看,吸血鬼故事的核心是年轻人的血液可以让人青春永驻。斯坦福大学的这些研究人员决定在大鼠身上检验这个理论。

他们升级了一种"可怕"而古老的"异种共生"术,把年轻大鼠的循环系统和年老大鼠的循环系统连接起来,然后把年轻大鼠的血液泵入年老大鼠的循环系统。结果很明显,年轻大鼠的血液使年老大鼠重新变得"青春焕发"了。

经过进一步的仔细观察,科学家发现,年轻的血液带来的好处远远超出肉眼可见的范围。年老大鼠的各种组织和器官现在都呈现出年轻化的特征。后续的研究证实了这个发现,同时表明这一实验反过来也成立:向较年轻的动物身体中注入年老动物的血液,时钟就会向前旋转,加速衰老过程,放大各种"老态"。

这项工作激起了研究人员的极大兴趣。在后来的10年内,研究人员逐渐梳理出这种转变发生的原因。哈佛大学的一个研究小组也参与了这个方向的研究,他们发现,年轻的血液能够刺激大脑中新神经元的形成,并逆转老年性心壁增厚。最后,当深入探究问题的根源之后,哈佛大学的研究小组还发现了一种被称为"生长分化因子11"(growth differentiation factor 11,简称GDF11)的特殊分子,它似乎可以解释所有这些(或大部分)好处。

在2014年发表在《细胞》杂志上的一篇论文中,另一组研究人员发现,只需向小鼠体内注射GDF11，就能增强它们的力量和记忆力，并使流向大脑的血液流量增加。还有一些研究结果表明，GDF11可以减少与年龄相关的心脏问题，加速肌肉修复，提高运动能力，增强大脑功能。所有这些研究都激起了企业家的极大兴趣。

由企业家马克·艾伦（Mark Allen）和哈佛大学的四位再生生物学教授领导的哈佛大学"校办企业"Elevian公司，正在研究GDF11和类似的抗老化分子在长寿领域中的应用。与此同时，斯坦福大学的"校办企业"Alkahest公司，也正在试图通过一种优化的"鸡尾酒血浆"来治疗阿尔茨海默病。

《连线》杂志称这种努力是在"大海捞针"，因为血浆中含有超过一万种不同的蛋白质。更准确地说，这是一种"金海捞针"式的方法，因为在识别哪些蛋白质能产生"血液年轻化效应"的过程中，已经形成了一场生物学上的淘金热。这条路上挤满了各种初创公司，大型制药公司自然也不甘落后。2017年，美国国家老龄化研究所（National Institute on Aging）承诺为对这项工作感兴趣的科学家提供235万美元的资助。是的，在21世纪，不仅飞行汽车和机器人杀手出现了，就连"德古拉伯爵"也卷土重来了。

几千年来，人类一直在寻找"青春之泉"。而上面提到的所有研究都清楚地表明，我们实际上搜寻的并不是某个地方，而是时间。青春之泉是历史上一个特定的时间点，是各种技术在长生不死这个问题上汇合的那一刻。所以，尽管"人类能否长生不老"仍然是一个有待解决的问题，但是显著延长人类的寿命，已经从一个"能不能"的问题变成了一个"什么时候可以实现"的问题了。

第 11 章

商业的未来

在本书中，我们一直在展望未来，关注那些对人类日常生活影响最大的领域和行业。到目前为止，我们已经讨论了交通、医疗、长寿、零售、广告、娱乐和教育。在本书的第 3 部分中，我们将扩大讨论范围谈论一些更广泛的话题，如能源、环境和政府等。但是介于两者之间的一切呢？简而言之，你未来的生活会是什么样子的呢？

未来肯定会与过去不同。技术的加速发展是不会漏下任何东西的。从建筑、艺术到航空、会计，数十个行业将很快出现转型。接下来，在本书第 2 部分的最后两章中，我们将把注意力转到四个特定的行业中——保险、金融、房地产和食品业。

选择这四个行业的原因有很多。首先，其中的三个行业——保险、金融和房地产，是在美国排名前十的行业。事实上，如果再加上我们在第 2 部分讨论过的行业（不包括政府和安全，我们将在本书第 3 部分讨论它们），这也就基本上构成了我们对美国人未来主要生活方式的看法。在这一章中，在"商业的未来"的标题下，我们将研究前三个问题。在下一章，我们将着眼于食品业的未来，它非常重要，而且还在加速发展。总的来说，我们在这一章中将要讨论的这些行业都属于重塑你的生活的竞赛中的领跑者。

下面就让我们去一探究竟吧！

咖啡、风险与保险业的起源

1680年，32岁的爱德华·劳埃德（Edward Lloyd）到伦敦寻找机会。很快，他就在咖啡行业发现了一个机会。当时，咖啡是一种新奇的饮料，喝咖啡是最时尚的生活方式。在伦敦，咖啡馆如雨后春笋般涌现出来。咖啡馆总数达到了3 000多家，遍布全城每个角落。在人们看来，咖啡市场已经趋于饱和，容不下另一个新来者了，但劳埃德不这么认为。1686年，他在伦敦塔街（Tower Street）开了一家自己的咖啡馆——劳埃德咖啡馆（Lloyd's Coffee House）。

当时，伦敦城是主要由两个经济引擎驱动的：航运和金融。劳埃德咖啡馆位于伦敦塔街和泰晤士街之间，恰恰处于这两个经济引擎在地理位置上的交汇处。由于占据了很好的位置，劳埃德咖啡馆从一开始就很受商人、水手和船主的欢迎。

当时，咖啡馆需要通过向顾客提供含咖啡因的饮料、最新新闻和信息，以及参与激烈的智力辩论的机会，来赢得顾客的忠诚。劳埃德咖啡馆在这几个方面做得比大多数咖啡馆都要好。为了向顾客提供可靠、准确的航运新闻，劳埃德在欧洲各地的港口建立了通信员网络，并将他们收集到的新闻刊登在一张"信息通报单"上。这就意味着，人们只要在劳埃德咖啡馆里待上一会儿，就可以获得关于船只、货物和国外发生的事件的详细信息。

这种大数据与咖啡因的组合，造就了一个大赢家。1691年，由于咖啡馆生意兴隆，劳埃德决定扩张生意。他把劳埃德咖啡馆总店搬到了伦巴第街16号，那里靠近皇家证券交易所，属于商业区的中心地带。现在，劳埃德咖啡馆变得更时尚了，场地也更大了，里面到处都是黑板，还有一个中心讲坛。黑板是用来取代信息通报单的，中心讲坛则是专为宣布海事拍卖价格和实时航运新闻准备的。于是，在劳埃德咖啡馆里，在黑咖啡和黑板之间，劳埃德把一个最初由巴比伦人发明的想法变成了现代保险业的基础。

大约4 000年前，巴比伦人制订了一套为冒险在地中海航行的商人提供保障的策略。当一个商人借了一笔贷款来完成一次远航时，同时还会支付一笔额外的款项来换取一个担保：如果他的货物在海上被偷或因为沉船事故损坏，贷款人将会被取消相应的贷款记录。

在公元前4世纪，贷款利率在一年四季中都是有所不同的。夏季海面平静，贷款利率要比冬季低一些（冬季航海更加危险）。这也就是说，巴比伦人发展出了一种基于风险的定价理念，这与现代保险业的基本观念如出一辙。

大约2 000年后，这种基于风险且由数据驱动的海上保险概念在伦敦这家咖啡馆内发展到了新的高度。经常光顾劳埃德咖啡馆的银行家决定收取保费，承担航运风险。他们把这个过程称为"承保"（underwriting），这是名副其实的，因为银行家在黑板上写下名字的时候，确实是把自己的名字写在船的名字和航程详情（包括货物、船员、天气和目的地等）下面的。

又过了大约320年，今天，"承保"概念已经发展成了一个价值数万亿美元的行业——保险业。劳埃德咖啡馆这家不起眼的小店，后来发展成了著名的伦敦劳合社（Lloyd's of London），它在2017年的保费收入高达336亿英镑。然而，在与最初帮助塑造劳埃德咖啡馆的相似力量的推动下，即信息和合作的激增，保险业将再一次发生翻天覆地的变化。

在保险业，现在有三大变化正在发生。首先，通过将风险从消费者转移给服务提供者，许多保险类别被取消了。其次，众包保险（crowdsurance）正在取代传统的健康保险和人寿保险。最后，网络、传感器和人工智能的崛起正在改写保险定价和保险销售的方式，重塑保险行业的性质。

不过，还是让我们从一个简单的问题开始吧：如果你的车可以自动驾驶，那么司机还需要保险吗？

汽车保险业的终结

保险是一个极度依靠平均数的游戏。这个行业的基本商业模式是评估风险并设定保费。如果顾客的数量足够多、涉及的时间周期足够长，那么平均数就能够为保险商赚取一定的利润。例如，目前的汽车保险费，是根据司机的年龄和驾驶年限、汽车本身的性能，以及驾驶员和被保车辆的所在地来计算的。如果能够让足够多的司机参加保险，同时在这个行业中经营足够长的时间，那么保险商就能够赚取巨大的利润。但是，在未来10年里，当自动驾驶汽车上路之后，这种计算方法的各个方面都必定会发生很大的变化，那时又会出现什么情况呢？

目前，司机的人为失误是汽车保险行业面临的核心问题。在每年发生的120万起交通死亡事故中，90%都是由人为原因造成的——司机开车时注意力不集中、情绪化，有时甚至可能会做出非理性行为。而如果汽车根本不需要由人来驾驶，那么90%的风险就会被消除。对于建立在风险评估基础上的保险业来说，这本身就是一个巨大的变化。

再进一步来说，今天我们会为自己拥有的东西投保。但是在自动驾驶汽车盛行的时代，我们面对的将不再是作为财产的汽车，而是作为服务工具的汽车，这样一来，面向消费者的汽车保险需求就完全消失了。这也是毕马威会计师事务所（KPMG）会预测 2040 年汽车保险市场可能会萎缩 60% 以上的原因。

事实上，这种萎缩现在已经开始了。Waymo 公司会在乘客每次进入车内时自动为他们提供保险，大数据给了他们提供这种服务的信心。

到 2018 年，Waymo 公司的自动驾驶汽车已经在公路上行驶了大约 1 600 万千米，在模拟环境中行驶了 80 亿千米左右。所有这些行程的任务都是收集数据，而得到的信息会被用来训练 Waymo 公司的人工智能。整个过程中最重要的是安全性，也意味着不容置疑的市场优势。如此海量的数据是 Waymo 公司远远领先于竞争对手的保证。这也就是说，尽管人类社会向自动驾驶汽车的转型还没有真正开始，传统保险公司已经落后好几年了。

当我们将自动驾驶汽车技术与智能交通系统以及嵌入传感器的道路结合起来之后（后两项技术也已经开始推广了），不但交通事故的发生风险出现了直线下降，它们的性质也发生了突变。例如，如果用来引导自动驾驶汽车的激光雷达传感器出现故障并引发了事故，你认为谁应该承担责任？我想肯定不会是乘客。也许是汽车制造商，也许是激光雷达供应商。或者，如果你乘坐的 Waymo 自动驾驶汽车因为失去了 5G 网络连接而突然停车，又应该由谁来负责？是拥有这辆汽车的 Alphabet 公司吗？还是提供网络连接服务的 Verizon 公司或拥有提供这种网络连接的 OneWeb 公司？如果一辆自动驾驶汽车被黑或被偷又该怎么办？

虽然这些问题仍然有待解决，而且其中描述的场景听起来非常危险，但是我们一定不要忘记，今天人们经常会让十几岁的孩子驾驶重达两吨的汽车，更不用说每年大约有 100 万人因酒后驾车而被捕了。换句话说，就像旧技术一样，新技术也会带来相应的机遇和风险。而这一次，其中的一个风险可能是导致我们熟悉的汽车保险行业走向终结。

众包保险

在指数型技术到来之前,规模是保险业的终极优势所在。简而言之,传统保险行业严重依赖于平均值。

统计上准确的精算表需要大量的数据。为了获得这些数据,首先需要获得大量的客户。而为了找到这些客户,你需要一支销售队伍。要分析这两支"军队"(客户和统计学家)产生的数据,你还需要一支由统计学家组成的"军队"。管理所有这些军队又需要另一支"军队"……到目前为止,这种以庞大"军队"为基础的保险仍然是一个巨人的游戏。

当然,保险也是一个统计游戏。在健康保险和人寿保险中,健康的人缴纳的保费有一部分支付给了不健康者。结果是,健康的人最终为获得这种权利支付了不必要的高额溢价,因而他们可以说是这个特殊游戏的输家。

那么,当"超级健康"的人厌倦了这种保险安排,决定利用社交媒体找到其他"超级健康"的人,并与他们分享数据相互作保时,又会发生什么呢?人们可能会举起他们的"电子"监测设备说:"嘿,大家看看我的基因吧。看看我每天锻炼时间有多少,看看我的乌拉戒指数据,看看我的苹果手表数据。如果有人和我一样健康,我们就一起来相互作保吧。"

在保险游戏中,当风险最低的客户选择退出时,统计数据就失效了。随着这些"超级健康"的人离开客户池,风险曲线就会产生急剧变化。为了弥补成本,保险公司只能选择提高每个人的保险费率或选择破产。但如果保险费率上升了,人们就会选择去其他公司买保险,结果就是,保险公司只能以破产收场。

这就是今天正在发生的事情。

当下，分散的、点对点的保险正在快速崛起，人们将这种保险称为"众包保险"。众包保险不需要中间人，因此不需要保险公司，只需要一个"技术栈"（technology stack）就够了，即一个可以连接到由人工智能驱动的数据库的应用程序。这个"栈"负责监管一个由支付保费的人组成的网络，并提出索赔，然后由网络批准。换句话说，这个"栈"去掉了以往创建保险公司所需的四支军队中的三支。剩下的是哪支军队呢？是消费者，即那些决定如何处理他们刚刚在健康保险和人寿保险上省下来钱的人。

以总部位于纽约的 Lemonade 公司为例，它可以说是当今所有以众筹方式筹资的初创公司中资金最充足的一家公司。通过一个应用程序，Lemonade 公司将一群支付保费的投保人聚集到一个中央"索赔池"里，然后由人工智能承担剩下的全部工作。整个体验都是移动的、简单的、快速的。投保只需 90 秒，理赔只需 3 分钟，文书工作量为零。

瑞士 Etherisc 公司以及许多其他公司，都在 Ethereum 区块链上销售"定制保险产品"，从而为这类保险安排增添了更多的技术保证。由于智能合约消除了对雇员、文书工作和所有其他工作的需求，有利于保险产品创新，所以现在市场上出现了大量的保险产品。Etherisc 公司提供的第一项保险服务就不属于传统保险的范围：航班延误和取消险。个人通过信用卡注册即可投保，如果乘客乘坐的飞机晚点时间超过 45 分钟，就可以立即获得自动赔付，整个流程不需要任何书面文件。这只是其中一个例子。众包保险现在正处于爆炸性发展的过程中。全新的小额保险（micro-insurance）类别，比如船壳保险、吉娃娃保险，正在完成设计阶段，进入市场。如果回到我们描述过的历史情景中去，这就好像那些经常光顾劳埃德咖啡馆的水手们在直接与"黑板"做交易，而其他人只是默默地喝着他们的咖啡。

实时数据驱动下的动态保险

美国前进保险公司（Progressive Insurance）成立于1937年，它开创了一个以前没人想到过的利基市场：高风险驾驶员。正如公司名称显示的那样，他们通过领先的技术保持着自身的优势。前进保险公司是第一家拥有网站的保险公司、第一家允许客户通过网站下单的保险公司，也是第一家用高质量视频内容和互联网语音工具美化网站的保险公司。它们还开发了具有开创意义的应用程序，用于购买保险和运营管理，从而率先进入移动运营领域。所有这些措施都促进了保险业的现代化，并使前进保险公司成了美国最赚钱的公司之一。而更重要的是，在2004年，前进保险公司率先推出了一个与众不同的保险类别，严格来说，这个决定已经不仅仅是"渐进的"了①。从保险精算的角度来看，这是一场彻头彻尾的革命。

不过，并不是一开始就是这样的。

起初，前进保险公司所做的只是让明尼苏达州的客户自愿参加一个名为"TripSense"的研发项目。TripSense看上去就像一个黑匣子，可以插在汽车的诊断端口上，跟踪三个主要的变量：里程、速度和行驶时间。在一段时间后，客户会将这些"黑匣子"寄回公司，而前进保险公司则会付给他们25美元作为补偿。

2008年，这个项目经试点后全面推广开来，并被重新命名为"快照"（Snapshot），升级完成后，公司所要收集的信息只剩下了一项：车辆的行驶速度。随后，前进保险公司会利用这个信息计算出另外两个数据点：行驶里程和"硬制动事件"发生频率，比如司机为了避免撞上猫而猛踩刹车的次数。为什么？因为"快照"已经从一个试点项目变成了一个激进的计划：根据驾驶习惯而不是驾驶历史来给汽车保险定价。

---

① 前进保险公司名称中的"progressive"一词，也有渐进的含义。——译者注

这里涉及的技术性术语是动态定价（dynamic pricing）。更偏执一些的说法是，"老大哥"时刻在盯着你！总的来讲，前进保险公司开创了用传感器取代传统汽车保险模式的先河。从驾驶速度和刹车习惯，到收音机的音量和路上其他车辆的数量，这些都会影响驾驶者的保险费率。现在，司机购买的保单是根据汽车使用频率（开车时间越少，需要支付的保险费就越少）、驾驶习惯（是不是始终遵守限速规定）和低风险驾驶时间（每天的通勤时间是不是都不会超过午夜）来确定的。

同样的趋势正在蔓延到家庭保险领域。过去，房屋的保险费用是根据购买保单时房屋的状态来确定的，实际执行中，人们发现有30%的房屋险索赔是因为保单售出很长时间之后发生的"水损"而提出的。现在，保险公司会通过管道内放置的温度传感器和壁内水探测器来获得实时数据，房主在潜在"水损"问题发生之前就会得到通知。

有了可穿戴设备提供的所有数据，同样的转变很快就会出现在医疗保险领域。保险公司将有机会在疾病发生之前向投保人发出预警，而不是在手术之后才手忙脚乱地介入收拾残局。这样带来的一个好处是，投保人将以更便宜的价格获得保险，可以享受更加健康的人生；而坏处是，人们会产生一种有一个"老大哥"在时刻盯着自己的感觉。当你偷偷抽了一支烟后，你的保险费率会不会提高？当你吃蔬菜时，保险费率会不会下降？

麦肯锡公司创造了一个术语来描述这种以人工智能为驱动、依赖传感器的保险——"按生活方式付费"（pay-as-you-live）。这种保险中，保险公司扮演的角色从传统的"检查和修复"变成了"预测和预防"。投保人的保险费率会随着他们的选择而波动，而且这一切几乎都是自动化的。预计到2030年，处理索赔申请的人员数量将会减少70%到90%，而处理时间将从几个星期缩短为几分钟。这也预示着，未来的保险公司将会变成社会健康的一线守护者。与劳埃德、咖啡和黑板时代相比，这意味着翻天覆地的变化。

看一看圣保罗、香港地区或纽约等城市的天际线吧，看看那些高耸的建筑物，谁是这些房产的拥有者？答案是保险公司和金融公司。为什么？用威利·萨顿（Willie Sutton）的一句话来解释："是因为他们把钱放在那里。"

我们下面将把重点转移到银行业和金融业的变化上来。指数型技术正在压垮这两个行业，进而彻底改变金钱游戏。早些时候，当时我们对涌入众筹、首次代币发售、风险投资和主权财富基金的资金了解之后，这种转变达到了顶峰。为了理解接下来还会发生什么，让我们从一个简单的问题开始：我们到底该如何处理自己的钱？

当然，我们可以把钱存起来，比如存在银行。我们也会转移资金，有时是在公司之间转移现金，有时是在个人之间借贷。我们还用钱进行投资，试图赚更多的钱。最后，我们还会用钱来交换自己想要的东西，这是人类自从将贝壳当作货币的时代以来一直在做的事情。现在，随着各种指数型技术的日益融合，上面这些领域都被完全重塑了。比特和字节取代了美元和美分，经济和我们的生活方式都与以往截然不同。

良币公司

冈纳·洛夫莱斯（Gunnar Lovelace）出身贫寒，他的母亲是一位单身妈妈，含辛茹苦地将他养大。洛夫莱斯从未忘记过，自己一家是如何费尽千辛万苦才能获得满足生活的基本需求的，其中最主要的是食物和钱。洛夫莱斯后来成了一名连续创业者，他创办的前三家初创公司都与科技和时尚相关，后来他把获得的利润全都投入了自己的第四家初创公司繁荣市场（Thrive Market），致力于解决食物短缺问题。

作为一家目标驱动型企业，繁荣市场公司使用环保包装、零污染运输方法和无毒原材料，以较低的价格将高质量的有机食品直接派送到900多万消费者的手中。在洛夫莱斯看来，繁荣市场公司只能解决他幼年时苦恼的第一个问题——食物。他还想要解决与钱有关的问题。于是，洛夫莱斯创办了第五家公司——良币公司（Good Money）。这家公司同样采取价值驱动的方法，在传统银行业的存储领域开展业务。

现在，我们把大部分钱存在银行里，在大多数情况下，我们都被银行占了便宜。银行对我们最不公平的是它们处理我们的存款的方式。

银行可以把我们的钱投资到它们认为合适的任何地方，而且通常都能获得可观的利润。但是，银行的投资项目也包括一些与客户的价值观不一致的项目。例如，富国银行（Wells Fargo）被曝为有很大争议的达科他管道项目提供了资金，它们还因此失去了大量业务。即便是在银行赚钱的时候，你存在银行的钱也可能对你不利。

良币公司的运行方式在很多方面与传统的银行恰恰相反。从技术的角度上说，良币公司提供的是一个移动钱包，用户可以通过手机持有常规货币和加密货币。当然，它也可以在任何一台自动柜员机上使用，年费为零，也不用交纳自动柜员机费用，而它的利率却是大多数银行的100倍以上。除此之外，用户也可以成为良币公司的所有者。你把钱投入到良币公司，就能得到一份股权，而且公司会把50%的利润用于影响力投资和慈善捐赠。

根据这个战略，良币公司的目标客户包括三类，前两类包括那些偏爱目标驱动型公司的人，以及那些不愿支付透支罚金、因被列入黑名单而被赶出了传统银行体系的人（在美国，这样的人有4 000万）。不过，公司最大的移动市场则属于第三类目标客户，即那些既没有开设银行账户，也没有任何地方可存放资金的人。

问题在于基础设施，尤其是在那些较贫穷的国家。在那些国家，建设和维护银行的成本远远超过了它们所能创造的价值，因此经济意义是颠倒的。尽管世界上至今仍有超过 20 亿人没有银行账户，但是几乎所有人都拥有手机。牢记这个事实，我们再来看看一位名叫尼克·休斯（Nick Hughes）的沃达丰（Vodafone）高管所做的事情，并讨论一下所有国际经济问题中最棘手的小额信贷问题。

没有银行账户的人

在 2002 年世界可持续发展峰会上，来自沃达丰公司的尼克·休斯作了一个关于风险的报告。他提出了一个看似不太可能实现的目标：说服大公司通过为一系列高风险、高回报的项目提供研究经费来援助贫穷国家。其中有一位听众是英国国际发展部（Department for International Development）的官员。休会之后，他向休斯提出了一个更不寻常的建议。

此前，英国国际发展部关注到了移动电话的使用情况，并注意到了在非洲部分地区，人们把移动电话的通话时间当成了准货币，用它来交换通常需要现金才能交换的商品和服务。他们看到了这种情况中隐藏的潜力，当然，更重要的是，他们有 100 万美元的经费可以使用。如果沃达丰愿意提供同样的资金，英国国际发展部就同意启动一个试点项目。

如何获得贷款是没有银行存款的那些人面临的最大问题，他们最初的想法是发放小额信贷。有一种观点认为，给那些购买奶牛、摩托车或缝纫机的人提供小额贷款，也就是给小型企业提供启动资金，往往能够终结一个家庭的贫困循环。现在，英国国际发展部认为，给人们提供一种通过手机来提取和偿还贷款的便利途径，有助于在那些最需要的国家推动穷人创业。

这种合作催生了 M-Pesa 项目，它最初是于 2007 年在肯尼亚推出的。

当地没有任何银行机构和自动取款机，M-Pesa 项目的实施依靠的是一项最古老的技术：人力。代理商在当地市场出售手机通话时间，然后人们可以用通话时间换取现金，反之亦然。用户将通话时间存入 SIM 卡，然后存入手机，再将通话时间转换为货币，货币可以通过短信从一个账户发送到另一个账户。

虽然这个项目最初是为了发放小额贷款而设计的，但是迸发出最大潜力的反而是这种汇款方式本身。能够在没有银行账户的情况下无须任何费用完成转账，使得在城市工作的工人能够寄钱给乡下的亲人，这不仅能帮助他们节省高达 12% 的汇费（西联汇款的收费标准），而且完全取代了以往的老办法：把现金装在信封里交给司机，然后开始祈祷司机不会见钱眼开。

启动 8 个月后，就有 100 万肯尼亚人成了 M-Pesa 的用户。到今天，M-Pesa 几乎覆盖了整个肯尼亚。根据麻省理工学院的一项研究，M-Pesa 仅仅提供了最基本的银行服务，就使肯尼亚 2% 的人（总数超过 20 万）摆脱了极度贫困。而且，这种奇迹不仅发生在肯尼亚。M-Pesa 现在为 10 个国家的 3 000 多万人提供了银行服务。在腐败盛行的地方，它甚至已经成了政府防范腐败的一种方式。在阿富汗，政府会通过 M-Pesa 为军人支付工资。在印度，M-Pesa 则成了支付养老金的方式。当然，提供类似服务的也不是只有 M-Pesa 一家。

在孟加拉国，bKash 现在已经拥有了 2 300 多万用户；在中国，支付宝的用户数量接近 10 亿。就像良币公司一样，支付宝已经成为社会公益的一股重要力量。超过 5 亿用户在玩"蚂蚁森林"游戏，他们通过日常生活中的低碳行为来赢得能量，然后再把能量兑换成种植在现实世界中的树。这个游戏现在已经风靡整个中国。到目前为止，"蚂蚁森林"项目已经在中国种植了 100 多万棵树。

更加重要的是，这些发展颠覆了传统的技术扩散路径。通常，最前沿的创新会首先出现在硅谷，然后从西海岸引进到东海岸，再传播到欧洲，最后才进入世界其他国家和地区。但是现在这个过程发生了逆转，是来自发展中国家的创新颠覆了发达国家的旧秩序。

银行在经济生态系统中占据着一个罕见的重要位置：货币流经的一切基础设施都属于银行。在以往，作为唯一受信任的"中央存储库"，无论何人、无论何时想让货币流动起来——借出、转移，甚至是放弃，银行都要"插一脚"。至少在区块链出现之前是如此。

有了区块链之后，由于系统中已经内置了信任特质，银行体系的位置就被取代了。以股票交易为例，在目前的股票交易系统中，除了有买家和卖家之外，还有一系列中介机构，包括持有他们的钱的银行、股票交易所、清算所等，总数可能不下 10 个。区块链技术"删除"了除买方和卖方之外的其他各方，剩下的一切则可以交由技术来完成。

为了保住手中正在变得越来越小的蛋糕，几乎所有大银行都在争相进入区块链领域。然而，成千上万的创业企业家的动作更快，而且他们的目的恰恰是利用区块链技术来颠覆这些银行。以 R3 公司和 Ripple 公司为例，这两个源于发展中国家的颠覆性创新企业对发达国家的商业体系产生了重大影响。这两家公司都用区块链技术取代了监督国际银行交易的标准协议 SWIFT 网络。

这种颠覆性的反向流动不会在短期内结束。在未来的 10 年里，将会有 40 亿人（这个数字还在不断增加）接入互联网。因为他们都需要基本的金融服务，所以这将是一个极其巨大的机会。而且，由于各种指数型技术的日益融合，尼克·休斯当初提出的那个长远计划将带来的长期结果必然是：除了银行之外，几乎所有人最终都会利用它。

人工智能入侵下的理财顾问

"金融科技"(Fintech)指的是技术和金融服务的融合。金融科技先是在网络和应用程序中得到广泛应用,然后又通过人工智能和区块链技术进一步发展,现在更是成了全球财富再分配的一个利器。简单来说,这就好比侠盗罗宾汉(Robin Hood)用智能手机从银行取走了现金,然后又把现金送回客户手中。

每当大量的客户觉得沮丧受挫,同时又涉及非常多的金钱时,机会也会同时出现。这种情况催生了一家名为 TransferWise 的公司。TransferWise 公司改造了一款软件,主要功能是可以将想要把其他货币兑换成美元的用户与想要将美元兑换为其他货币的用户进行配对,这家公司的目标是占领整个外汇市场。因为匹配想要兑换货币的人比匹配那些想要交换不可言说之物的人容易得多,所以这家公司的估值在不到 5 年的时间里就达到了 10 亿美元。

TransferWise 公司以网络和应用程序为基础,也是金融科技"殖民浪潮"的一个很好的例子。而当人工智能也被整合进来时,更激进的浪潮出现了。一种古老的借钱方法是:"伙计,我能向你借一美元吗?"这又被称为个人对个人(peer-to-peer,简称 p2p)贷款。传统上,这是一个高风险的做法,也就是说,那个"伙计"很少有机会收回他借出去的钱。随着人类群体规模的扩大,这个问题只会变得更糟。随着村庄变成城镇,城镇扩展成城市,城市又开始蔓延,人与人之间的信任日渐崩塌。这也正是传统银行发挥作用的地方,它们将信任重新添加进了贷款方程式当中。

但是,如果有了数据,谁还需要这种信任呢?

有了人工智能,大量的人就可以聚集到一起,共享财务信息,同时分担风险,从而形成现在被称为"众贷"的个人对个人贷款市场。根据研究报告，在这个领域，仅仅是 Prosper、Funding Circle 和 LendingTree 这三家公司的市值，就有望从 2015 年的 261.6 亿美元增长到 2024 年的 8 978.5 亿美元。

来自中国的智融集团（Smart Finance Group）则是另一个很好的例子。创办于 2013 年的智融集团，目标是服务中国广大无银行账户和银行账户余额不足的人群。该公司利用人工智能梳理用户的个人数据——社交媒体数据、智能手机数据、受教育经历和就业数据等，几乎可以实时生成可靠的信用评分。利用这种方法，该公司可以在 8 秒内批准个人对个人的贷款，包括向没有银行账户的人发放小额贷款。结果不言自明，智融集团每月发放的贷款总数达到了 150 万到 200 万笔。

人工智能也对投资产生了巨大的影响。传统上，投资是专属于富人的游戏，严重依赖于数据游戏。理财顾问拥有质量最好、规模最大的数据，但你需要有足够多的钱才请得起理财顾问。而理财顾问是很"挑剔"的。由于管理小投资者所需的时间可能比管理大投资者所需的时间更长、利润更低，许多财富管理公司的最低投资额都在数十万美元左右。

但是，人工智能改变了这一状况。今天，像 Wealthfront 和 Betterment 这样的机器人理财顾问正在把财富管理带给普罗大众。客户通过一款应用程序回答一系列有关风险承受力、投资目标和退休目标的初始问题后，算法就可以接手了。

实际上，算法已经占据了主导地位。每天有约 60% 的市场交易都是由电脑完成的。当市场变得不稳定时，这个比例可能会进一步攀升到 90%。所有的机器人顾问所做的就是让客户可以使用该流程，从而为客户省钱。

由于不需要人工介入，相关费用得到了大幅削减。一般来说，财富管理公司要收取相当于利润 2% 的管理费以及 20% 的奖金，但是大多数智能理财顾问只需收取大约 0.25 个百分点，投资者对此反应热烈。截至 2019 年 1 月，Wealthfront 公司管理的资产总额达到了 110 亿美元，Betterment 公司达到了 140 亿美元。虽然机器人理财顾问管理的投资规模只占美国总投资规模的 1% 左右，但是根据《商业内幕情报》（*Business Insider Intelligence*）的估计，到 2022 年，这个数值将会攀升至 4.6 万亿美元。

接下来我们讨论用钱来买东西这个场景。当然，我们已经知道这个故事的结局了。你最后一次在收费报亭投币购买报纸是什么时候？你还在用现金打车吗？事实上，优步和来福车等共享出行公司早就做到了让我们不用带钱包就能在城市中自由穿梭了。另外，像 Amazon Go 和优步拼吃这样的商店，都可以在没有收银员的情况下提供服务。总之，无钱包购物即将成为"新常态"。

丹麦早在 2017 年就已经停止了印制纸钞。而在 2016 年，为了扩大移动银行业务并废止该国的灰色市场经济，印度回收了 86% 的现金。越南希望到 2020 年实现 90% 的零售无现金化。在瑞典，95% 以上的交易都是数字化的。

正如经济学家经常强调的，在推动经济增长的主要因素中，其中有两个是货币的可得性（即我们可以动用的储备）和货币流通的速度。这两个因素都可以通过指数型技术加以放大。由此导致的一个结果是主宰城市天际线的那些房地产的深刻转变；事实上，在谈到房地产行业本身时，我们将会看到天际线变化只是这种转变的开始。

房地产业的未来

我们的故事开始于 2008 年的经济大萧条，那个时候，我们熟悉的银行和保险公司不负责任的行为使国家陷入了混乱。房地产业受到的打击尤其严重。各类市场都出现了下跌，而且没有停止的迹象。房地产危机随之爆发。情况持续恶化，但是就是在那时，格伦·桑福德（Glenn Sanford）决定创办一家房地产公司。看上去似乎是一个愚蠢的主意。

但事实证明，那是一家"生逢其时"的公司。面对管理费用不断上升、收入大幅减少的现实，桑福德决定不再去重复房地产经纪人一直在做的事情：开门店。他完全抛弃了传统的实体店模式，转而创建了 eXp Realty 公司，这是第一家基于云计算的全国性房地产经纪公司。

由于没有实体店，桑福德利用一个名为 VirBELA 的虚拟平台（eXp 现在拥有该平台）创建了一个完全沉浸式的巨型房地产交易园（mega-campus）。

今天，eXp Realty 公司的交易园已经成了来自美国 50 个州、加拿大 3 个省和 400 个主要房地产市场总计 1.6 万名代理人的"家"，这些人即使没有办公室也可以完成工作。

代理人、经理甚至客户，都只需要待在家里，就可以完成交易的全流程。他们会使用虚拟现实头盔或笔记本电脑，在一个拥有大堂、图书馆、剧院、会议室和运动场的虚拟交易园里碰面。桑福德认为，自己的公司目前估值为 6.5 亿美元，其中至少有 1 亿美元要归功于通过减少基础设施和日常开支而实现的收益。

桑福德的"新发明"对房地产行业产生了重大影响，这是计算机技术、网络技术和虚拟现实技术三者融合的结果。接下来还会发生什么？人工智能、3D 打印、自动驾驶汽车、空中出租车、漂浮城市……一切都在快速变化，其中也包括这个行业中桑福德尚未触及的一个部分：房地产经纪业务。

和你的经纪人说再见吧

幸运的话，大多数人都会买到房子。一般来说，一个人一生可能只会买一次房子。通常，这会是他们一辈子做的最大的一个购买决定，他们要为此付出一笔高昂的费用，对许多人来说，这也是他们感到最恐怖的事情。接下来，我将告诉你一个人工智能如何改变这个过程的故事，但是在此之前请先记住，这实际上是一个心情紧张的人在现实世界中做出艰难决定的故事。

说实话，利用人工智能辅助人们在购房方面进行决策并不是最近才出现的。Zillow、Trulia、Move、Redfin以及许多其他公司已经在相关技术研发方面投资了数百万美元。现在，属性搜索、评估、咨询和管理等功能都比以前更容易、更快速、更准确了。如今，由于能够将原有的房地产变量（如租金、入住率和周边学校的数据）与新的数据（如网络点击量、卫星图像、地理位置跟踪等）结合起来，人工智能投资者的分析能力远远超过了人类。就像其他行业展开的人工智能军备竞赛一样，房地产行业也是如此，拥有最佳数据的公司终将主导市场。

既然人工智能已经在关于房地产业的研究中获得了这么多的成果，那么为什么不让它来做经纪人呢？或者，更具体地说，为什么不让人工智能、虚拟现实和传感器的融合体成为你的经纪人呢？

在未来，时刻在线的偏好追踪将会成为一个人工智能助理的常规功能，到那时，为什么还要从一个陌生人那里买房子呢？通过收集你的"喜欢"或"不喜欢"的偏好，你的人工智能助手便非常了解你，甚至比你还了解你自己。在不久的将来，你对房地产的大部分搜索活动，无论是住房、公寓、办公室，还是其他房产，都可以躺在沙发上，通过虚拟现实头盔，在人工智能助手的帮助下完成。到那时，你可能会跟Siri说："帮我找一间工业风的现代公寓，要有混凝土地面，地点靠近全食超市（Whole

Foods）。"房地产人工智能助手将提供符合你的标准的选择，而头戴式虚拟现实设备则可以带你在一周内的任何时间段看房。

作为卖家，这意味着潜在买家既可能来自距离仅有 2 000 米处的地方，也可能来自另一个国家。每一次你的沉浸式虚拟现实之旅都会是人工智能助手学习的机会。先进的眼球追踪软件会跟踪你的视线，同时语音识别算法则会记录你的语调，以判断你是喜欢还是不喜欢。两者都会添加到你的偏好列表中，随着搜索的持续，人工智能会推荐越来越符合你要求的房子。

想知道客厅刷蓝色油漆会变成什么样子吗？没有问题。虚拟现实程序可以立即修改墙面颜色。从地板到墙纸再到光照的方向，这些变量的值都可以根据你的需求改变。想要看看把现有的家具搬进虚拟现实中房子中的效果吗？高级人工智能助手有一天可以编译你现有的所有家具、艺术品和书籍，然后把它们放入任何虚拟空间中，从而在一个我们以前从未有过任何确定性的地方提供某种确定性。从根本上说，人工智能驱动的虚拟现实地产平台可以带你仔细查看市场上的任何房产，做任何你想做的改造，然后弄清楚你看到的这些房间到底是不是真的是你梦想的家。

重新发明城市

"地段！地段！地段！"是房地产业最深入人心的一句口号，但其实它还有一个重要的补充："要近！要近！一定要近！"

一栋房子的价值，部分取决于它距离以下几个地点的远近：购物中心、好的学校、工作地点、餐馆、朋友的家等。但是在接下来的 10 年里，随着交通工具转型的推进，我们正在改变"这里"与"那里"之间的关系。当无人驾驶汽车、飞行汽车和超级高铁出现，所有人都可以在上述地点之间快速往返时，究竟会发生什么呢？

如果从拉斯维加斯到洛杉矶乘坐超级高铁只需要半小时，如果从佛蒙特州北部到波士顿中部乘坐飞行汽车即时可达，如果从弗吉尼亚到华盛顿特区只需在无人驾驶的优步共享出行汽车上小睡一个小时，人们可能会在偏远地区以半价购买两套房子。更何况，旅行时间现在可以按人们喜欢的任何方式加以利用——睡觉、冥想、交谈，无所不能。当以前偏远的地理位置变得很容易到达之后，邻近性本身就变得大众化了。

我们对于"优质房地产"的定义将在未来10年内出现根本性的变化。而且，这不仅与"这里"和"那里"之间的关系改变有关，也与更多的"这里"被创造出来有关。

现在，让我们进入漂浮城市去看一看吧。

漂浮城市是针对三大现代问题提出的解决方案，三大现代问题主要是指海平面上升、人口激增和生态系统受到威胁。如今，在受到全球变暖威胁的500多个沿海城市，漂浮城市可以提供我们最需要的东西，即防洪、防海啸和防飓风的安全生活。此外，全球人员中有近40%的人生活在沿海地区，所以如果取得成功的话，漂浮城市就可以在以前不存在的地方创造出大量的黄金地产来。

漂浮城市这个想法在早期遇到了相当大的阻力，但是到2019年，面对日益严重的气候危机，联合国官员决定重新审视相关技术。他们一直在考虑的一个选择是海洋城（Oceanix City），这是由塔希提企业家马克·柯林斯（Marc Collins）和伊泰·马达莫姆贝（Itai Madamombe）共同设计的一个零浪费的节能型飘浮城市。一座漂浮城市由一系列六角形的空中岛屿组成，这些岛屿会围成一个圆圈，每个岛屿都有一个面积为18 210平方米的平台，可以容纳300人，而整座城市全部303 514平方米的空间则可以容纳1万人。

漂浮城市的第二个方案是由位于旧金山的海上家园研究所（Seasteading Institute）设计的，现在正在法属波利尼西亚海域进行测试，又被称为"浮岛项目"。与其说这个方案是一座漂浮城市，不如说是一个测试关于未来漂浮城市不同设计的平台。当前这个项目拥有404 685平方米的海滨地产和一个面向当地居民的经济特区，他们的目标是到2021年建成12栋建筑。

这两个方案最大的特点是其可持续性。其中，水收集技术被用于提供饮用水；一系列的温室、垂直农场和养鱼场被用于提供食物；太阳能、风能和波浪能被用于为整个漂浮城市提供动力。电动船或飞行汽车可以把居民带到大陆上工作。又或者因为有无人机负责运送物资，有人工智能化身去参加商务会议，人们可能根本不需要离开这座空中岛屿。

指数型技术正在使房地产各个方面非物质化、非货币化和大众化。企业的基础设施已经虚拟化了，中间商也在紧随其后。接下来是作为房地产业支柱的位置和邻近性，它们很可能在下一个10年结束之前就会完成非货币化。如今专为少数幸运儿定制的稀缺地产，未来将会成为许多普通人负担得起的优质房地产。

将房地产业的这种趋势与金融业、保险业的重塑联系起来，我们就能够更加清楚地看到城市的天际线和商业正在经历的巨大变化。通过让一切变得更快捷、更便宜，剔除中间人、让所有人都拥有机会，我们正在重构历史上最大的三个财富创造引擎，这也是未来的到来要比你想象得要快的另一个原因。

第 12 章

食品业的未来

2030 年的一天,你忽然觉得饿了。你一直在关注一种最新的饮食潮流——混合菜系。人工智能助手会根据你的偏好、营养需求和日程安排给你提出一些建议。明天要去冲浪,所以你提出自己要事先多摄入一些热量。于是,人工智能助手帮你推荐了亚洲菜和犹太菜的混搭菜谱。你从来没试过这种混合菜,想着事先保证安全比事后后悔好得多,因此你让它选择了几道保守、靠谱的菜肴。

8 分钟后,一架亚马逊无人机送来了两大包食材。你把这些食材放进了 7 个与 3D 食物打印机相连的储物格里。有一种蔬菜是以前从来没有见过的,你扫描了菜品所附的一小段代码,结果跳出了一个由区块链技术支持的食品溯源应用程序。屏幕上面显示,这是一种新型南瓜,源于越南,现在是由你家附近的一个垂直农场生产的。

接下来的一切就要交给机器人厨师去处理了(当然,这个机器人不过是一双带触摸屏界面的关节臂)。你不需要再去触碰那个屏幕了，因为食谱在第一次点餐时就上传完成了。系统是完全自动化的，你根本不需要在旁边看着。

走出厨房时，你注意到机械手臂在切新鲜的金枪鱼，动作很流畅。这个厨房机器人有20个不同的马达、24个关节和129个传感器，可以模仿人的手和手臂动作。事实上，这个特别的机器人就是通过学习顶级厨师在五星级餐厅烹饪的现场视频来训练的。

更妙的是，你选择的是实验室生产的低脂肉，这就意味着这条金枪鱼不是用海底拖网、炸药或任何其他会导致生态破坏的方法捕获的。相反，它是用干细胞培养而成的，在此过程中没有任何动物受到伤害，对环境也没有任何不良影响。由于整个过程都是自动化和定制化的，所以不会有任何食物浪费。你吃掉了盘子里的所有东西，而盘子本身也是用巧克力3D打印而成的，最后你把盘子也吃掉了。

当然，这个场景暂时还不会出现在你的厨房里，但是那天很快就会到来。在考虑你的公寓必须完成哪些必要改造之前，让我们先来研究一下食物的未来。而要研究食物，就必须从太阳这颗恒星的核心开始。

食物的无效率

在历史上，有关食物的故事也是浪费的故事。故事的每一个阶段，都充斥着食物浪费的各种细节。就你盘子里的食物的来源而言，理查德·曼宁（Richard Manning）在为《哈泼斯杂志》（*Harper's Magazine*）撰写的一篇文章中这样写道："所有的动物都以植物为食，或者以植物为食的动物为食，这就是食物链。植物有一种特殊的能力，可以将阳光转化为以碳水化合物的形式存储起来的能量。碳水化合物是所有动物的基本燃料，光合作用是制造这种燃料的唯一途径。没有什么能代替植物产生的能量，就像没有什么能代替氧气一样。"

人类盘子中的食物的能量源于光合作用转化的部分太阳能，所以食物的旅程其实始于1亿5千万千米之外的太阳。尽管每秒钟都有数百万吨氢在发生聚变，但是实际上只有不到十亿分之一的能量抵达了地球。而到达地球表面的能量中最多只有不到1%用在了光合作用中。

而且，浪费并没有就此结束。食物在种出来之后，还必须运输到消费者的家中。这个过程对环境而言其实并不友好。在节日聚餐时，很有可能餐桌上的食物"走过"的路程比围坐在餐桌旁的全家人加起来还要长。美国人吃的一顿饭，平均要"走"2 000到4 000千米才能抵达人们的餐桌，其中的土豆可能来自艾奥瓦州，葡萄酒来自法国，牛肉来自阿根廷，整个画面的能量高度密集。

更大的食物浪费发生在每餐饮食的后端。尽管每8个美国人中就有1个人在为解决吃饭而努力，但是美国仍然有超过40%的食物不是被人们吃掉的。这些食物要么在地里白白腐烂掉了，要么被扔进了垃圾填埋场。根据美国国家资源保护委员会（National Resources Defense Council）的数据，如果我们能节约其中15%的粮食，我们就能养活2 500万人。

值得期待的是，食物链的每一环节都在发生彻底的改变。在前端，研究人员正在研究如何增强植物将阳光转化为能量的能力。烟草可以说是植物生物学界的"实验动物"。通过提高植物利用阳光合成糖分的能力，加州大学洛杉矶分校的研究人员使烟草产量提高了14%到20%。比尔·盖茨投资支持的伊利诺伊大学RIPE项目也做到了这一点，甚至效率还要更高。埃塞克斯大学的研究人员更优秀，通过提高参与光合作用的蛋白质水平，他们将烟草产量提高了27%到47%。联合国估计，到2050年，我们需要将粮食总产量增加一倍，才能养活超过90亿的人口。而上述研究成果表明，单凭提高光合作用的效率就可以让我们完成一半以上的目标。

这些研究成果可能需要一段时间才能从实验室转移到人们的餐桌上，而许多企业都已经在为这个过程的下一步做准备了——运输。不仅我们的汽车现在变得更加节能了，而且食物也变得更耐贮存了。

总部设在圣巴巴拉的阿佩尔科学公司（Apeel Sciences）正在利用生物模拟技术和材料科学来解决食物浪费问题。众所周知，大自然赋予了水果和蔬菜一种天然的防腐机制——果蔬皮，从生物学上讲，这又被称为"角质层"，这是植物表皮的外层，通常由一层蜡状的脂肪酸构成，用来锁住水分。阿佩尔科学公司已经找到了一种方法，可以在实验室中使用完全天然的材料来制造角质层，用于喷洒到食物表面（或者可以把食物浸泡到角质液中）。它是无嗅、无味、无色的，表层涂了这种材料的食物，仍然可以被认定为有机食物。用这种方法处理过的牛油果，保质期可以延长60%，而这种牛油果已经进入了美国的大多数杂货店。

防止食物变质有助于延长食物的保存时间，但是这并不能彻底解决运输问题。而许多企业开始设计如何完全绕过这一步。为了把食物更高效地从农场送到餐桌上，他们正在转移农场本身。这就是通常所称的"垂直农场"，即在摩天大楼里，而不是在田野里种植食物。到2025年，全球超过70%的人都将生活在城市里，到那时，如果我们还在偏远的农场里种植蔬菜，然后再平均开3 200千米的车，把菜送到城市和消费者的餐桌上，不仅非常浪费，而且不太健康。植物离开土地后，每多耗费一秒钟，它的营养价值就会降低一点。如果食物需要两周才能送到你的餐桌上——这个长度的"旅行"时间相当常见，那么它的营养价值可能会下降45%以上。而采用"垂直农场"种植的话，就可以最大限度保全食物的营养。而宜家现在已经开始用在自己店的垂直农场种植出来的食物来招待顾客了。

除了减少运输时间之外，垂直农场还可以解决许多其他问题。由于垂直农场是在完全封闭的环境中种植植物的，也就不需要杀虫剂了。对水的需求也是如此。依靠水培法和气栽法，垂直农场的耗水量比传统农业少90%，这对我们这个日益缺水的星球来说无疑是至关重要的。

现在，垂直农业正以惊人的速度发展。2012 年，当我们在《富足》一书中第一次讨论垂直农场时，还只有少数几个试点项目。而今天，垂直农场已经发展成了一个巨大的产业。

这个行业中规模最大的玩家是海湾地区的丰盛无限量（Plenty Unlimited）公司。在超过 2 亿美元的巨额资金支持下，丰盛无限量公司正在采取一种"聪明"的方法来推进室内农业。植物生长在 6 米高的塔上，由成千上万的摄像头和传感器监控，并可以通过大数据机器学习进行优化。这样一来，他们就可以把 40 棵植物"塞进"以前只能供一棵植物生产的空间里。该公司的单位面积产量是室外农田的 350 倍，耗水量则不到室外农田的 1%。与为少数富人定制生产的蔬菜不同的是，该公司的加工过程使得他们的成本比传统杂货店降低了 20% 到 35%。到现在为止，这家公司在南旧金山地区开设了自己的旗舰店，在华盛顿肯特建立了一个占地 10 万平方英尺的室内农场。他们在阿拉伯联合酋长国也建立了室内农场，更可喜的是，他们在中国也筹建了 300 多个室内农场。

同时在美国的另一侧，在新泽西州的纽瓦克，一家名为"太空农场"（AeroFarms）的公司将一座占地 6 500 平方米的工厂改造成了室内农场，他们已经找到了在没有阳光和土壤的情况下一年生产超过 907 吨绿叶蔬菜的方法。在这个室内农场里，一排排由人工智能控制的 LED 灯提供了每种植物所需的精确波长的光。利用空气栽培技术，他们把养分直接输送到了植物的根部。整个过程不需要土壤，植物是悬浮在由再生水瓶制成的网状织物中的。在这里，整个过程是由传感器、摄像机和机器学习控制的。

当然，这些农场的规模还没有大到足以对全球粮食问题产生明显影响的程度，但是各种指数型技术的发展显然对它们是有利的。正如丰盛无限量公司的首席执行官马特·巴纳德（Matt Barnard）最近告诉记者的那样，农业因技术的融合而获益良多，"就像谷歌受益于更先进的技术、更好的算法和大量数据的同时出现一样，我们在（垂直农场上）也看到了同样的效应"。

机器人在垂直农场中也发挥了重要作用。目前，一个垂直农场50%到80%的成本是人力成本。位于硅谷的铁牛公司（Iron Ox）已经设计出了一个453千克的机器人，它可以搬运360千克重的种植用容器。或者，正如《瘾科技》（Engadget）上一篇文章最近写的："老麦克唐纳是个机器人。"

简而言之，农业不仅长"高了"，而且更强壮、更聪明了，最重要的是也更有效率了。

养牛的低效率

一个可怕的事实是，到2050年，要养活90亿人口，世界范围内需要的食物总量将比2009年多70%。我们吃的很多食物都是肉类，到2050年，全球肉类消费量预计将增加76%。但是，这里面隐藏着很大的问题。

今天，地球上50%的可居住土地用于农业生产，而其中的80%都留作畜牧用地。这也就是说，地球陆地面积的1/4被用来饲养了200亿只鸡、15亿头牛和10亿头羊，然后，我们会把它们杀死并吃掉。整个过程中，动物痛苦指数爆表，浪费指数也同样爆表。而现在有1/7的美国人都要饿着肚子睡觉，而农场上养的动物却消耗了世界上30%的粮食作物。

更加糟糕的是水资源浪费问题。肉类生产用水占了全球用水量的70%。生产一千克小麦需要1.5立方米水，而生产一千克牛肉则需要15立方米的水。这也就意味着，一头成年公牛所消耗的水足够让一艘美国海军驱逐舰浮起来。

肉类生产排放的温室气体占全球总排放量的 14.5%，还导致了相当一部分的森林消失。目前，人类正处于历史上规模最大的物种灭绝时期——关于这一点我们将在第 13 章详细讨论，而将土地用于农业生产正是当前物种灭绝的主要原因。

所有这些的核心问题是，当前的肉类生产效率十分低下。

今天，我们必须养一整头牛才能得到牛排，同时还需要处理养牛过程中产生的所有废物和温室气体，并处理剩下的残骸。好消息是，生物技术的进步已经开始与农业技术的进步相互融合了，我们现在可以尝试着绕过上述生产过程，从干细胞中培育出同样的牛排来，而不需要养一头牛。

这也是生产人造肉的秘诀：从活体动物身上取一些干细胞（通常是通过活体组织切片，这样动物受到的伤害很小），然后在营养丰富的溶液里培养这些干细胞，整个过程都是在生物反应器中完成的。只要给这个行业几年的时间，使其技术走向成熟、成本下降，那么不用太久，我们就可以无限量生产牛排来养活日益增长的"肉食者"。

至少，这是我们的目标，只是目前仍然有一些障碍需要克服。时至今日，培养牛排所需的这种营养丰富的营养液仍然要以动物为基础制备，而且价格昂贵。如果我们的主要目标之一是产出不血腥、不残忍的肉类，那么解决方案就必须是完全基于植物的。现在，科学家和企业家仍然在为此而奋斗。由于我们在短期内无法在某个确定的时间和地点给出解决方案，一些人决定退而求其次，先生产"软"肉，比如汉堡或香肠中用的肉，而不是直接"培养"牛排。目前，他们已经取得了成功。最近，食品行业与能源行业的研究人员正在合作探索如何为整个系统提供能源。最终，生物反应器将只需要很少的电力,甚至可以完全使用可再生能源,尽管目前我们还没有做到这一点。

即便是在目前的水平上,给环境带来的益处也是相当可观的。以这种方式生产人造肉,可以少用 99% 的土地,少用 82% 到 96% 的水,少产生 78% 到 96% 的温室气体,能源消耗也可以下降 7% 到 45%(具体随肉类的不同而不同,例如,传统养鸡场的能源密集度要远高于传统的养牛场)。在"解放"地球上 1/4 的土地之后,我们可以重新造林,为制止生物多样性危机,为其他生物提供所需的栖息地,减缓全球变暖。虽然这些都还只是仍然有待进一步明确的含糊的数字,但是它们的指向是令人惊叹的:一个解决全球食物危机的、合乎伦理的、有助于保护环境的方案。

人造肉也是一种更加健康的解决方案。利用干细胞培育的牛排,我们可以在培育过程增加有益的蛋白质,减少饱和脂肪,甚至添加维生素。生产这种肉不需要使用抗生素,而且还可以避免疯牛病等疾病,实际上对人类而言更安全。食用"人工养殖"的肉类,还可以降低全球用于诊治相关疾病的医疗费用。由于 70% 新出现的疾病都源于家畜,因此推广"人造肉"也可以大幅降低传染病流行的风险。此外,对消费者和厨师进行的测试表明,肉的口味已经不再是障碍了。

目前,大规模地生产人造肉仍然相当昂贵。2013 年时,第一个人造肉汉堡的成本高达 33 万美元。到了 2018 年,孟菲斯肉制品公司(Memphis Meats)使这一价格下降到了每磅 2 400 美元,同期阿尔弗农场(Aleph Farms)的人造牛排价格则降低到了每磅 50 美元左右。我认为,指数型技术的融合会成为人造肉发展的有力后盾。孟菲斯肉制品公司确信,加速进步的技术将在几年内推动汉堡包的成本降低到 5 美元左右。现在,亚洲一些高端实验室培育的人造鸡肉已经悄然端上了人们的餐桌。

随着技术的进步,生产人造肉有可能变得比生产传统肉类更加划算。

因为人造肉的生产几乎完全是自动化的，而且不需要太多的土地和劳动力。养育一头牛往往需要几年的时间，但是在实验室里培育出一头牛所拥有的牛排只需要几周的时间。目前正在开发的人造肉类型包括猪肉香肠、鸡肉、鹅肝酱和菲力牛排等，而所有这一切都取决于科学家从哪一种细胞开始培育。2018年底，Just公司宣布与日本神户牛肉生产商Toriyama合作，利用后者拥有的全世界最稀有、最昂贵肉的牛的干细胞开发人造牛排。

适用于生产人造肉的这些原理也适用于生产牛奶。加利福尼亚州伯克利的完美日食物（Perfect Day Foods）公司已经找到了不需要奶牛就能制作奶酪的方法。他们将基因测序技术与3D打印技术、发酵技术结合起来，创造出了一系列不含动物成分的乳制品。

上面这些技术和成果加在一起，让我们看到了一个截然不同的食物的未来。几年之后，人类将可以做到从其他动物身上获取蛋白质，但是不会伤害任何动物，这将是有史以来的第一次。屠宰场中发生的一切，将会变成我们给子孙后代讲的恐怖故事。这样一来，想到全球人口会达到90亿，现在这个被近80亿人压得喘不过气来的星球反而会拥有一个奋起的机会。

第 3 部分

呼啸而来的未来

THE FUTURE IS FASTER THAN YOU THINK

―

How Converging Technologies
are Transforming Business,
Industries, and Our Lives

第 13 章

亟待解决的 5 大风险

现在让我们再扩展一下讨论范围。到目前为止，本书已经完成了两个重要目标。在第 1 部分中，我们研究了加速发展的各种力量，看到了不断融合的指数型技术是如何带来前所未有的变革浪潮的。在第 2 部分中，我们追踪了这些浪潮在社会中的传播，特别关注了对人们日常生活的影响。在前面这两部分中，我们把考察的时间范围限制在未来 10 年左右。

在第 3 部分中，我们将在这两个关键维度上拓宽视野。在这一章中，我们将集中讨论会对颠覆性创新造成破坏的因素，也就是一系列会威胁到我们已经取得进步的环境、经济和生存的风险。很显然，这里涉及的每一类风险都"厚重"到足以填满一本书。因此，我们的目标不是精确的细节。相反，我们希望先将问题概述清楚，然后研究不断融合的指数型技术可能从哪些途径提供解决方案。

在下一章中，我们将以更长远的眼光，将重点从未来 10 年扩展到下一个世纪。我们将讨论 5 次伟大的（主要的）技术驱动的迁移，它们现在其实已经开始了。我们将看到，下一个世纪，人类将奏响迁移的五重奏，这些迁移将在未来 100 年内重塑全球人口结构和社会性质。

接下来，我们先把注意力转移到现在愈演愈烈的水资源危机上，再扩展到气候变化和物种灭绝上，然后再转移到技术性失业、"流氓"人工智能，以及其他呈指数级增长的威胁上去。

水资源危机

2018年，联合国政府间气候变化专门委员会（United Nations Intergovernmental Panel on Climate Change，简称"IPCC"）发布了《全球变暖特别报告》(*Special Report on Global Warming*)，报告中得出了一个明确的结论：人类已经破坏了地球。人类爱上了工业技术，却没能解决工业技术对环境造成的破坏，这让地球——用天文学家卡尔·萨根（Carl Sagan）的话来说，这是"我们所知的唯一家园"——迅速陷入了灾难。根据一些世界顶级气候科学家的说法，我们只剩下12年的时间来解决这个问题了。报告强调，如果不将全球变暖控制在1.5摄氏度以内，就会面临灾难性的后果。

几个月之后，世界经济论坛（World Economic Forum）发布的《全球风险报告》(*Global Risks Report*)也对上述观点表示支持。这份报告强调了人类未来十年将会面临的五大威胁。世界经济论坛传统上关注的是经济危机、石油危机、金融崩溃之类的事情，但是在2018年，对经济状况的担忧首次未能进入前五名。相反，今天最大的威胁都是自然生态方面的：水资源危机、生物多样性丧失、极端天气、气候变化和环境污染。

在后面的篇幅中，我们将探讨技术如何帮助我们解决世界经济论坛提出的这些威胁。当然，这并不是自动发生的，我们并不支持技术乌托邦主义的立场。毫无疑问，解决这个星球的生态灾难需要技术，也需要史无前例的大规模合作。如果我们能够齐心协力，人类还是有机会成功的。但是根据最近的这些报告来看，行动宜早不宜迟。

让我们来看看天才发明家迪恩·卡门（Dean Kamen）的故事。

迪恩·卡门是一个极客超级英雄，一个整天穿着牛仔服 T 恤衫的书呆子蝙蝠侠。在常人看来，他有很多怪僻。首先，他藏身在一个机密的地方，一个要塞般的孤岛，上面建了很多隐蔽的房间，配有直升机起降台。而且，在和平脱离美国之后，那个岛屿还拥有了自己的宪法。卡门的简历非常辉煌，他获得了超过 440 项不同的专利，包括胰岛素泵、机器人假肢和全地形轮椅等。他的许多发明都产生了非常巨大的影响。2000 年，时任美国总统比尔·克林顿授予他发明家的最高荣誉——美国国家技术奖（National Medal of Technology）。

在《富足》一书中，我们已经详细地讲述过卡门的"弹弓"的故事了，这是一项重大发明，以大卫用来打败歌利亚的武器弹弓命名。卡门发明"弹弓"的目的是对付另一个"巨人"：水资源短缺。这是人类面临的一个巨大的威胁。今天，全世界有 9 亿人无法获得清洁的饮用水，使水传播疾病成了地球上的头号杀手，每年都要夺去 340 多万人的生命，其中大多数是儿童。气候变化、迅速膨胀的人口，以及持续糟糕的资源管理，显然不会对缓解水资源紧缺问题起到任何作用。根据联合国的相关数据预测，到 2025 年，全球一半以上地区都将面临水资源短缺问题。

为了扭转这个趋势，卡门设计了"弹弓"，是一种蒸汽压缩蒸馏系统，由一台斯特林发动机提供动力，或是一个迷你冰箱大小的净水器，可以用任何可燃的燃料。"弹弓"的耗电力比一个吹风机还要少，但却可以净化任何来源的水：受污染的地下水、盐水、污水、尿液等，只要你想象得到。一个"弹弓"每天可以为 300 人提供干净的饮用水。那么，如果有十万台这样的机器会如何呢？这就涉及我们现在要讨论的大规模合作。

这也正是为什么我们要看卡门的故事。2012 年，当我们刚刚完成《富足》一书的写作时，"弹弓"刚刚完成了一轮试验，成功地为一些偏远的非洲村庄提供了几个月的清洁饮用水。与此同时，卡门还与可口可乐公司达成了一项"君子协定"。这位伟大的发明家同意为这个软饮料巨头设计一台更好的饮料售卖机，作为回报，可口可乐公司则同意利用他们的全球分销网络，将这款"弹弓"推广到更多的缺水国家。

双方都遵守了诺言。卡门帮助可口可乐公司设计了"自由式喷泉饮料售卖机"，它使用"微剂量技术"，能够按照顾客需要实时混合超过150种不同的饮料（这么多选择，简直会令人陷入选择困难症）。与此同时，可口可乐公司与其他10个国际组织合作，从2013年开始在全球各地推广"弹弓"，将这种机器作为该公司Ekocenter计划的核心组成部分。一个Ekocenter，一方面是一家普通的商店，另一方面也是当地社区的中心，它的外表像一个集装箱，以太阳能为动力，为偏远的低收入社区提供安全的饮用水、互联网接入、不易腐烂的商品（比如驱蚊剂）、急救用品等，当然，还有可口可乐公司自己的产品。到2017年，已经有150家Ekoccenter在8个国家投入运营了。在这些Ekoccenter当中，大部分都是由当地女性企业家持续经营的，每年分发的安全饮用水达到了7 810万升，这对于一份君子协定式的协议来说，应该算相当不错了。

而且，"弹弓"并不是我们唯一可以指望的东西。

多种技术已经开始汇聚到水资源问题上，成千上万的参与者正在研究各种各样的解决方法。高科技方面有注入纳米技术的海水淡化工厂；中等技术方面有太阳能地下水泵；技术水平较低的方面有拦截雾中水汽的方法。再举一个例子，卡门的"弹弓"正面临着比尔·盖茨支持的Omni水处理装置的竞争，Omni水处理装置可以将人类粪便转化为饮用水，同时产生电力和可以用作肥料的灰烬。

还有总部位于美国加利福尼亚州的Skysource公司，该公司获得了150万美元的"丰富水源X大奖"（Water Abundance XPRIZE），他们的技术可以每天从空气中提取 2 000 升水，足够 200 人使用了。而且，它使用的是可再生能源，成本不超过每升 2 美分。这个星球上的 70 亿人每天需要 3.5 亿到 4 亿加仑的水，类似 Skysource 公司这样的技术，在需要的时候，利用蕴含在大气中的水，可能是解决这个问题的唯一方法（因为在任何时候，大气中包含的水都超过了 12 千万亿加仑）。

或者，考虑一下"智能水网"（smart grid for water）吧。当多种指数型技术在农场中"相聚"时，智能水网就会应运而生。智能水网可以实现多种功能，从精确的土壤监测和作物灌溉，到虫害和病害的及时发现。尽管不同的研究小组得到的估计结果不尽相同，但是大多数研究都发现，智能水网每年能为我们节省数万亿加仑的水——这正是关键所在。人们并不缺乏技术知识，我们在水资源方面似乎很有智慧，但是实际执行起来却很愚蠢，往往会试图用一些琐碎的方法去解决整个生物圈的问题。

这也体现了指数型技术的典型发展曲线。水资源技术正在走出欺骗性阶段，进入颠覆性阶段，我们已经开始把所有这些零敲碎打式的努力拼合成我们实际上需要的全球解决方案了。我们之所以如此确信的原因是，水资源技术似乎落后于能源技术 5 年左右。我们很快就会看到，能源技术正在急剧扩大规模，成为解决全球变暖问题的全球性力量。

气候变化与能源危机

400 亿吨二氧化碳，这就是燃烧化石燃料的成本。是的，每年，我们都要向大气中排放 400 亿吨二氧化碳。怎么能更加形象地理解这个数字呢？2017 年，《科学美国人》的记者卡勒布·沙夫（Caleb Scharf）试图找到一个比较基准，最后选择了森林火灾。

树木会储存碳。如果你烧掉 1 英亩[①]的针叶林，会释放出 4.81 吨的碳。因此，释放 400 亿吨二氧化碳相当于每年烧掉 100 亿英亩的森林，而 100 亿英亩相当于 4 100 万平方千米。不幸的是，正如沙夫所解释的："整个非洲大陆的面积只有 3 000 万平方千米。这样的碳排放量相当于每年都要烧掉整个非洲，再加上另外 1/3 个非洲。"

这些排放是燃烧煤炭、石油和天然气的结果，是构成全球变暖的主要原因。事实上，根据碳专业数据库（Carbon Majors Database）提供的数据，自 1988 年以来，71% 的温室气体排放可以追溯到最大的 100 家化石燃料公司。也正是因为这个原因，在我们能够做的阻止气候变化的所有努力中，推广清洁能源几乎一直排在首位。大多数专家认为，这一转变包括三个主要部分：清洁能源生产、清洁能源储存和绿色交通。因此，在对现在面临的最大威胁的解决方案的研究中，我们将从能源生产开始。在这个领域，有很多的好消息。

数十年来，风能和太阳能一直呈指数型增长：价格快速下跌，同时性能却惊人地持续提高。相比之下，作为长期以来最便宜的能源，煤炭的发电价格大约为每千瓦时 6 美分。但现在这已经没有什么优势了。

20 世纪 80 年代，新建的风力发电厂的发电成本大约为每千瓦时 57 美分。而今天，在风能充沛的地方，成本为每千瓦时 2.1 美分（如果去掉所有补贴，则为 4 美分）。价格下降了 94%。专家预测，在未来 10 年，这个数字还将减半，到 2030 年，我们将会用上成本仅为每千瓦时 1 美分的风能。

太阳能发电则是一个更大的故事。在过去的 40 年里，制造太阳能电池板的成本降低了 300 倍。1977 年，用太阳能电池板发电 1 瓦的成本是 77 美元，今天则为 30 美分，也就是说价格下降了 250 倍。对此，奇点大

[①] 1 英亩 ≈ 4 046.86 平方米。——编者注

学能源、气候和创新部门的负责人拉姆兹·纳姆（Ramez Naam）解释说："这条价格－性能曲线与我们在能源领域所见的其他曲线完全不同。太阳能的爆炸性增长几乎相当于最基本的基础设施的数字化转型。"

这个热潮有助于解释世界上最大的私营煤炭公司皮博迪煤炭公司（Peabody Coal）申请破产的原因。事实上，这是意料之中的事情。在过去的十年里，随着美国8家最大的煤炭公司申请破产保护，煤炭股票的市值已经下跌了75%到90%。

随着煤炭发电的日渐消亡，取而代之的是可再生能源。北美洲最大的燃煤发电厂，位于加拿大安大略省的南提科克发电厂，最近变成了一个太阳能发电厂。英国现在用碳排放为零的材料发的电比煤炭还多。这个事实很能说明问题，因为当初就是煤炭帮助英国实现统一的。根据碳减排项目（Carbon Disclosure Project）的研究，2017年，全球100多个主要城市已经有70%的能源来自可再生能源了。同样是在那一年，哥斯达黎加全年有300天的时间是完全使用可再生能源的，还有许多其他国家也紧随其后。总的来说，目前世界上8%的电力来自太阳能和风能，而且新建一个新的风电场或太阳能发电厂的成本，已经比运营一个现有的燃煤发电厂更低了。

我们将拥有非常廉价的能源。

事实上，廉价的能源几乎无处不在。在美国阳光充足的地区，太阳能的价格是每千瓦时4.5美分。在印度，人们曾经认为煤炭会在21世纪的大部分时间里占据主导地位，但是现在太阳能的价格已经下降到了每千瓦时3.8美分了。阿布扎比则为每千瓦时2.4美分，在签订合同时，那是历史上最低的能源成本。但是不久之后，智利以2.1美分打破了这个纪录，随后巴西又以1.75美分再次打破纪录。在很多位于热带的国家，尤其是那些没有用过电的人居住的地方，太阳能已经成了那里可用的最便宜的能源。更加重要的是,世界上最贫穷的那些国家也是阳光最充足的国家,这将彻底颠覆传统的能源范式。

而且,未来还会发生更多的能源革命。材料科学现在正在与太阳能技术相结合,改变制造太阳能电池板的方式和这些电池板的工作方式。以"量子点"(quantum dots)为例,它本质上就是纳米级的半导体材料块,现在开始大量出现在太阳能电池中。重要的是能量转换率。一个典型的太阳能电池能将一个光子的阳光转化为一个能量的电子,这意味着,在今天非常高端的太阳能面板中,大约 21% 的入射阳光能够转化为输出能量。相比之下,"量子点"能够将输出能量增加 3 倍,即将 1 个光子转化为 3 个电子,从而将转化率提高到大约 66%。

科技不仅让太阳能变得更"有能",也让它变得更便宜。目前,太阳能发电的成本中有 2/3 来自"软成本"——土地、维护、太阳能跟踪装置等,电池板的成本则只占 1/3 左右。许多公司已经开始使用无人机来监控太阳能和风力发电场,并使用传感器以保证在太阳能电池板出现故障之前就能够提早发现。而且,我们很快就会部署机器人技术员进行太阳能和风力发电厂的安装和维护,并使用人工智能来监督这些机器人技术员。

我们之所以要花大量篇幅讨论太阳能和风能,其中一个原因是,这些技术本身也在融合,而且这种融合带来了巨大的好处。正如拉姆兹·纳姆所指出的:"当太阳落山之后,风就吹起来了,反之亦然。"风能和太阳能能够以小时为单位切换、以季度为单位切换。因此,让风能和太阳能在同一个能源网格上结合起来,相当于 1 加 1 等于 3。如果美国已经实现了这一点,那么现在就可以满足 80% 的电力需求了。

但是,最重要也是最明显的一点是,阳光不仅是免费的,而且也是很充足的。每 88 分钟,就有 470 艾焦(exajoules)的太阳能到达这个星球,相当于人类一年的能源消耗量。在 112 小时,也就是不到 5 天的时间内,地球就能从阳光中得到36泽塔焦耳（zettajoules）的能量，这相当于地球上所有已探明的石油、煤炭和天然气储量中所包含的能量。如果我们能捕获到这些能量的千分之一，就拥有了6倍于今天所使用的所有能源。虽然具体数据有所不同，但是风能大体上也是如此。因此当现在我们讨论能源的时候，就不再关乎稀缺问题了，而是关乎可得性问题了，而这正是历史上指数型技术已经成功地解决过很多次的那一类问题。

能源储存的故事

如果我们要让可再生能源规模化，就需要储存能源。无论是为了应对紧急情况，还是为了保持平静的心态，抑或是为了度过没有风和阳光的日子，电池都是至关重要的。我们将需要很多很多电池。

最近，加利福尼亚州决定，到2045年要实现100%使用可再生能源的情况。根据清洁空气工作小组（Clean Air Task Force）的数据，为了实现这一目标，加州需要3 630万兆瓦时的能源储备。那么，今天加州已经拥有了多大的能源储备能力？大约15万兆瓦时。换句话说，加州现在只实现了4%。

锂离子电池已经成为解决这一问题的首选方案。作为一项指数型技术，这种电池的价格已经连续下跌了30年，在1990年到2010年间暴跌了90%，之后又暴跌了80%。与此同时，锂离子电池的产能则增长了11倍。但是，怎样才有生产出足够的锂离子电池来满足需求这个问题却一直存在。

现在来看一下超级电池工厂——千兆工厂（Gigafactory）的情况。特斯拉试图通过它将全球锂离子电池产量提高一倍。位于美国里诺市郊外的这家超级电池工厂每年能生产出20吉瓦（gigawatt）的能量储存装置，这也是我们有史以来第一次看到如此大规模的锂离子电池生产。第二座千兆电池工厂已经在美国布法罗市建成，第三座将出现在上海，欧洲工厂的选址也已经在考虑之中了。虽然还有待观察，但埃隆·马斯克已经计算过，只要有100个这样的千兆工厂就可以储存地球所需的全部能源了。

特斯拉也证明了它们生产出来的电池是适合大规模使用的。2018年，在澳大利亚完成的对一个太阳能/风力发电厂进行升级的项目中，特斯拉在不到100天的时间里就建成了有史以来最大的电池设施，这个设施拥有100兆瓦的储能容量。这有什么了不起的吗？当然。这说明我们现在已经能够建造完全集成的太阳能/风能/电池工厂了，这种工厂能够以比煤炭还要便宜的价格生产电力。而且，我们可以用一个夏天的时间就迅速建成一座这样的工厂。

这些发展引起了其他汽车公司的注意。雷诺汽车公司开始建造基于他们自己的Zoe电池家庭储能系统，宝马汽车公司的500个i3电池组已经被集成到了英国的国家能源网中，丰田、日产和奥迪等汽车公司也都宣布了各自的试点项目。尽管如此，锂离子电池只是我们要说的电池故事的一部分。

液流电池（flow battery）则是另一部分。锂离子电池以金属等固体形式储存能量，而液流电池则以熔盐等液体形式储存能量。由于锂在干旱气候下是一种特别稀缺的资源（开采每吨锂需要50万吨水），因此用廉价而丰富的盐代替锂是一种有用的替代方法。

液流电池也可以满足不同的需求。因为锂离子电池重量轻，携带方便，所以非常适合移动技术。但是锂离子电池的缺点是耐用性差，通常一个锂离子电池只能充放电1 000次左右。液流电池则相反，它们体积大而笨重，但是可以循环充放电5 000到10 000次，因而可以连续使用几十年都不需要更换。这个特点使液流电池非常适合大型公用事业、数据中心和微电网的使用。例如，作为加利福尼亚州扩大可再生能源规模努力的一部分，圣地亚哥市最近安装了一种液流电池，它可以储存2兆瓦的电能，足够为1 000个家庭提供4小时的电力。

但现在，成本仍然是一个问题。液流电池目前比锂离子电池还要贵，但是它们的价格很快就会变得比锂离子便宜很多。比尔·盖茨旗下的突破能源基金（Breakthrough Energy Ventures）投资的Form Energy公司，正在研制一种含水的硫流电池，其成本只有同样容量锂离子电池的1/5。如果取得了成功，仅凭这个突破就可以满足我们90%的能源存储需求。

现在，数十种可供选择的不同储能方法正在冲击着市场。例如，Hydrostor等公司所采用的技术路线是，把压缩空气抽到储存罐和地下储存设施中，以这种方法制造电池的成本大约是传统电池系统的一半，而且可以连续使用30多年。此外，潜在的竞争者还包括飞轮、热能和抽水蓄能系统。

材料科学也正在促进储能事业的加速发展。麻省理工学院的研究人员正在用碳纳米管制造"超级电容器"，可以使电池容量增加50%。当然，未来还会增加更多。

因此，我们面临的挑战不是怎样用可再生能源来生产能源，也不是如何把产生的能源储存起来，而是如何在全世界范围内开展这些工作。这不仅仅意味着建设拉姆兹·纳姆所说的遍布整个大陆的智能电网，而且还意味着要在每一个大陆都建成一个智能电网。这是全球层面的资源管理，当涉及环境问题时，我们真的是全球一体的。

正在加速的电动汽车

能源拼图的最后一块是交通。在美国，汽车和卡车的燃料消耗量占能源预算的1/5。再加上飞机、火车和轮船，交通工具产生了美国温室气体排放量的 30%。从全球来看，这个比例也只是略低于 20%。尽管以电动汽车为主的自动驾驶汽车将会缓解这个问题，但是大多数专家认为，这种转变的速度仍然不足以将全球气候变暖控制在 2 摄氏度以内。

为了减少交通工具的碳排放，各地的监管机构一直在向汽车行业施压，并宣布未来将禁止销售汽油发动机和柴油发动机汽车。世界第四大汽车生产国德国是这条道路上的第一个先行者。早在 2016 年，他们就宣布，到 2030 年要分阶段逐步淘汰内燃机。不过第二年，挪威就超过了德国，挪威的禁令在 2025 年就将生效。而且，挪威人是真心支持这个想法的，2017 年，他们购买的新车中，52% 都是电动汽车。相比之下，2018 年美国的这一比例仅为 2.1%。

印度也加入了这个行列，目标是到 2030 年实现无化石燃料。作为全球最大的汽车市场，中国也在考虑出台一项禁令。与此同时，法国、德国、丹麦、瑞典、日本、荷兰、葡萄牙、韩国、哥斯达黎加和西班牙等都制订了电动汽车产销量的官方目标。

哪里有绿色，哪里就会有更多绿色，这也就是说，在感受到市场的重大转变之后，几乎所有大型汽车公司现在都已经开始生产或销售电动汽车了。可供选择的车型数量已经从 2010 年微不足道的两款，增加到 2019 年的 41 款。仅仅是福特公司一家，就将在 2022 年之前投入 110 亿美元用于 40 种汽车的电动化。戴姆勒公司的支出甚至超过了福特，该公司在 10 款纯电动汽车和 40 款混合动力汽车的研发上花费了 117 亿美元。但是，最大的单一投资者是大众汽车，该公司投入了 400 亿美元，决定要在 2030 年前实现 40 个车型的电动化。总的来说，全球汽车制造商已经投入了超过 3 000 亿美元的资金。

这些投资中有很大一部分都花在了电池上。除了与特斯拉在千兆工厂的合作之外，松下还与丰田合作开发了新的电池技术，保时捷和宝马正在合作开发超高速充电站。大众汽车已经投资成立了全新的 QuantumScape 公司，该公司生产的下一代固态电池价格低廉、重量轻，而且不像传统的锂离子电池那样容易着火。此外，这种电池的能量密度也应该能够提高三倍，从而使电动汽车的行驶里程非常接近于汽油动力汽车的行驶里程。

不过，续航里程现在仍然是个问题。如今，大多数电动汽车所用电池的续航里程都在 300 千米左右，但这个数字正呈上升趋势。近十年来，续航里程每年都在以 15% 左右的速度增长。到 2022 年，如果你购买的是一辆中档电动汽车，那么一次充满电将平均能跑 450 千米左右，而高档车的续航里程将达到 550 千米至 650 千米，这已经相当于汽油动力汽车的平均续航里程了。到 2025 年，也就是预计固态电池上市的那一年，电动汽车的续航里程将会达到 800 千米。事实上，许多人认为，这正是固态电池得到广泛使用的必要条件。

电动汽车的下一个难题是充电时间。加油站加满一箱油平均只需要不到 10 分钟，而电动汽车的充电时间，则一般都需要好几个小时（应充电器类型的不同而有所不同）。但是，市场力量和各种技术的融合大大加快了这一进程。例如，作为前面提到过的保时捷和宝马的合作成果，现在已经出现了一个 400 兆瓦的充电器，工作速度比一般的智能手机充电器快 2.5 万倍，能在 3 分钟内将行驶 100 千米所需的电量注入汽车电池，并且能够在不到 15 分钟内将电动汽车的电池从 10% 的电量充到 80%。特拉维夫的初创公司 StoreDot 能实现的充电速度甚至还要更快，该公司利用新材料开发出一种锂离子"闪速电池"，充电速度和超级电容器一样快，而放电速度则与普通电池一样慢，只需充电 5 分钟，就可以让你跑上 300 英里。这个充电速度相当于每分钟充行驶 60 英里所需的电量。

充电站是否随处可用是最后一个问题。不同人估计的具体数量也许略有不同，但是大多数业内人士都认为美国至少有 15 万个加油站，每个加油站平均有 8 台加油泵，因此全国总计有 120 万台加油泵。相比之下，美国目前只有 6.8 万个电动汽车充电装置。但这些数字是有很大误导性的。

它们不包括居民自己的充电设施，而居民充电设施才是电动汽车的首选充电地点。ChargePoint 公司已经筹集了超过 5 亿美元资金，要在 2025 年之前建造 250 万个充电端口，一半在欧洲，一半在美国。如果成功的话，ChargePoint 公司将会使充电端口的可用性与加油泵的可用性相提并论。

值得一提的是，电动汽车的电池还可以用来应对极端天气。2017 年，美国家庭平均每天的用电量为 29.5 千瓦时，而特斯拉 Model-S 的平均电池容量为 85 千瓦时。这也就意味着，在紧要关头，一辆充满电的 Model-S 可以为三个美国家庭供电差不多 24 小时。所以，如果飓风袭击了南佛罗里达，特斯拉可以作为紧急备用电源系统使用。随着人工智能驱动的智能电网的出现，电动汽车就可以变成全国性电网的节点，一个移动的后备发电机舰队，时刻都可以为即将到来的极端天气做好准备。

生物多样性危机

为了全面了解我们现在面临的日益恶化的环境威胁，我们必须分析一下物种灭绝和生态系统崩溃的情况。气候变化、森林砍伐、污染、过度捕捞以及其他因素共同造成了巨大的生物多样性危机。根据联合国的数据，现在每一天都会是糟糕的一天，每一天有 200 个物种灭绝，40% 的昆虫种类在减少。人类的近亲黑猩猩、大猩猩，实际上所有的灵长类动物都濒临灭绝。按照目前的灭绝速度，到 21 世纪末，50% 的大型哺乳动物将消失。

海洋生物的情况可能更加糟糕。超过 3/4 的珊瑚礁已经处于危险之中。这些珊瑚礁是全世界 25% 生物多样性的保证，支撑了 5 亿多人的生计，又生产了大气中 70% 的氧气。然而，如果目前的情况没有任何变化，那么到 2050 年，90% 的珊瑚礁将消失。而海洋的其他地方，情况也不会好到哪里去。预计到 2100 年，50% 的海洋生物将消失。

生物多样性是我们保持生态系统健康、维系生态系统服务的基础。所谓生态系统服务，指的是地球为人类做的、靠我们自己无法做到的所有事情，包括氧气制造、食物生产、木材供给、授粉、防洪、气候稳定等，总共可以列出36个大类。现在，由于生物多样性的丧失，这些服务中有60%已经严重退化了，从长期来看都是不可持续的。

那么，我们怎样才能保护生物多样性并维系生态系统服务呢？并没有简单的、一劳永逸的解决办法，但是我们可以重点讨论一下有助于扭转局势的5个进展。

1. **无人机造林**：在陆地上，森林是生物多样性的"支点"，这也正是为什么森林滥砍滥伐是物种灭绝的最大驱动因素之一。森林破坏的规模是极其巨大的。每一年，我们都要失去1 870万英亩的森林，这相当于巴拿马整个国家的土地面积。由于树木是碳汇主体，因此，森林砍伐也占到每年温室气体排放总量的15%。那么，如何应对工业化的森林砍伐呢？只有工业化的重新造林。

   美国国家航空航天局一位前雇员创办的英国生物碳工程公司（BioCarbon Engineering）已经开发出人工智能引导的植树无人机。这些无人机先绘制出一个区域的地图，以确定主要的植树地点，然后向地面发射隐藏在生物可降解"导弹"中的种子荚。这些种子荚中包含着一种专门定制的凝胶状生长介质，一方面可以起到缓冲的作用，另一方面还可以作为加速植物生长的营养分配器。一名飞行员可以同时驾驶6架无人机，每天种植的树木多达10万棵。生物碳工程公司打算组建一支由1万架无人机组成的"军队"，在全球范围部署，每年可以种下10亿棵树。

2. **珊瑚礁恢复**：珊瑚礁是海洋中的"森林"，所以如果我们想让海洋恢复健康，就必须先修复珊瑚礁。目前正在研发的珊瑚再生技术至少有6种，其中莫特热带研究实验室（Mote Tropical Research

Laboratory）的海洋生物学家戴维·沃恩（David Vaughan）博士领导团队的工作最激动人心。沃恩利用了组织工程技术，在不到两年的时间里就找到了再生百年珊瑚的有效方法。正常的珊瑚只有在成熟的时候才会产卵，这可能需要 25 年到 100 年的时间，而沃恩培育的珊瑚在两岁的时候就开始繁殖，这是我们第一次有机会从根本上补充珊瑚礁。

3. **水产养殖再造**：渔业是海洋野生动物数量下降的最大原因之一。目前，全球 1/3 的渔场产出已经超过了它们的极限。更好的渔业管理是至关重要的，但我们在加强管理的同时也可以实现增长。利用组织工程技术，我们能够用干细胞生产出牛排，与此类似，我们也可以用干细胞培育出鲯鳅鱼、蓝鳍金枪鱼等。事实上，现在已经至少有六七家不同的公司在这样做了，它们试图把从人工培育的三文鱼到实验室培育的龙虾等一系列"人造"海鲜，送上我们的餐桌。

4. **农业改造**：植物和动物都需要生长空间，大片原始的、不受干扰的栖息地（包括陆地和水中）对它们的繁衍生息尤为有利。目前，地球上 15% 的土地是受保护的野生土地。生物学家爱德华·威尔逊（E. O. Wilson）①和其他一些专家认为，为了避免现在许多人担心的所谓"第六次大灭绝"，可能需要将半个地球保护起来。这也就提出了一个关键的问题：我们到哪里才能找到这么大的一块土地？

  简而言之，我们必须将重新造林和农业革新结合起来。现在，全世界大约有 37% 的陆地和 75% 的淡水资源都被用于农业，其中 11% 用于种植农作物，其余用于生产牛肉和奶制品。然而，农业所需要的土地总数正在减少。不仅被农民"放弃"的土地数量在不断创下历史纪录，而且我们在"食物的未来"一章中描述的所有创新——人工

---

① 爱德华·威尔逊在其著作《半个地球》中也探讨了相关问题，其中文简体字版已由湛庐策划、浙江人民出版社出版。——编者注

培育牛肉、垂直农场、转基因作物等，都可以让我们用更少的土地资源生产出更多的农产品。所以，这里的基本想法很简单：把多余的土地还给大自然。

5. **闭环经济**：污染是我们现在面临的另一个巨大威胁。医学杂志《柳叶刀》(*Lancet*) 2017年发表的一项研究估计，污染每年会导致900多万人死亡，造成近5万亿美元的损失。而且，污染对大自然的影响可能更加严重。很明显，温室气体污染是最大的危险，同时河流中的化学物质、海洋中的塑料和空气中的微粒也正在扼杀这个星球上的生命。

   那么，我们能做些什么呢？从以石油为基础的经济转向以可再生能源为动力的经济肯定会有所帮助，但我们还需要做出更大的努力。或许可以说，最大的救星可能是"从零到零"的制造工艺。采用这种生产工艺的企业可以做到完全无垃圾生产，而不用再通过填埋等方法处理垃圾。正在走这条路的企业已经越来越多了：丰田、谷歌、微软、宝洁等不胜枚举。重要的是，这不仅有利于环境，也有利于企业自身。通用汽车公司最近报告说，他们在过去几年里利用152个零废物生产设施节省了10亿美元。

在本章的开头，我们强调了世界经济论坛提出的五大威胁——水资源危机、气候变化、生物多样性丧失、极端天气和污染。我们已经分别讨论了这五个问题的解决方法，但是它们并不是孤立的问题。

极端天气源于气候变化，但它的影响还会被其他问题所放大。以缅甸伊洛瓦底江三角洲为例，这里曾经是生物多样性的一个热点地区，也是地球上最大的红树林家园。但是，在过去的几十年里，伊洛瓦底江三角洲差不多75%的地区都遭到了过度砍伐，从而导致诸如防洪等基本生态系统服务丧失。2008年，当一场飓风袭击了这个地区后，超过13.8万人死于洪灾，这主要是因为可以作为防洪屏障的红树林消失。

但是，正如这些交叉问题一样，我们得到的解决方案也是交叉的。现在，生物碳工程公司的无人机正在伊洛瓦底江三角洲地区重建森林，目前已经完成的面积是纽约中央公园的两倍。这不仅可以为野生动物提供急需的栖息地，还能够重新启动诸如防洪等生态服务系统。此外，由于红树林储存的碳量是普通森林的三倍，完成重新造林后，这个三角洲将会成为对抗全球变暖的宝贵工具。

换句话说，"生命之网"并不只是一个比喻，蝴蝶效应也绝不是空穴来风。我们在上面重点讨论的这些解决方案都可以同时解决多个问题。但是关键在于，我们现在就必须全力以赴。斯坦福大学的研究人员认为，在生态服务系统彻底"关闭"之前，我们还有三代人的时间来阻止物种灭绝。联合国政府间气候变化专门委员会估计，我们只有12年时间将全球变暖控制在1.5摄氏度以内。然而幸运的是，我们已经拥有了应对这些挑战所需的技术，而且由于它们正在融合，技术会继续改进。我们创新的速度，可能已经赶上了问题恶化的速度。合作是整个拼图中缺失的一块。问题在于，在我们努力以所需的速度向可持续发展转变时，我们既可能是机会，也可能是障碍。

经济风险：技术性失业的威胁

在讨论我们面临的各种风险时，环境问题是最重要的，但最近一段时间以来，自动化带来的技术性失业问题，开始与环境问题一起成为世人关注的焦点。报纸杂志的头条新闻越来越多地宣称，机器人和人工智能将取代人类的工作。近年来，麦肯锡、高德纳和德勤等主要咨询公司都发布报告称，技术性失业将是不可避免的。牛津大学的一项研究则发现，在未来的几十年内，美国47%的工作岗位都会受到威胁，而在世界其他地区，这一比例可能高达85%。

但事实却并非如此。以就业市场为例,这应该是即将到来的机器人末日迹象的第一个地方。不过,正如记者兼作家詹姆斯·索罗维基(James Surowiecki)在2017年《连线》上发表的一篇文章中写到的:

> 现在失业率低于5%。美国许多州的雇主都在抱怨劳动力短缺,而不是劳动力过剩。虽然数百万美国人在大衰退后退出了劳动力大军,但是现在他们又回来了,而且找到了工作。更加引人注目的是,随着劳动力市场状况的改善,普通工人的工资也得到了提高。当然,以历史标准来衡量,这种工资增长可以说是微不足道的,但它们的增长速度确实高于通货膨胀率的增速,也高于生产率的增速。如果人类工人真的处在被淘汰的快车道上,这种情况就不可能发生。

历史早就讲述过类似的故事。从理论的角度来看,可以说自19世纪早期卢德主义者挥起大锤砸向工业织布机以来,工人们就一直处于被淘汰的快车道上。1790年,90%的美国人以务农为生,如今,这个数字已经下降到不足2%。那么这些工作彻底消失了吗?并不完全是这样。在美国,先是从农业经济转变为工业经济,然后再转变为服务经济,现在又进入信息经济时代。自动化带来的工作替换,远远超过了工作淘汰。

因此,即便实现了自动化,也不一定会导致有些人预测的那种可怕结果。以自动柜员机为例。当它们在20世纪70年代末首次推出时,有人就担心银行出纳员会遭到大规模裁员。1995年到2010年,美国的自动取款机数量从10万台增加到40万台,但是结果并没有出现大量出纳员失业的情况。由于自动取款机降低了银行的运营成本,银行的数量增加了40%。更多的银行也就意味着需要有更多的人类银行出纳员,这就是为什么银行出纳员的就业岗位在这个时期不降反增的原因。

正如记者T. L. 安德鲁斯(T. L. Andrews)在《石英》(*Quartz*)杂志

上指出的那样，纺织业也是如此："尽管现在98%制造原材料的工作已经实现了自动化，但是自19世纪以来，纺织业的工作岗位数量一直在增加。"律师助理和法律文书工作也是如此。许多人曾经预测，这两个职业的从业者会因为人工智能的出现而失业。但事实表明，20世纪90年代引入律师事务所的证据发现软件实际上却导致了相反的结果。原因在于，人工智能是如此擅长发现证据，以至于现在律师必须雇用更多的人手来筛选大量信息，因此，律师助理的就业人数增加了。

提高生产率是企业想要推进自动化的主要原因。然而历史一次又一次证明，最能提高生产率的，并不是简单地用机器取代人类，而是通过人类去提高机器的能力。对此，埃森哲咨询公司的詹姆斯·威尔逊（James Wilson）和保罗·多尔蒂（Paul Daugherty）在《哈佛商业评论》上撰文解释道："当然，许多公司已经使用人工智能来实现流程自动化，但是那些企图利用人工智能来取代员工的公司，最多只能在短期内提高生产率。"我们在对1 500家公司进行调查后也发现，当人和机器一起工作时，公司的绩效提升最为显著。以宝马为例，当他们用人类/机器人团队取代了传统的自动化装配线之后，生产率明显提高了85%。

同样值得指出的是，每一次，当一项技术呈现出指数型增长的势头时，我们都会发现蕴藏在其中的在整个互联网层面扩展的机会。利用这些机会本身需要完成某种适应，而这就需要劳动力再培训，因而最终的结果是工作岗位的净增加。不妨先看看互联网本身。麦肯锡的研究表明，从中国、俄罗斯和美国等13个经济体的数据来看，互联网每摧毁一个就业岗位，就会创造2.6个新就业岗位。总的来说，在这13个经济体中，网络的扩展贡献了10%以上的GDP增长，而且这个数字现在仍然在继续增大。

毫无疑问，某些工作岗位正在走向消亡。不过，尽管许多专家都预测，技术性失业将在21世纪30年代产生更大的影响，但在下一个10年里，他们的预测涉及的许多工作本身都可能会成为回忆。从卡车司机、出租车司机，到仓库工人和零售员工，机器人都在咄咄逼近。Amazon Go 可能不是所有收银员的末日，但是继续在杂货店、便利店和加油站工作的人确实会比现在更少一些。

真正的问题是，在这些影响扩大之前，我们是否有足够的时间对劳动力进行培训。

答案似乎是肯定的。例如，高盛的一项研究表明，自动驾驶汽车每年将会吞噬 30 万个驾驶岗位。但是这些研究者同时还声称，我们将有 25 年的时间来完成这一转变，但这个结果却没有引起多少关注。同样重要的是，每一个教育进步，从用虚拟现实加速的学习环境，到人工智能导向的学习课程，都将使再培训变得更容易、更快速、更有效。最后，在人工智能变成我们与技术的友好界面之后，我们将会看到再培训所需技能的转变。对于大量的工作来说，技术的流畅性和敏捷性，将会取代对深度技能的掌握。

这同样取决于我们是否能够实现大规模合作。2018 年 7 月，美国出现了 670 万个工作岗位空缺，劳动力短缺创下了历史新高。在这里，不仅有工作机会，而且还有创纪录的就业人数。怎样才能迅速培训劳动力以填补这些工作岗位空缺？这是我们尚未解决的一个挑战。

存在风险：远见、预防和治理

2002 年，一位当时还不太知名的牛津哲学家尼克·博斯特罗姆（Nick Bostrom）在《进化与技术》杂志上发表了一篇论文，提出了"存在风险"（existential risk）这个概念。几年后，博斯特罗姆因为他的"模拟假说"（simulation hypothesis）一举成名，"模拟假说"令人信服地证明了我们是生活在一个"母体"之内的。他于 2002 年发表的这篇早期论文也引起了轰动，因为它把几乎所有读到它的人都吓得"惊慌失措"。

博斯特罗姆在这篇论文中描述了一种新的威胁，也就是所谓的"存在风险"，也被称为"全球灾难性风险"，但种类略有不同。传统上，"全球灾难性风险"指的是所有灾难性事件，从杀死地球上的大部分生物的小行星撞击到全面的核战争。但是，博斯特罗姆想让我们知道的是，现在又出现了一种新的威胁。在他看来，指数型技术有发展成为人类自身的"存在风险"的可能。

纳米技术失控，也就是 K. 埃里克·德雷克斯勒所说的"灰蛊"（grey goo），就是一个人们熟知的例子。另一个假想的例子是，一个愤怒的人工智能突然觉醒过来，入侵了北美防空司令部，向全世界发动了核武器袭击。人们设想的其他一些例子还包括，某个转基因生物飞速繁殖，压垮了整个生态系统；网络恐怖分子控制了电网让整个纽约陷入无边黑夜；生物黑客以埃博拉病毒为武器让旧金山变成一个"死城"，等等。这些都属于科技博览会之夜发生的恐怖事件。也就是博斯特罗姆提出的令人战栗的论点：人类正走在一条通往至幽至暗之所的崎岖道路上。

然而，我们真的会如此吗？

这是一个有很大争议的问题。当然，像埃隆·马斯克和已故的伟大科学家斯蒂芬·霍金这样的思想领袖其实也一直在直言不讳地谈论"存在风险"，像牛津大学和麻省理工学院这样令人敬畏的学术机构也都成立了专门的研究部门。但总的来说，对于这个问题，依然是众说纷纭。无论如何，试图找到人类生存下去的准确概率的努力，注定是徒劳无益的。不过，尽管出现了这种混乱局面，我们还是开始形成若干共识。但这还不是解决方案，只能说是解决方案所属的大致类别：远见、预防和治理。

远见

远见是时间的视野，即我们选择展望多久远的未来。我们的大脑是在一个注重"即时性"的时代中进化出来的,所以人类其实是一个"短视"的物种——今天,要怎么做才能避免被老虎吃掉;要怎么做才能找到足够的食物养活我的家人。如果说人类有什么长远考虑的话,那就是如何找到一个温暖的地方来适应冬天的变化。换句话说,进化塑造了我们的时间视野,只能看到 6 个月左右的未来。

当然,后来人类又进化出了扩展这种时间视野的方法。延迟满足这个心理学术语就是用来描述这种现象的,而且人类的一个显著特征就是拥有将延迟满足进一步延迟到超越寿命极限的能力。例如,通过承诺来世幸福来塑造今天行为的宗教,就是依赖这个机制的,没有任何其他动物能够做到这一点。

但我们现在似乎正在失去这种能力。《全球概览》创始人斯图尔特·布兰德(Stewart Brand)在一篇为恒今基金会(Long Now Foundation)撰写的文章中这样写道:"文明正在向病态的、只能短暂地保持注意力的方向'复兴'。这种趋势可能源于技术的加速发展、市场驱动型经济学的短期化视角、民主制度下只关注下一次选举的任期视角,或者源于个人承担多个任务导致的分心。所有这些因素都在变大。这种短视需要加以平衡和纠正。"

布兰德想出来的纠正方法与恒今基金会有关。这个基金会最著名的一个事件是在美国内华达州大盆地国家公园腹地的一个山洞深处建造了一座大钟。设计建造这座钟的目的是保证一万年内都能准确计时,但是它真正的用途其实是心理上的:可以让我们站在一万年的时间尺度上思考问题。恒今基金会的最终目标是让人们明白,如果你试图防范存在风险,那么你需要考虑长远。

预防

那么,如何在现实世界中进行长远思考呢?预防。荷兰就是一个很好的例子。荷兰的大部分地区都位于海平面以下，所以它是整个欧洲受气候变化威胁最大的国家。但是，荷兰并没有把不断上升的涨潮水位看作一个需要在短期内快速解决的问题来解决，比如试图通过修建更高、更大的海堤，而采取在短期中需要维护，在长期中最终需要替换成采取长期性的积极措施。对此，"从荷兰人的思维方式来看，"《纽约时报》的迈克尔·基梅尔曼（Michael Kimmelman）解释道，"气候变化不是一个假说，也不是对经济的一种拖累，而是一个机会……荷兰人正在开辟一条独特的前进道路。从本质上讲，只要有可能，就要让水进来，而不是试图去征服大自然。要与水共存，而不是与水抗争。荷兰人设计了湖泊、车库、公园和广场，这些地方不仅是日常生活的好去处，当海水涌进和河流溢出时，还可以作为巨大的水库。"

另一个例子是人工智能、网络、传感器和卫星等指数型技术的融合。通过这种融合，我们获得了开发一个全球性威胁网络探测的能力，这比目前存在的任何探测工具都要复杂得多。这方面的建议涉及范围很广，比如全球性的粮食网络监测（以防止灾难性的饥荒或恐怖袭击）；空气嗅探器（它能够探测一切隐含了风险的气味，从引起瘟疫的病原体，到核材料）；流氓人工智能探测器（大体上说，那就是用来追捕流氓人工智能的人工智能）。

所有这些看起来似乎都相当古怪，但考虑一下对于小行星撞击导致的灭绝事件的探测。20年前，这种想法还介于阴谋论与好莱坞惊悚片之间。而今天，它已经得到落实：一是"哨兵系统"（Sentry System），它是由美国国家航空航天局的喷气推进实验室为了"监测可能地球受到的撞击"而设计的；二是美国国家航空航天局的"DART"项目，那是人类为行星防御而设计的第一个引导小行星偏离轨道的任务。

另外，我们已经使用卫星成像技术跟踪野火相当长一段时间了，虽然这种技术没有那么"未来主义"，但是至少也称得上"超凡脱俗"。2018年，美国国家航空航天局开始训练人工智能解读有关野火的数据。一年之后，他们的神经网络能够以98%的准确率从太空探测到森林火灾了。

还有很多研究人员正在探讨如何处理所发现的火灾。消防无人机已经在研发中了。未来的十年之内，基于太空的森林火灾定位人工智能，将与地面上的自动灭火无人机进行实时通信，这并不是一个不可企及的目标，而且，它只是紧急服务非物质化的一个早期步骤而已。

这种思考在一定意义上可以说是强制性的。即便没有技术的进步，地球本身也是一个不断变化的生命系统。最初，地球的大气层是由甲烷和硫黄组成的，直到一种叫作氧气的"毒气"出现，然后一切都被颠覆了。恐龙曾经是我们这个星球上的超级霸主，但是现在恐龙只有在博物馆里才拥有一席之地，在寂静无人时暗自"庆祝"它们曾经的超级霸主地位。在这个动荡的世界里，除非我们想加入恐龙的行列，否则我们就必须掌握预防的艺术。

治理

在这样一个瞬息万变的世界里，预防可能是战胜存在风险的关键，但是适应性和灵敏性才是预防的最终保证。然而，当今社会的组织方式并不具备这些特点。大多数组织和制度都是在另一个时代建立的，而那个时代的成功是用规模和稳定性来衡量的。因此，在20世纪的大部分时间里，衡量商业成功的标准是员工规模大小、拥有资产多少等。

而在我们现在这个指数型世界里，灵敏性胜过了稳定性。因此，当你可以租用它的时候，为什么还要去买下它呢？既然可以众包，为什么还要租赁呢？爱彼迎已经成功打造了世界上最大的连锁酒店，但是却连一间客房都没有。优步和来福车几乎取代了所有主要城市的出租车公司，但是它们连一辆自己的出租车都没有。虽然有人认为，只有在商业活动中才需要如此高的灵活性，但是我们想要说的是，治理上也同样需要。

大约三百年前，那是一个革命之后的年代，人们形成了关于政府的现代观念，当时民众对摆脱暴政的渴望与对稳定的渴望同样强烈。也正因为如此，作为现代西方民主制核心的多议院制出现了，它是为了保证权力制衡而创造出来的冗余的政治制度。为了对抗暴政和避免不稳定，这种制度被设计成了只能缓慢而民主地发生变化。

但是，我们的指数型世界需要更快的反应速度。

自1997年以来，波罗的海小国爱沙尼亚已经成为电子治理的先驱，或者说，爱沙尼亚已经将传统上最迟缓、最顽固的部门数字化了。目标是大大减少反应时间。你有需要政府解决的问题吗？在世界上的几乎任何一个国家，这都意味着漫长的排队时间、没有尽头的繁文缛节和层出不穷的麻烦事。但是在爱沙尼亚，99%的公共服务都是在线完成的，而且用户界面非常友好。公民在不到5分钟的时间内就可缴纳好税款，在世界任何地方都能安全地进行投票，并可以从一个分散的、受区块链保护的数据库访问所有医疗信息。爱沙尼亚政府估计，由于克服了官僚主义，该国已经总计节省下了800年的工作时间。

在爱沙尼亚这个榜样的鼓舞下，世界各国政府也都开始拥抱数字化。许多初创公司也在这个领域提供了很多帮助。OpenGov公司将政府财政收支的迷宫变成了一系列容易阅读和理解的饼状图；Transitmix公司的应用程序可以用来完成实时的、数据驱动的交通系统规划；Appallicious公司创建了一个灾难援助"控制面板"来协调各种紧急响应；Social Glass公司则力促政府采购快速、合规和无纸化。

大型科技公司也在行动。例如，字母表公司的Sidewalk Labs正在与加拿大政府合作开发面向未来的智慧城市项目Quayside。这个智慧城市社区位于多伦多工业码头，它"雇用"机器人投递邮件，同时让人工智能利用传感器数据来管理从空气质量到交通流量的所有事情。整个城市景观都散发着"积极的能量"，也就是说，都符合绿色标准，并为可持续的再生能源为动力。但是，真正让这个项目不会只成为一个有趣的房地产新闻标题的，却是如下事实：所有为 Quayside 智能社区开发的软件系统都将是开源的，所以任何人都可以使用。这肯定会加速智慧城市的发展。

从美国国家航空航天局的小行星探测计划，到荷兰"与水友好共存"的重新设计，再到爱沙尼亚灵活的电子政府治理，所有这些措施中的任何一项都足以降低指数型风险吗？答案介于"完全不能"和"未完全"之间。但是，我们有三个感到乐观的理由。

第一，技术授权。500 年前，有可能应对这类全球性重大挑战的只有各国的王室；30 年前，则是大公司或政府；今天，却是我们所有人。指数型技术让小团队也有能力解决大问题。第二，机会。我们在《创业无畏》中提出的一个核心观点是，世界上最大的问题同时也意味着最大的商机。这意味着我们面临的每一个风险，无论是环境风险、经济风险还是存在风险，实际上都是创业和创新的基础。第三，融合。我们倾向于以线性方式思考我们所面临的危险，试图把昨天的工具应用到明天的问题上。但是在未来的十年里，我们将经历以往百年以上的技术进步。事实上，我们很快就能拥有的许多最强大的技术——人工智能、纳米技术、生物技术——现在才刚刚开始出现。所以，是的，我们面临的威胁虽然可能看起来很可怕，但已经拥有的解决方案只会继续增强我们的力量。

第 14 章

未来世界的 5 次大迁移

人类是一个迁移的物种。在过去的七万年里，我们走出了非洲，并继续在各大洲"流浪"。① 我们爬上了高山、穿过了森林、游过了江河、跨越了大陆、渡过了海洋，最终，我们到达了地球的每一个角落。这本身是一种由人口外流驱动的创新。在我们离开旧日的一切，寻找新的生存空间的过程中，我们创造出了思想、技术和文化。这个过程不仅关乎哈莱姆摇摆舞（Harlem Shake）是怎样传播开的，也关乎我们所有人是如何走到今天的。

当然，这绝不是一段轻松的旅程。人类经历的许多大规模迁移都开始于人们的逃离行动——逃离危险、灾难和我们现在笼统地称之为"历史"的一切无法言说的恐惧。然而，尽管移民往往起源于冲突和悲剧，但是从长远来看，移民对文化产生了积极的影响。牛津大学全球化与发展教授伊恩·戈尔丁（Ian Goldin）和杰弗里·卡梅伦（Geoffrey Cameron）在他们的著作《杰出人士》（*Exceptional People*）一书中这样解释道：

---

① 想要了解关于人类祖先迁移的故事，可以阅读古人类 DNA 领域的先驱者大卫·赖克的《人类起源的故事》，其中文简体字版已由湛庐策划、浙江人民出版社出版。——编者注

人类共同体和世界发展的历史突出地表明，移民一直是社会进步的重要引擎。透过移民的镜头审视人类共同的过去，我们就可以体会到，跨越文化边界的人口流动是怎样导致了我们今天所处的全球化和一体化的世界的……随着人们的迁移，他们遇到了新的环境和文化，这迫使他们适应和创造新的做事方式。信仰体系和技术的发展、农作物的推广和生产方法的推广，往往源于移民的经历或遭遇。

正如戈尔丁和卡梅伦所描述的那样，移民不仅仅只是人们在移动，也是思想在流动。移民一直是进步的主要动力，是创新的加速器。几年前，经济学家佩特拉·莫泽（Petra Moser）决定尝试将这种加速器的影响量化。在某种程度上，这项研究是他基于个人经历的一种探索。"我在斯坦福大学的同事中，有一半以上都是移民，"莫泽有一次告诉记者说，"我（想）确定，改变这些高技能移民流动的政策是如何影响科学和创新的。"

为了回答这个问题，莫泽和她的团队决定深究一个古老的"传言"：逃离纳粹德国的德国犹太人对美国的创新产生了巨大的影响。如果这是真实的，那么这就是一个大规模的移民潮所造成的巨大影响。

大规模移民潮始于1933年4月。当时，阿道夫·希特勒颁布了臭名昭著的《恢复职业公务员制度法》（Law for The Restoration of The Professional Civil Service），禁止所有"非雅利安人"在政府中任职。数以万计的人因此失去了工作，包括消防员、警察、教师，当然最重要的是还包括学者。就在希特勒成为德国总理的两个月之后，不祥之兆就出现了。在接下来的十年里，超过13.3万名德国犹太人逃到了美国。这就相当于南卡罗来纳州查尔斯顿市每一个活着的人都搬到了得克萨斯州。或者，如果南卡罗来纳州的人口中也包括爱因斯坦和其他5位诺贝尔奖得主的话。

为了度量这种移民涌入的影响，莫泽决定从化学专利着手。然后，她将研究扩展到几乎每一个技术领域，统计了从 1920 年到 1970 年专利申请和批准的数量。为了追踪移民的影响，她的团队一共调查了 50 多万项发明的相关记录。

莫泽发现了什么呢？结果表明，这种迁移确实是一个创新加速剂，与我们前面讨论的几乎所有力量相比毫不逊色。在德国犹太人进入的每一个领域，专利增加了 31% 左右。当时，反犹太主义在美国非常猖獗，很多犹太移民被禁止从事自己选择的职业。当莫泽和她的团队针对这个事实校正了数据之后，他们发现移民者实际上可以解释 70% 的专利增长。

虽然莫泽的研究证实了前述"传言"，并让我们得以从不同的角度看待移民的力量和历史上的这个"特殊"时期，但更值得注意的可能是，其实这并没有什么特别的——移民推动创新这种模式一直延续到了今天。例如，新美国经济携手合作联盟（Partnership for A New American Economy）于 2012 年发表的一项研究发现，美国获得专利数量排名前十的大学所获得的每四项专利中，就至少有一项专利的发明者是在其他国家出生的。

考虑这个趋势的另一个视角是通过所谓的"产品再分配"，表示新产品和新服务进入市场并迫使旧产品和旧服务退出市场的速度。这说的也就是经济学家约瑟夫·熊彼特（Joseph Schumpeter）所说的"创造性颠覆"。研究人员认为，产品再分配是衡量创新影响力的黄金标准，比用专利数量来衡量更好。

几年前，加利福尼亚州大学圣迭戈分校的研究人员发现，移民和这个黄金标准之间存在着直接的相关性。通过追踪 2001 年至 2014 年间每一家雇用高技能外籍工人的美国公司的产品再分配率，他们发现了一个非常清晰的信号。拥有高技能外籍员工的公司创新率和这些创新对市场的影响都明显更高：高技能外籍员工的工资每增加 10%，产品再分配率就会提高 2%。而且，不管公司在研发上花了多少钱，情况都是如此。

移民对创新的影响同样适用于移民对创业的影响。尽管有很多人声称移民抢走了本国民众的工作，但是数据表明的情况恰恰相反。移民更有可能创造新的就业机会，而不是窃取就业机会。

在美国，移民创办新企业的可能性是美国人的两倍，创造的新就业岗位则占所有新就业岗位的 25%。从 2006 年到 2012 年，33% 的曾经获得过风险投资的上市公司中至少有一位创始人是移民。在《财富》500 强企业中，40% 是由移民或其子女创办的。2016 年，一半左右的独角兽公司是由移民创立的，每个这样的公司至少可以提供 760 个新工作岗位。

为什么这一点如此重要？

有两个原因。首先，应对第 13 章所概述的那些挑战需要重大的创新。我们需要提出新的想法来化解环境和生存风险，需要创造新的工作岗位来取代那些即将被机器人和人工智能淘汰的工作岗位。其次，为了实现这些想法，我们还需要更大规模的全球性合作，以及跨越国界、文化和地域的深切"同理心"。我们很快就会见证这一切（甚至更多）的发生，而这又要归功于全世界迄今为止最大规模的五大迁移。

在这一章中，当我们将视野从下一个十年扩展到下一个世纪时，我们将会见证超大规模的移民潮。在某些情况下，我们是出于一些早就为人熟知的原因而移民的，比如为了避免环境灾难和追逐经济机会，不过是在更短的时间期间内、更大的数量级上完成的。而在另一些情况下，我们正在跨越从未跨越的边界：离开地球进入外太空；脱离常规现实，进入虚拟现实；如果脑机接口等尖端技术的发展持续加速，从个体意识迁移为集体意识，即在技术上可行的蜂群意识，或者，对那些痴迷"星际迷航"的人来说，会转变为一个更友善、更温和的"博格人"。

所以，女士们，先生们，请系好安全带，不要将头和手伸出窗外。移民是一个非常重要的加速器。在接下来的一百年里，由于马上要讨论的五个大迁移，我们很快就要与所知的世界玩"现在你看到它了，然后你又看不见了"这个魔术了。

气候移民

虽然我们已经从技术的角度探讨了缓解气候变化的多种解决方案，但是在这一章中，我们不得不承认，目前大规模实施这些解决方案的能力还远远不够。毫无疑问，当气候发生巨大的变化时，人们也会随之做出改变。

根据学者的估计，这种影响非常惊人，而且一直处于攀升当中。早在1990年，联合国政府间气候变化专门委员会在发布第一份报告时就警告说，哪怕海平面只是稍有上升，也可能导致"数千万的环境难民"。1993年，牛津大学科学家诺曼·迈尔斯（Norman Myers）更新了联合国政府间气候变化专门委员会的预测，声称到2050年，气候变化可能导致多达2亿人的流离失所，这个结论引发了争议。10年后，正如社会学家马克·莱文（Mark Levine）在《户外》杂志上解释的那样："天气的变化已经成了我们的集体焦虑，塑造了我们对技术、自然、报应和必然性的幻想……我们越界了吗？我们窃窃私语，是我们改变了天气。现在天气要转过头来改变我们了。"

那么，这会给我们带来多大的改变？气候中心是一个由顶尖科学家和记者组成的独立组织，它在2015年对所有可得数据进行了荟萃分析后发布报告称，即便我们能够防止气温上升2摄氏度，极端天气仍然会使1.3亿人流离失所。但如果我们不能呢？气候中心的预测非常不乐观："如果碳排放导致气温升高4摄氏度，如果今天的一切都不加任何改变地继续下去的话，就会如此，这可能会导致海平面大幅上升，淹没目前居住着4.7

亿到 7.6 亿人口的土地。"

为了向公众清楚地说明这种程度的"流离失所"到底是什么样子的，气候中心还制作了一系列地图，标出了全球变暖对地球上每个沿海国家和特大城市的影响。除非你是一条鱼，否则这不可能是一个好消息。当气温升高 4 摄氏度之后，全世界许多大城市，比如伦敦、香港、里约热内卢、孟买、上海、雅加达、加尔各答等都会被淹没，游泳将成为在这些城市从 A 地到 B 地最快的方式。许多岛国将永远消失。而在美国，会有超过 2 000 万人葬身海底。在华盛顿特区，海平面将直达五角大楼。如果你认为今天纽约的房子太贵了，那就等着吧，因为华尔街以南的一切都将消失。

除了洪水，全球变暖也会使干旱这个人类宿敌再度肆虐。叙利亚是世界上难民人数最多的国家，部分原因就是干旱。在欧洲，即便我们能够阻止气温升高 2 摄氏度，地中海也会继续变干，意大利、西班牙和希腊受到的打击尤其严重。对此，著名记者埃莉·梅·奥哈根（Ellie Mae O'Hagan）在《卫报》上撰文解释说："换句话说，目前正努力应对来自世界其他地区的移民的各地中海国家，最终可能都会面临不得不移民的危机。可以想象，有一天意大利人和希腊人会逃到法国，因为他们自己的国家已经变得更热、更干旱了。"

从历史的角度来看，1947 年印度和巴基斯坦的分治被认为是历史上最大规模的被迫移民，它使大约 1 800 万人流离失所。即便我们把气候移民放在揣测光谱的最低端，那意味着气温升高 2 摄氏度，有 1.3 亿人的流离失所，我们仍然会看到比以往任何时候都要大 7 倍的全球人口迁移。

然而，气候移民是一种特殊的强迫移民，因为施加这种强迫力量的正是我们自己。金钱上的成本和人类痛苦的代价，都会比我们愿意付出的要高得多。东京有 3 800 万人口，是地球上最大的超级城市。想一想，重新安置15个东京人要花多少钱吧。为了简单起见，你可以暂且认为这是一项完全自愿的支出。

正如我们已经探讨过的，我们有许多应对气候变化所需的战略和技术。不管实施这些解决方案需要多少成本，它都比为7亿人寻找一个新家园要便宜得多。不管怎样，从长远来看，当天气不断变化时，创新的速度也会一如既往地继续提升。

城市搬迁

气候变化导致的人口迁移规模巨大，7亿人被迫移居他乡代表了历史上最大规模的单次型人口结构重组。然而，从总量的角度来看，与我们接下来要讨论的第二个人口迁移洪流相比，却可以说只是一支涓涓细流。因为在短短的几十年时间里，几乎所有人都搬到了城市。

300年前，全世界人口只有2%居住在城市。200年前，这个数字上升到10%。随后，工业革命的蒸汽动力永久性地改变了这个数字。1870年至1920年间，有1 100万美国人离开乡村前往城市，还有2 500万欧洲人越过大洋来到美国定居，而且也主要居住在美国的城市。到1900年，美国的城市化率已经达到40%。到1950年，这个数字上升到50%。到了新旧世纪之交，则为80%。

世界其他国家和地区也紧随其后。在过去的50年里，在中低收入国家，城市化率翻了一番，有的国家更是高达3倍。到2007年，这个星球跨过了一个关键的门槛：我们现在已经有超过一半人住在城市。也正是在这个过程中，城市变得越来越令人振奋。1950年，只有纽约和东京拥有1 000万常住人口，这是"特大城市"的标准。而到了2000年，全世界已经有18个特大城市了。到今天，这个数字增大到了33个。那么，明天又会怎样？

明天，这个数字将变得更加疯狂。事实上，我们已经有了一个形容这种情况的新词了，"超级城市"（hypercity），它指人口超过了 2 000 万的城市。相比之下，在法国大革命期间，全世界的城市人口加起来还不到 2 000 万。预计到 2025 年，仅仅在亚洲，就会有 10 个或 11 个超级城市。

而且，我们需要超级城市。

到 2050 年，全球大约 66% 到 75% 的人口都将会居住在城市里，根据预测，到那个时候，全世界的总人口将高达 90 多亿。这是压倒所有井喷式增长的增长，是一场 3 倍于气候变化所带来的人口迁移的大迁移，这是历史上最大规模的迁移，一场超过 25 亿人的大规模迁移。

而且，当大众迁移时，城市也在变化。

到 2050 年，东京将失去全球人口最多的城市的桂冠，因为德里将会取而代之，成为全世界人口最多的城市。中国的城市化率将比印度更高。非洲更是出现了爆发性的城市化浪潮。从开罗到刚果，非洲大陆的城市人口到 2050 年将增长 90%。到 21 世纪末，尼日利亚的拉各斯可能会拥有 1 亿人口。

将这些加起来可以计算出，从现在到 2050 年，每个星期都会有 100 万人搬到城市居住。多伦多大学城市研究教授理查德·弗罗里达（Richard Florida）称之为"我们这个时代的核心危机"。与其他任何危机一样，这个危机既带来了机遇，也带来了风险。

我们先来讨论机遇。

从经济角度看，城市化有利于商业发展。2016 年，布鲁金斯学会（Brookings Institute）调查了全世界 123 个最大的都市经济体。虽然它们的人口只占全球总人口的 13%，但却创造了全球近 1/3 的经济产出。2017

年，美国国家经济研究局（National Bureau of Economic Research）重新审视了生产率与人口密度之间的关系。他们也发现了同样的模式：人口越多，生产率越高。

例如，伦敦和巴黎的生产率明显高于英国和法国的其他地区。在美国，人口最多的100座大城市的生产率比其他城市高出了20%。在乌干达，城市工人的生产率比农村工人高出了60%。

人口密度也推动了创新。圣塔菲研究所物理学家杰弗里·韦斯特（Geoffrey West）发现，一个城市的人口每翻一番，它的创新速度（以专利数量衡量）就会提高15%。而且事实上，从韦斯特的研究结果来看，无论研究的是哪个城市，随着人口密度的增加，收入、GDP和生活质量因素（包括剧院和餐馆的数量）都会随之增加。

而且，随着城市的发展，它们对资源的需求反而会变得更少，而不是更多。一个大都市变成原先的两倍大之后，从加油站的数量到冬季取暖所需的能源，都只增加了85%左右。事实证明，更大、更密集的大城市比小城市、小城镇和郊区更具有可持续性。为什么会这样？这是因为，在大城市，按人均水平计算，出行距离缩短了，公共交通工具增加了，所需的基础设施（如医院、学校、垃圾收集站）数量也减少了。因而结果是，城市变得更清洁、更节能了，排放的二氧化碳也更少了。

智慧城市则可以把这些优势更进一步地发挥出来。麦肯锡于2018年发布的一个研究报告表明，实施智慧城市解决方案后，城市温室气体排放减少大约15%，每年人均减少30到130千克的固体废物，而且节约了大量用水，每人每天可以节约25到80加仑的水。事实上，利用今天的技术，我们只要完成向智慧城市的转型，就可以实现联合国70%的可持续发展目标。

接下来分析不利的一面：肯定有可能发生一些与城市有关的灾难。如果没有很好的规划，那么城市化就会成为导致犯罪、疾病、贫困循环和环境破坏的罪魁祸首。然而，正如这本书所阐明的，我们拥有的工具能够应对这些挑战。棘手的是，如何将有远大前景的技术与我们原有的浅显认知，比如良好的治理和公民合作，很好地匹配起来。如果处理得当，城市化将成为我们应对当今许多紧迫问题最有效的策略之一。但是如果应对失措，那么历史上最大的移民将产生历史上最大的混乱。

向虚拟世界迁移

从数字上看，1 200 万非洲人因奴隶贸易而背井离乡，1 800 万人因印度和巴基斯坦的分治而离开故土，2 000 万人在第二次世界大战结束后的几年里被重新安置在冷战的"大棋盘"上，这是历史上最大的三次被迫迁移。巧合的是，这三次大迁移分别由一个人们熟悉的驱动力量所推动：经济（及非人格化）、宗教和政治。无疑，每一次大迁移都改变了世界的面貌。然而，在很快就会出现的第一次完全由技术引发的大迁移面前，即使把这三次大迁移加总起来，影响也相形见绌。

我们要讨论的下一次大迁移将会从轻触一个开关开始。

在未来几年某个时间、某个地点的某个人，会进入"母体"，然后永不回头。欢迎来到这个迄今为止最奇怪的迁移通道！我们将开始从正常现实向虚拟现实迁移。

我们的行李其实早就打包好了。从全球来看，人们每周耗费在电子游戏上的时间达到了 30 亿小时。在美国，数字媒体每天都会吞噬 11 个小时的时间。网络游戏障碍也早就成了一种公认的心理健康状况，因为过度沉迷游戏导致的悲剧故事数不胜数。2005 年，英国广播公司的一篇报道称，一名韩国男子在连续玩了 50 个小时的在线视频游戏后突然毙命。他的死亡只是许多个同类事件中的一个。2014年,《卫报》报道了一对夫妇的故事,他们在当地一家网吧里养了一个虚拟婴儿,却完全忘记了自己在现实世界中还有一个3个月大的孩子,从而导致后者活活饿死。在日本,甚至出现了这样一些新的词汇:"隐蔽青年"、"蛰居族"(hikikomori)、"迷失的一代","看不见的青年"等。整个日本有接近100万青少年把自己锁在房间里,只敢在网上冒险。

但是,从另一个角度来看,这些人其实也是下一次人类大迁移的开拓者。他们正在建立虚拟探险的滩头阵地。而且在接下来的几十年里,有两个因素会急剧放大这种流动,我们可以简单地将它们称为心理因素和机遇。

我们先从心理因素着手讨论。以前所有的大迁移都是由外部因素驱动的,或者说是被世界上发生的某个事件触发的,而下一次大迁移则将是内部驱动与心理因素驱动的,或者说,是我们大脑中发生的事情所触发的。归根到底,下一个迁移始于人类自身的"上瘾神经化学",而且就目前所知,对此没有任何防御方法。

电子游戏会让人上瘾。这种上瘾的根源在于一种名为多巴胺神经递质的强力刺激,它是大脑中最主要的愉悦药物之一。大脑分泌多巴胺时,我们会感受到一种参与感、兴奋感,一种探索和理解世界的渴望。每当我们冒险、期待回报或遇到新鲜事物时,多巴胺就会释放出来。一旦我们的大脑被固定在一个奖赏回路中,也就是说,一旦我们的大脑在一种活动和多巴胺之间建立起了联系,那么想要获得更多这种化学物质的渴望就会成为我们的首要任务。我们可以对比一下可卡因。那是地球上最容易令人上瘾的物质之一,而它的主要作用就是让大脑充斥多巴胺。

电子游戏通常充满了冒险、奖励和新奇,是装扮成操纵杆的多巴胺分发器。而且,不仅仅是电子游戏。当你的手机嗡嗡响着,提示你收到了一条信息时，你想马上看一看它在说些什么的冲动，也是多巴胺的作用。你在查看信息的过程中获得的一点点快感，还是多巴胺。互联网的几乎所有用途，包括网络游戏、搜索、上社交媒体、发短信，也都是多巴胺驱动的。然而，所有这一切，都不能像虚拟现实那样驱动多巴胺。

研究表明，虚拟现实环境的沉浸性会使多巴胺飙升到传统电子游戏或任何其他数字媒体绝对无法达到的高度。虽然给出的具体数字略有不同，但是大多数研究人员都认为，大约有10%的人确实会对电子游戏上瘾，虚拟现实技术将显著提高这个比例。"Facebook是一种会让人上瘾的技术性药物，就像所有的成瘾药物一样，能给人们带来短暂的快乐，并最终导致人们患上精神疾病，"精神病学家基思·阿伯洛（Keith Ablow）在《福克斯新闻》上发表的一篇文章中这样说道，"头戴式显示器（Oculus Rift）肯定会让情况变得更加糟糕。"

然而，多巴胺只是大脑内部若干主要奖赏化学物质中的一种。我们还需要考虑去甲肾上腺素、内啡肽、血清素、神经酰胺和催产素这5种化学物质。它们全都是非常"令人愉快"的。数字媒体在产生多巴胺之外的化学物质方面并不十分有效，但是虚拟现实的沉浸性却使它能够触发所有这6种物质。它是所有令人感觉良好的神经化学物质调成的完美鸡尾酒，是通过耳机传递的在"硬"成瘾药物。但这只是这个故事的开始。

心理因素的下半部分内容源于对心流状态的研究。这里需要为那些不熟悉这个术语的人解释一下，"心流"在技术上被定义为"一种最佳的意识状态。在这种状态下，我们对自己的感觉最好，表现也最好"。因此，心流是一种巅峰状态，产生这种状态的部分原因就在于大脑中的6种愉悦化学物质全都出现了。这也正是为什么研究人员认为心流是最容易上瘾的体验之一。但是，它也是最有意义的一种体验。50多年来的研究表明，那些在深层人生意义和整体生活满意度上得分最高的人，正是最频繁体验到心流状态的人。

虽然视频游戏也可以让使用者进入心流状态，但是虚拟现实的沉浸性让这项技术更适合产生这种状态。这也就意味着，随着心流科学和虚拟现实技术的不断融合，我们很快就能创造出一种比常规现实更令人愉悦、更有意义的替代现实。不过现在，暂且放下这个思想，先来探索一下虚拟现实技术带给我们的机遇，特别是在工作和教育方面的机遇。

在工作方面，我们在前面的章节中已经讨论过虚拟现实中隐藏着的巨大经济机会。《第二人生》是第一个虚拟世界。早在 2006 年，《商业周刊》就曾经将《第二人生》中的地产大亨"钟安社"（Anshe Chung）选为封面人物，她通过在《第二人生》中达成的交易，成了第一个完全依靠在虚拟世界里赚取"财富"而发达的现实世界中的百万富翁。我们已经在电子游戏和社交媒体中看到过不少类似的获取暴利的例子，而虚拟现实将会带来更多的机会。这也就意味着，如果说在未来几十年里，机器人和人工智能真的会夺走大量工作岗位的话，那么，常规现实中不断萎缩的就业市场和虚拟现实中爆炸式扩大的就业市场的双重冲击，将形成一股极其强大的迁移动力。

在教育方面，利用虚拟现实技术，我们可以创建分布式、定制化、加速型的学习环境。这个星球迅速增长的人口正在寻找接受教育的机会，大量突然失业的技术人员也在寻找再培训入口，我们看到了一股正在形成的强大力量。由于虚拟现实拥有推动人们进入心流状态的天然优势，使这股力量变得更加强大，因为这种状态能够放大我们吸收和保留新信息的能力。例如，美国国防部进行的一项研究发现，士兵在"心流"状态下的学习速度比正常情况下快了 230%。这也正是为什么在欧内斯特·克莱恩（Ernest Cline）的畅销小说《头号玩家》（*Ready Player One*）中，教育成了这类移民的主要驱动力。

加在一起，人类历史上三次规模最大的移民，也就是奴隶贸易、印度和巴基斯坦分治导致的移民，以及第二次世界大战后的欧洲移民，总共产生了 4 450 万个流亡者。然而在今天，仅仅是在美国，就有 3.21 亿人每人每天平均将 11 个小时的时间用于上网，虚拟现实的神经化学鸡尾酒肯定会使这个数字大幅增加。现在，如果再加入一些更加严肃的人类激励力量，比如意义、控制权、金钱和爱，那么吸引力就会变得更大。这一切加起来意味着另一场大迁移，一场意识的大迁移，一场刚刚开始的大迁移。

太空移民

"地球是人类的摇篮，但人不可能永远待在摇篮里。"航天先驱康斯坦丁·齐奥尔科夫斯基（Konstantin Tsiolkovsky）早在 19 世纪末就说过这样一句掷地有声的话。齐奥尔科夫斯基是一位真正有远见的梦想家，被公认为太空飞行之父。作为一名苏联科学家，齐奥尔科夫斯基是第一个设计出气闸、操纵推进器、多级推进器、空间站，以及为太空殖民地提供食物和氧气所需的封闭循环生物系统的人。在他的职业生涯中，发表了 90 多篇关于这些主题的论文，从几乎所有方面展望了人类征服太空这个最后的疆域可能需要的东西。但是，他却漏掉了征服这最后的疆域真正需要的东西，那就是：竞争。

20 世纪 60 年代，第一次把人类"赶出地球"的就是竞争，也就是所谓的"美国与苏联之争"。竞争一直在驱动着我们。只是现在，真正的故事是科技巨头之间的竞争，如杰夫·贝佐斯与埃隆·马斯克的竞争。

贝佐斯和马斯克都有一种强烈的愿望，就是带着人类从地球这个"摇篮"里走出去，到各个星球上去，开拓太空的边界，"回到生物圈"中，在太空中创造第二个人类文明，免得在地球发生了什么不测事件时无处可逃。这些梦想，以及围绕着太空移民的竞争，构成了一股自我维系的强大力量，一股推动世界进步的巨大力量。有意思的是，这也将成为有史以来第一个伴随着"Twitter 大战"的人类大迁移。

@JeffBezos, 2015 年 11 月 25 日：最罕见的东西是一枚重复使用的火箭。受控着陆是不容易，但是我们做得很好。当然看上去也许很容易。看看视频吧。

@elonmusk, 2015 年 11 月 25 日：其实也没有那么"罕见"啦。太空探索技术公司的 Grasshopper 火箭 3 年前就完成了 6 次亚轨道飞行，而且至今仍在运行。

让我们从贝佐斯的故事开始讲起吧。他对太空移民的热情始于高中时期。贝佐斯成长于阿波罗登月时代，他也是《星际迷航》的铁杆粉丝。高中毕业时，贝佐斯在优秀毕业生代表演讲时一再强调，"未来肯定会有数百万人在（外太空）生活和工作"，并且在结束时大呼"太空，是我们最后的边疆，愿你们在那里与我再度相逢"。在普林斯顿大学求学时，贝佐斯担任了太空探索和开发协会学生分会的主席，并曾经受教于已故物理学家、空间研究所（Space Studies Institute）创始人杰拉德·K.奥尼尔。20 世纪 80 年代初期，奥尼尔曾经向他的学生提出了一个关键问题："当人类扩张进入太阳系时，行星表面是人类居住的最佳定居地点吗？"奥尼尔最终认定答案是否定的，于是转而建议人类应该建造一系列非常巨大的旋转圆柱体（现在人们把这称为"奥尼尔殖民地"），这些圆柱体是用脱离了地球和火星这样的行星深重力井的资源建造的，或者更具体地说，是用从月球表面收集的材料制造的。

向太空移民的梦想、求学时期得到的与太空相关的知识，贝佐斯从未忘记。大学毕业后，这些梦想与知识促使他离开华尔街，创办了亚马逊公司，这也是他戏称的"分两步走的简单计划"的第一步。他的"两步走"计划是，先赚个数十亿美元，然后致力于开发太空前沿。

在赚到了数十亿美元之后，贝佐斯真的把它们投入了太空事业。2000 年，他创办了蓝色起源公司（Blue Origin），并宣布每年为太空探索项目投入 10 亿美元。他最初的目标是建造能够载着人和货物飞离地球、最终到达月球的火箭。他一直认为，月球是人类殖民太空的最佳出发点。

"月球是我们很早以前就收到的一份礼物，"贝佐斯在 2019 年的一个活动上这样说道，"月球是离我们最近的天体。由于月球上重力较低，因此它是一个我们开始太空制造的好地方……从月球上获取资源，所费的能量要比从地球上获取少 24 倍。这是一个巨大的杠杆。"

作为下一步，贝佐斯宣布了"蓝色月亮"登月计划（Blue Moon Lunar Lander），目标是利用他自己生产的可重复使用的新格伦（New Glenn）火箭前往月球，在月球表面放下 3.6 吨的探测车、货物和人员。贝佐斯还认为，我们在这个问题上其实没有其他选择："这里没有计划 B，我们必须拯救这个星球。我们不应该放弃子孙后代充满活力和成长空间的未来。而在太空，我们可以两者兼得。"

随后，贝佐斯重新评估了奥尼尔当年提出的计划，他宣布，蓝色起源公司在完成登月计划之后，将以"奥尼尔殖民地"的升级版为自己的愿景：每个殖民地都可以独立地维持 100 万人的生存。这种殖民地应该会成为我们下一次大迁移的主要驱动力之一。"地球是这个太阳系的一颗宝石，"他解释道，"我们应该将地球归类为住宅区和轻工业区。重工业则应该全部转移到太空中……那里有难以想象的空间……太阳系能养活一万亿人，然后我们就会有数千个莫扎特和数千个爱因斯坦了。想象一下，到那时，我们的文明将是多么不可思议和充满活力。"

尽管与贝佐斯之间存在着激烈的竞争，但是埃隆·马斯克并不反对贝佐斯这个愿景："历史将沿着两个方向分叉：一个选择是我们永远留在地球上，然后有朝一日会碰到最终的灭绝事件……另一个选择是成为一个太空文明和多行星物种。我认为，与一直被困在地球上相比，如果我们开启一个太空文明，成为一个多行星物种，未来将会更令人兴奋和有趣得多。"

马斯克出生于南非比勒陀利亚，12岁时就卖出了自己的第一个计算机代码。他先在沃顿商学院获得了一个学位，然后进入斯坦福大学攻读博士，但是不久之后就辍学创业。马斯克在软件领域多次创业并一再取得了成功，他先创办了Zip2公司并以3.07亿美元的价格售出，接着又创办了贝宝（PayPal）公司，以15亿美元的价格售出。直到马斯克认为自己已经有足够的资源来改变现状，于是开始致力于完成他认为对人类的生存至关重要的两个任务：第一个任务是，通过太阳能经济来打破我们对化石燃料的依赖，为此，他创办了特斯拉公司和太阳能城市公司（Solar Cities）；第二个任务是，帮助人类成为一个多行星物种。但是与贝佐斯以月球为起步点的移民计划不同，马斯克所着迷的一直是火星。

2001年，也就是他出售贝宝的前一年，马斯克想到了把植物种子送到火星上去的主意。根据他所构思的"火星绿洲"（Mars Oasis）计划，发射到火星上的宇宙飞船将包括一个密封的房间，里面装着与地球大气层相似的空气、一些健康的种子，以及能够加速种子生长的营养凝胶。对此，马斯克解释道："当你在火星上着陆的时候，只要给凝胶加一些水，就能在火星上拥有一个小温室了。"

马斯克想要拍下这种植物在火星表面生长的照片。他认为，这样一张照片可以产生非常大的影响力，利用这种影响力，肯定能说服美国政府资助火星任务，并在火星上建立一个永久性的人类殖民地。但是，当他对购买火箭所需的成本进行了一番调查之后，他很快就意识到可供选择的火箭发射方式太原始、太昂贵了，根本不可能促进人类对外太空星球的殖民。

为了解决这些问题，马斯克在2002年创办了SpaceX。2008年6月，在经历了多次惨烈的失败之后，"猎鹰1号"火箭成功升空进入轨道。第一次发射成功之后，SpaceX又成功地进行了几十次发射，而且成本一次比一次更低。接下来的一个突破是可重用性，即让火箭可以多次起飞和降落而不破坏自身。这也是航空工业长期以来的梦想。最后，SpaceX成功发射了地球上最大的火箭猎鹰重型火箭。2018 年初，猎鹰重型火箭载着马斯克的一辆樱桃红的特斯拉跑车掠过火星，进入了小行星带轨道。在吸取了惨痛的经验教训后，SpaceX 宣布他们很快就会停止猎鹰系列运载火箭的生产，转而开始建造"星际飞船"。

马斯克认为，建立火星殖民地是人类的应急计划，也是当前这个十年内就需要解决的一个问题。星际飞船的试飞工作现在已经开始进行了，马斯克的目标是在 2030 年之前让人类登上火星表面，到 2050 年建成一个完整的城市并投入使用。为了实现这个目标，SpaceX 计划在 2027 年至 2050 年之间完成 10 次大规模发射任务，每 22 到 24 个月发射一次。因为在此期间，地球与火星之间的距离是最短的。

目前的计划是这样的：先将一艘星际飞船发射到围绕地球的轨道上，然后让几艘星际飞船"油轮"与第一艘飞船会合，为它加好油。从那里发射火箭，直接飞向火星，一次运送大约 100 名宇航员和乘客。那么一张单程票需要多少钱？马斯克认为，每人大约 50 万美元，或者用他自己的话来说："价格将会低到这样的程度：发达经济体的大多数人只需卖掉地球上的房子，就能够搬到火星上去了。"

无论如何，有一件事是可以肯定的，也是康斯坦丁·齐奥尔科夫斯基很早以前就指出过的：无论是马斯克还是贝佐斯赢得了这个特殊的太空竞赛，地球上的人都会因为这种竞争而受益匪浅。金属、矿产、能源、淡水、优质房地产、无尽的冒险、欲望、爱、意义和目的，所有这些在太空中都是近乎无限的。正是对这些宝藏的追求把我们从摇篮里抛向了太空，让我们进入 21 世纪另一场大迁移的最前端，使得我们第一次真正有机会穿越这片最后的边疆。

元智能：进入博格世界

2015年，哈佛大学化学家查尔斯·利伯（Charles Lieber）试图解决神经调节这个新领域中的一个难题。在那之前的几十年时间里，已经出现了数款深度大脑刺激装置，可以用来治疗帕金森综合征。这种疗法是这样的，患者保持清醒时，在颅骨上钻一个洞，然后插入一个装置，将电脉冲发送到负责运动的大脑区域。这几乎成了一种例行程序。对于那些已经穷尽所有其他医治办法的帕金森综合征患者来说，深部脑刺激是他们改善运动控制能力和减少震颤的唯一方法。

然而不幸的是，这种疗法有副作用，而且是一些奇怪的副作用。患者突然变得赌博成瘾是最常见的一个副作用。工作狂一夜之间变成电视迷则是另一个常见的副作用。慢性抑郁症是第三个。原因何在？刺激装置的大小。

如果有办法，神经外科医生希望在单个神经元的水平上影响大脑，但是今天的大脑深层刺激装置都太大了，不可能达到这个精度。麻省理工学院材料科学与工程教授波琳娜·阿尼克娃（Polina Anikeeva）在2015年的TED演讲中指出，试图用如今的植入物瞄准单个神经元，就像试图用皮卡车大小的手指去演奏柴可夫斯基的第一钢琴协奏曲一样困难。

而且，让问题变得更复杂的是，这些设备都需要进行开颅手术才能植入。由于大脑会把它们当作"外部入侵者"来对待，手术之后还需要持续进行严格的药物治疗。此外还存在设计方面的问题。人体是一个灵活的3D环境，但是今天的大多数大脑植入物，无论是深层大脑刺激装置还是其他设备都是很不灵活的2D设备，它们与传统的硅芯片有很多的共同点，而与存在于人体中的任何自然的东西并没有多少相似之处。因此，将它们植入又热又湿的大脑里，出现信号交叉和副作用就不足为奇了。

而查尔斯·利伯采取的是一种截然不同的方法。为了帮助骨骼再生，医生通常会在受损部位植入"生物支架"，为周围的新组织提供支撑。大约5年前，利伯决定尝试制造一种由电子元件制成的微型生物支架。他使用光刻技术蚀刻出一个四层的探针（每次蚀刻一层），制造了一个纳米级的金属网，里面的传感器可以记录大脑活动。

将那个金属网卷成一个紧密的圆柱体后，利伯将它吸进注射器，然后注射到大鼠的海马体中。不到一个小时，这个金属网就恢复了原来的形状，而且没有对组织造成任何损伤。由此得到的结果可以比喻为"大鼠大脑电视"，现在，利伯可以在活体上实时监测大鼠大脑的活动了。大鼠的免疫系统将这种植入物视为朋友而非敌人。大鼠大脑的神经元不再把网状物当作外来入侵物来攻击，而是附着在它上面并开始增殖。

在另一项独立的实验中，利伯将这种金属网注射进一只大鼠的视网膜中，然后网状物再一次在那里展开，在整个过程中没有对眼睛造成任何伤害。得到的结果是一种既不会损害视力也不会阻挡光线的装置，但是它能记录大鼠的视觉，而且是在单个神经元水平上，一次跨越16个通道，持续工作数年。这项研究工作为利伯的研究小组带来了很大荣誉，并帮助这项技术像野火一样蔓延开来。相关的操作教程现在已经可以在网上找到。埃隆·马斯克也在许多视频中描述自己对这种技术的下一步发展方向的想法，他将它的下一代技术称为"神经织网"（neural lace），那是一种可注射式的脑机接口，或"将人与计算机连接起来的超高带宽的脑机接口"。

脑机接口可以说是融合的终极神话。它们几乎处于本书所有内容的交叉点，包括生物技术、纳米技术和材料科学等。正如我们在前面已经看到的，这些领域正迅速融合为同一行业。还有量子计算，它让我们有能力模拟复杂的环境，比如人类大脑。还有人工智能，它让我们能够解释所模拟的东西。当然，还有允许我们将神经信号上传到云端的高带宽网络。事实上，在这个单一的进步中，我们已经可以发现大部分的进步了。

如果我们认为指数型技术是人类智能的主要例子之一，那么脑-机接口就是扩展这些例子的一种技术。而且，这种技术可能也是我们得以成功生存下去的一个途径，因为正如许多人已经想到的，脑-机接口是我们迫切需要的一种升级，不然我们无法适应一个人工智能主导的世界。

这种观点的主要支持者就是埃隆·马斯克和布莱恩·约翰逊（Bryan Johnson）。为了推动这种技术的快速发展，他们分别创建了 Neuralink 公司和 Kernel 公司。事实上，参与者还有很多，包括 Facebook 和美国国防部高级研究计划局也在其中。Facebook 希望开发出能够用思维取代打字的技术，即最终让思维而不是键盘成为社交媒体的界面。美国国防部高级研究计划局则打算将脑-机接口作为战场上使用的下一代技术，希望它能够在刺激 10 万个神经元的同时记录 100 万个神经元。此外，还有大量的初创公司也涌入了这个领域，提出了医疗保健到教育和娱乐的各种各样的项目。

而且，已经取得了不少进展。

在过去的十年里，研究人员已经利用以脑电图为基础的脑-机接口——这种装置不需要手术就可以安装，因为它们像一顶电极王冠一样戴在头上，创造了真正的奇迹。脑-机接口已经使不少截瘫患者再一次站起来行走了，许多瘫痪已久的中风患者也恢复了四肢的功能，很多癫痫患者的癫痫已被治愈，四肢瘫痪者现在可以用意念控制光标。此外，在我们儿时的幻想清单中，除了逐渐变成了现实的"德古拉"、飞行汽车和杀手机器人之外，心灵感应现在也开始成为可能。

早在 2014 年，哈佛大学的一个研究小组就通过互联网进行了"心心相印"式的交流，这种交流在技术上通常称为"脑对脑的交流"。这个研究小组为我们提供了一个远程版的实例——参与交流的人一个在法国，另一个则在印度。研究人员使用无线联网的脑电图耳机作为他们的收发器，并使用经颅磁刺激器作为接收器（后者可以将微弱的磁脉冲送入大脑）。当然，参加实验的被试并不能获知确切的想法，而只是能够准确地解读与信息相对应的闪光。

2016年，我们已经能够用脑电图耳机玩心灵感应游戏了。2018年，我们就可以用思维控制无人机了。下一步是弄清楚如何通过云将我们的大脑与互联网无缝连接，这也正是为什么利伯的可注射网如此重要的原因。人们普遍认为，戴在头顶上的神经科学装置是无法捕捉到分辨率足够高的有用信号的，而需要通过手术方式植入的装置，无论所需的手术是多么小，对于广泛应用来说仍然风险太大。不过，用马斯克的话来说，如果有一种可注射的"神经织网"，就能解决这些问题。

这样也就把我们带到了所要讨论的最后一个大迁移，即从我们正常的基于大脑的单一意识旅居到基于云的集体意识。这种集体意识，既是一种蜂群思维，也是一个提醒：最伟大的旅程往往通往我们的心灵深处，而不仅仅是面向外太空的星球。正如马斯克和约翰逊所指出的，单单从经济方面考虑，有必要进行这种转变。在一个人类与人工智能竞争的世界里，"成本"这个古老的动机自然会发挥作用。

当然，还有其他动机因素也在起作用。

将我们的大脑连接到云上，可以极大地提高我们的处理能力和记忆力，而且，至少在理论上，将使我们有能力在线访问所有其他大脑。读者不妨想一想。计算机本身就很有趣对不对，但是如果把所有计算机连接到一起，形成一个网络，你就有了万维网的雏形，那显然更有趣。现在再想象一下，当这些计算机实际上就是人类大脑时，又会发生什么（要知道，大脑是已知宇宙中最复杂的机器）。然后再想象一下，我们不仅能够传递思想，还能够传递感觉、经历，也许（暂时只是也许）还有意义，那么又会怎样。如果这些都是可能的，我们还会长久地保持我们的单一意识吗，还是会开始迁移到会在线进化的集体意识中去呢？

在回答这个问题之前，先考虑如下三个细节。首先，人类是一个高度社会化的物种。大量研究表明，害怕"孤独"是现代最可怕和最致命的恐惧之一。对联系的渴望是一种基本的人类驱动力，或者用心理学的话说，是一种内在的动力。但这并不是唯一起作用的因素。

其次，人类最接近蜂群思维的体验被称为"群体心流"，是一种共享的、集体的心流状态。"群体心流"是一个团队在其最佳状态下的最好群体表现，例如，一场令人难以置信的头脑风暴、一次精彩的绝地反攻、一场巅峰演奏等。它也被认为是地球上最令人愉快的一种状态。当心理学家要求人们对他们最喜欢的经历进行排名时，"群体心流"总是会排在第一位。因此，根据需求提供这种体验的机会，也将会成为一个强有力的移民驱动因素。

最后，我们还需要考虑进化。自从地球上出现生命以来，进化的轨迹一直是从个体到集体。人类，是从单细胞生物进化到多细胞生物，再进化到巨型多细胞生物的。这似乎是自然选择的典型推动方向，那么为什么今天的选择就会有所不同呢？我们没有任何理由认为，人类已经达到了智力、发展与可能性的最顶峰，电视真人秀节目、那些由盘根错节的钢铁和无边无际的沥青所构成的超大城市，就已经代表了地球上所能得到的最好的生活。相反，我们只是一个光谱上的一点，那才是终极性的"你在这里"之箭。

然而，大量有力的证据表明，我们并不会在"这里"待太久。Neuralink 公司的计划是，在 2021 年开始进行人体试验，目标是实现 2 Gb/s 的云端无线连接。自然选择以往是一个缓慢而被动的过程，现在正在逐渐转变成一个快速而主动的过程，即由人类主导的进化。这也就意味着，在下个世纪，技术加速可能不仅仅会颠覆工业和旧有制度，实际上它可能也会颠覆地球上生物智能的进化过程。这种颠覆将导致一个全新的物种诞生,那将是一个以指数速度发展的物种,一个大规模迁移和拥有元智能的物种。这正是我们在这个故事的结尾要指出的未来比我们想象的更快的另一个原因。

元智能将会成为创新的加速器。如果在集体主义组织,也就是商业、文化和社会组织中工作的一些孤独的个体,就能够创造出不断融合的指数型技术(也就是有史以来最快的创新催化剂),那么请想象一下,一个有蜂群思维的星球,也就是一个更善良、更温和的博格人世界,又能够创造出什么样的东西呢?或者换句话说:如果我们一起思考,未来会有多快?

而且,如果你因为想到要转而采用这种思维方式而感到不安,那么其实也有一个术语可以描述这种心理状态:损失厌恶。作为影响人类最有力的认知偏见之一,损失厌恶是一种进化预编程的怀疑主义倾向,如果我拿走了你今天拥有的某件东西,无论我明天用什么东西来代替它,你都会觉得自己变得更糟了。这正是人们停滞不前的一个重要原因,也是公司难以创新的主要原因之一,更是文化变革如此缓慢的原因。

然而,谁知道呢,也许蜂群思维会让我们越过这个盲点。但是在那之前,当不断融合的指数型技术遇上了这五次大迁移的时候,如果你觉得有些眩晕,那也是很自然的。恐惧、兴奋和想象力的释放也是如此。我们也深有同感。我们真正能告诉读者的是我们一直以来在彼此之间说的一句话:请深呼吸,不要眨眼,因为不管你是否准备好了,明天都会到来。

后　记

一个越来越富足的未来

对于本书描述的技术加速发展并融合的趋势，一个视角是把它视为迈向富足持续进程的一部分。这也是我们在出版《富足》一书中首次提出的主题。自《富足》出版以来，这个趋势一直持续到了今天。毫无疑问，越来越多的商品和服务成本都几乎完全消失了，也没有多少人会怀疑去货币化带来的积极影响：丰富而廉价的能源，有利于清洁水的大量供给；自动驾驶电动汽车带来了更便宜、更环保的交通出行方式和成本更低的住房；人工智能、5G 和增强现实/虚拟现实技术的紧密结合，将为地球上几乎每一个人提供低成本的教育、娱乐和医疗，而且不会受地理位置或社会经济地位的阻碍。

当然，也有很多人不同意我们这个观点，而且他们似乎颇有理由。他们认为富人与穷人之间的差距越来越大了，并且批评我们秉持的观点，即技术总是包含着简单的解决方案是一种技术乌托邦主义。但是，指数型技术依然继续向前发展，而且非货币化和大众化过程也在一路高歌猛进。

例如，2019 年 1 月，《华尔街日报》在头版头条位置上发表的一篇报道称："世界正在悄然地变得更好。"这篇报道在分析了世界银行的最新数据之后宣称，证据表明每天生活费低于 2 美元的人（也就是极端贫困的人）的数量在持续下降。尽管富人的确越来越富，但穷人的能力也在变得越来越强。穷人正在越来越快地获得工具和技术，而这是当今的经济指标体系所无法衡量的。

事实上，这两种场景几乎总是相互关联的。20 世纪 80 年代出现的第一代移动电话运行缓慢，故障百出，而且只服务于少数富人。然而到了今天，尽管我们的手机速度快、功能齐全、几乎完美无瑕，但是它们现在却已经便宜到让地球上最贫穷的人也能买得起了。因此，虽然我们可能会看到富人未来将生活在火星上，并获得最新的长寿疗法，但是这种未来，与地球上每个人都能以越来越低的成本获得食物、能源、水、教育、医疗和娱乐的未来是密切相关的。

因此，我们的观点是，在《富足》英文版出版十周年之际，也就是到 2022 年，我们提出的"富足"概念将不再是一个简单的概念。当然，还有很长的路要走。许多现有的解决方案尚未在全球范围内推广，而且诸如缺水、气候变化和全球饥饿等许多关键问题正朝着错误的方向发展。然而，正如《华尔街日报》的那篇报道所指出的，其他数十项指标都呈现出了上升趋势。心理学大师史蒂芬·平克（Steven Pinker）[1] 通过数据，雄辩地证明，战争和冲突已经达到了历史最低点，我们正生活在人类历史上最和平的时代。当然，我们也正生活在人类历史上最健康的时代。无论是通过婴儿死亡率和青少年生育率的下降来衡量，还是用疟疾死亡人数和饥荒死亡人数的减少来衡量，抑或是用我们的预期寿命不断延长来衡量，所有指标都表明人类健康水平实现了令人难以置信的进步。与此同时，可再生能源的无补贴成本继续大幅下降，高速数字连接和价格低廉、功能强大的设备的可用性则都在激增。有了这些设备和连接，一个充满可能性的世界开始展现在我们眼前。

---

[1] 史蒂芬·平克的著作《当下的启蒙》中文简体字版已由湛庐策划、浙江人民出版社出版。——编者注

今天，即便是一个身在坦桑尼亚穷乡僻壤的孩子，也可以用上以人工智能为基础的教育技术，并通过谷歌或百度获得全世界一切可用信息。同样是这个孩子，一旦通过宽带连接上了网络（不要忘记，带宽爆炸即将到来），很快就能够利用属于任何云服务提供商的数千个处理器接入一切——从网络上数十亿小时的免费娱乐，到我们日益繁荣的"零工"经济体系。特别有利的是，地球上最贫穷的那些国家同时也是阳光最充足的国家，因此随着太阳能的日益普及，这些国家的居民将获得越来越丰富的能源。伴随充足廉价能源而来的是提供洁净水的能力的大幅上升，而洁净水又会导致健康和福利的大幅提高，再加上教育的普及和出生率的降低，这些都有助于遏制人口过剩的趋势。

当然，我们都知道，恐怖主义、战争和谋杀依然存在，独裁和疾病也不会自行消失。但是无论如何，世界都将继续悄悄变好。而且，正如我们在《富足》一书中着力描述的那样，我们的目标不是创造一种奢华的生活，而是一种充满可能性的生活。由于融合带来的巨大力量，一个富足的世界所需的技术进步正以越来越快的速度到来。当然，这样的世界不会自动到来，它需要我们去创造，也仍然需要历史上前所未有的大规模合作。这就引出了我们的最后一个问题：你到底还在等什么呢？

接下来要走哪条路

如果你在读完本书后决定不再等待，如果本书中阐述的概念、描述的能力激发了你更进一步的兴趣，那么无论你是一个首席执行官（你试图引导你的公司拥抱不断加速的技术变革潮流），还是一个正在自己的车库里创业的年轻企业家（你希望利用这些变化提供的机会），本书的目的就达到了。现在，我们可以肯定的是，试图在未来十年完成本来需要一个世纪才能完成的技术变革，无疑是一项非常艰巨的任务，而且，我们只能用目前拥有的本地化的、线性化的大脑去完成这项任务，这肯定会使它变得更加复杂。

至少到目前为止，对于如何顺利通过这个险滩，本书作者找到的唯一方法就是持续不断的教育。

我们认为这种教育有两个关键组成部分，一个是精神方面的，另一个是物质方面的。在精神方面，我们要学会如何很好地利用"心流"这种意识状态——"心流"能够放大生产力、学习力、创造力、协作力和合作能力（这个列表的项目还可以继续增加），它带来了绩效的显著提升，让我们有能力跟上技术进步的步伐。"心流"能够增强大脑所有基本信息处理机制，使我们能够快速地、规模化地思考——这是我们在指数型世界中生存和发展必需的两个关键认知能力。

与此同时，这个方程式还有物理的一面，也就是它必须建立在真实的、物理世界的技术基础之上。今天的指数型企业家和领导者必须不断努力，不断更新他们对现有技术的理解，以便洞察技术会使什么事物成为可能。虽然这种持续学习是可能做到的，但是并不容易。这可能正是奇点大学、"富足360"和"富足数字版"等项目越来越受欢迎的其中一个原因。这些项目能够不断地"刷新"参与者的状态，保证他们一直处在"指数型可能"状态当中。

致　谢

摆在读者面前的《未来呼啸而来》一书，极大地得益于许多人的智慧。首先，我们想对我们的家人——杰特（Jet）、达克斯（Dax）、克里斯汀·戴曼迪斯（Kristen Diamandis）和乔伊·尼科尔森（Joy Nicholson）表示深深的感谢，感谢他们的爱、耐心和支持。我们还要感谢我们的经纪人约翰·布罗克曼（John Brockman）、编辑斯蒂芬妮·弗雷里奇（Stephanie Frerich），以及所有为这本书付出了辛勤努力的人。

在编辑方面，我们还要感谢迈克尔·沃顿（Michael Wharton），他向来都能干得令人难以置信，本书的每一步进展都有他的功劳，我们非常感谢他的洞察力、及时反馈和惊人的毅力。感谢马克斯·戈德堡（Max Goldberg）帮助我们完成了找到并整理好参考文献的艰巨任务，感谢杰罗姆·朗赫斯特（Jarom Longhurst）为这本书进行的堪称完美的营销活动。

我们还要特别感谢史蒂文·科特勒的心流基因组计划团队，尤其是里安·多丽丝（Rian Doris），以及 PHD 风险投资公司团队，后者的成员包括埃丝特·康特（Esther Count）、克莱尔·阿代尔（Claire Adair）、马克斯·戈德堡、德里克·多林（Derek Dolin）、凯利·卢汉（Kelley Lujan）、杰罗姆·朗赫斯特、布里·伦皮西斯（Bri Lempesis）、格雷格·奥布赖恩（Greg O'Brien）、汤姆·康佩尔（Tom Compere）、休·格兰茨洛克（Sue Glanzrock）、乔·莫斯利（Joe Mosely），以及康妮·福克斯（Connie Fox）。他们为我们的研究提供了巨大支持。还要特别感谢艾斯特·康特和康妮·福克斯，她们为了安排好我们的工作和生活，在编排日程表的过程中付出了巨大的努力。

在研究和灵感方面，我们还要感谢奇点大学的校友、教职员工，以及联合创始人兼校长雷·库兹韦尔、联合创始人罗布·奈尔（Rob Nail）、首席营收官卡琳·沃森（Carin Watson）和执行董事长埃里克·安德森（Erik Anderson）。同时也要感谢阿努什·安萨里领导下的 X 大奖，感谢他们为我们提供了办公室，以及我们在这本书中讲述的鼓舞人心的创新故事。

最后，戴曼迪斯想对丹·沙利文和战略教练团队说声谢谢，感谢他们的鼓励、智慧和支持。这是我们为世界创造多 10 倍影响的动力。

译者后记

这本书是戴曼迪斯和科特勒精心打造的"指数思维三部曲"的第3部。两位作者一如既往地担任着"理性乐观派"代言人的角色,大派特派"美好未来牌"糖果。现在也确实需要一些糖果。

这个三部曲的前两本,《富足》和《创业无畏》,也是我翻译的。回首看时,才惊觉已经过去整整七年了。这是怎样的七年啊。在翻译《富足》的那一年(2013年),号称"天堂"的杭州,夏季40摄氏度以上的高温天持续了一个多月;到冬季,PM2.5指标又一再爆表。莫非那是对七年之后要发生的这些事情的一种预兆?

有时确实不是很明白,为什么戴曼迪斯和科特勒这两个人怎么会永远这么乐观。但是生活总是要继续,只有希望书中所说的这些指数型技术早日摆脱欺骗性阶段,进入颠覆性阶段,助我们过上美好的生活。

翻译本书,我最需要感谢的是太太傅瑞蓉。她承担了生活中主要的风险和压力,还帮助我完成了初校。感谢儿子贾岚晴,他进入了成长的关键阶段,逐渐懂得体谅父母,学会理解世事。

感谢农夫山泉，感谢钟睒睒，给了我在工作之余读书、写作、译书的空间。

译者水平所限，书中定有不足之处，敬请读者批评指正！

贾拥民
于杭州耑谷阁

未来，属于终身学习者

我这辈子遇到的聪明人（来自各行各业的聪明人）没有不每天阅读的——没有，一个都没有。巴菲特读书之多，我读书之多，可能会让你感到吃惊。孩子们都笑话我。他们觉得我是一本长了两条腿的书。

——查理·芒格

互联网改变了信息连接的方式；指数型技术在迅速颠覆着现有的商业世界；人工智能已经开始抢占人类的工作岗位……

未来，到底需要什么样的人才？

改变命运唯一的策略是你要变成终身学习者。未来世界将不再需要单一的技能型人才，而是需要具备完善的知识结构、极强逻辑思考力和高感知力的复合型人才。优秀的人往往通过阅读建立足够强大的抽象思维能力，获得异于众人的思考和整合能力。未来，将属于终身学习者！而阅读必定和终身学习形影不离。

很多人读书，追求的是干货，寻求的是立刻行之有效的解决方案。其实这是一种留在舒适区的阅读方法。在这个充满不确定性的年代，答案不会简单地出现在书里，因为生活根本就没有标准确切的答案，你也不能期望过去的经验能解决未来的问题。

而真正的阅读，应该在书中与智者同行思考，借他们的视角看到世界的多元性，提出比答案更重要的好问题，在不确定的时代中领先起跑。

湛庐阅读App：与最聪明的人共同进化

有人常常把成本支出的焦点放在书价上，把读完一本书当作阅读的终结。其实不然。

时间是读者付出的最大阅读成本
怎么读是读者面临的最大阅读障碍
"读书破万卷"不仅仅在"万"，更重要的是在"破"！

现在，我们构建了全新的"湛庐阅读"App。它将成为你"破万卷"的新居所。在这里：

● 不用考虑读什么，你可以便捷找到纸书、电子书、有声书和各种声音产品；

● 你可以学会怎么读，你将发现集泛读、通读、精读于一体的阅读解决方案；

● 你会与作者、译者、专家、推荐人和阅读教练相遇，他们是优质思想的发源地；

● 你会与优秀的读者和终身学习者为伍，他们对阅读和学习有着持久的热情和源源不绝的内驱力。

从单一到复合，从知道到精通，从理解到创造，湛庐希望建立一个"与最聪明的人共同进化"的社区，成为人类先进思想交汇的聚集地，与你共同迎接未来。

与此同时，我们希望能够重新定义你的学习场景，让你随时随地收获有内容、有价值的思想，通过阅读实现终身学习。这是我们的使命和价值。

本书阅读资料包

给你便捷、高效、全面的阅读体验

本书参考资料
湛庐独家策划

- ☑ **参考文献**
  为了环保、节约纸张,部分图书的参考文献以电子版方式提供

- ☑ **主题书单**
  编辑精心推荐的延伸阅读书单,助你开启主题式阅读

- ☑ **图片资料**
  提供部分图片的高清彩色原版大图,方便保存和分享

相关阅读服务
终身学习者必备

- ☑ **电子书**
  便捷、高效,方便检索,易于携带,随时更新

- ☑ **有声书**
  保护视力,随时随地,有温度、有情感地听本书

- ☑ **精读班**
  2~4周,最懂这本书的人带你读完、读懂、读透这本好书

- ☑ **课　程**
  课程权威专家给你开书单,带你快速浏览一个领域的知识概貌

- ☑ **讲　书**
  30分钟,大咖给你讲本书,让你挑书不费劲

湛庐编辑为你独家呈现
助你更好获得书里和书外的思想和智慧,请扫码查收!

(阅读资料包的内容因书而异,最终以湛庐阅读App页面为准)

湛庐阅读 App

思想者的声音图书馆

倡导亲自阅读

不逐高效,提倡大家亲自阅读,通过独立思考领悟一本书的妙趣,把思想变为己有。

阅读体验一站满足

不只是提供纸质书、电子书、有声书,更为读者打造了满足泛读、通读、精读需求的全方位阅读服务产品 —— 讲书、课程、精读班等。

以阅读之名汇聪明人之力

第一类是作者,他们是思想的发源地;第二类是译者、专家、推荐人和教练,他们是思想的代言人和诠释者;第三类是读者和学习者,他们对阅读和学习有着持久的热情和源源不绝的内驱力。

以一本书为核心

遇见书里书外，更大的世界

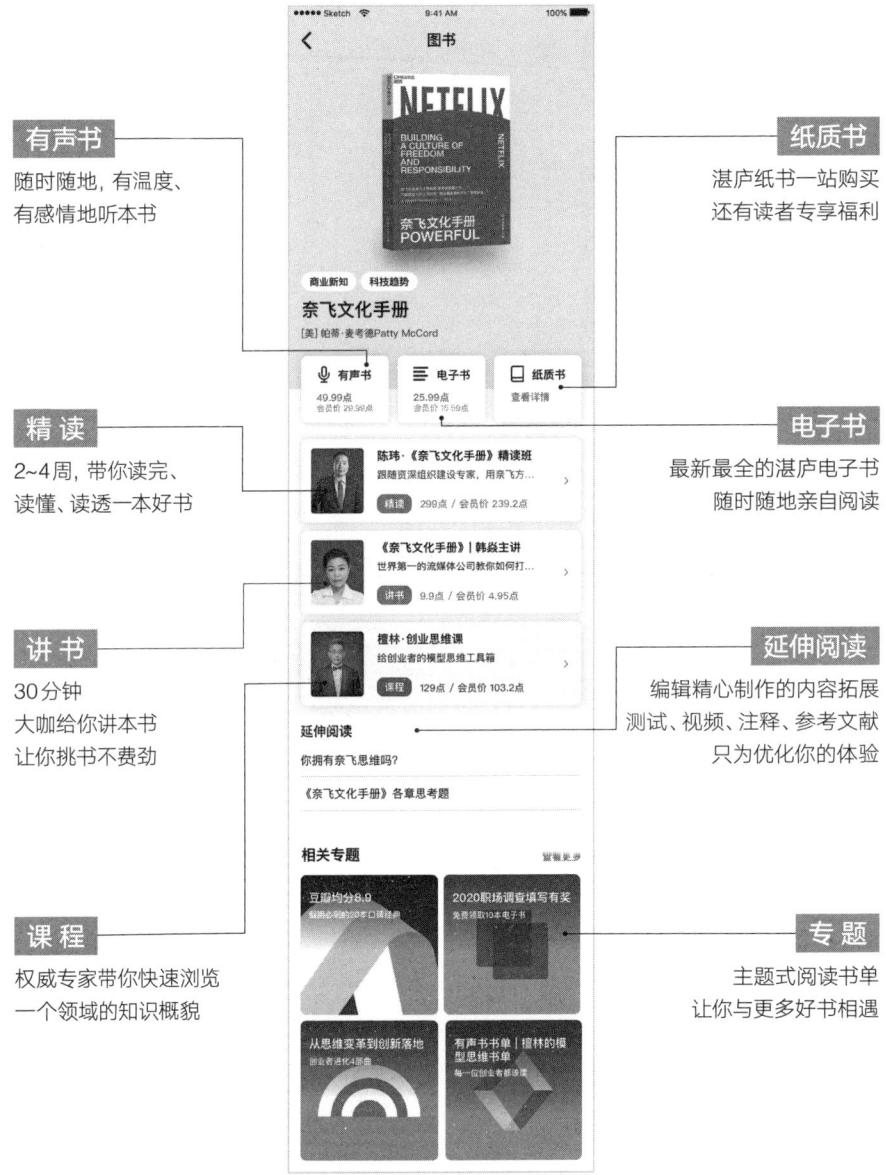

有声书
随时随地，有温度、
有感情地听本书

精读
2~4周，带你读完、
读懂、读透一本好书

讲书
30分钟
大咖给你讲本书
让你挑书不费劲

课程
权威专家带你快速浏览
一个领域的知识概貌

纸质书
湛庐纸书一站购买
还有读者专享福利

电子书
最新最全的湛庐电子书
随时随地亲自阅读

延伸阅读
编辑精心制作的内容拓展
测试、视频、注释、参考文献
只为优化你的体验

专题
主题式阅读书单
让你与更多好书相遇

The Future Is Faster than You Think by Peter H. Diamandis and Steven Kotler

Copyright © 2020 by PHD Ventures and Steven Kotler

All rights reserved.

本书中文简体字版由 PHD Ventures and Steven Kotler 授权在中华人民共和国境内独家出版发行。未经出版者书面许可，不得以任何方式抄袭、复制或节录本书中的任何部分。

版权所有，侵权必究。

图书在版编目（CIP）数据

未来呼啸而来 /（加）彼得·戴曼迪斯，（加）史蒂芬·科特勒著；贾拥民译 . -- 北京：北京联合出版公司，2021.1（2021.12重印）
　　ISBN 978-7-5596-4688-0

Ⅰ.①未… Ⅱ.①彼… ②史… ③贾… Ⅲ.①技术发展—关系—社会生活—研究 Ⅳ.①F062.4②C913.3

中国版本图书馆CIP数据核字（2020）第220702号

北京市版权局著作权合同登记　图字：01-2020-5517

上架指导：商业 / 科技趋势

版权所有，侵权必究
本书法律顾问　北京市盈科律师事务所　崔爽律师

未来呼啸而来

作　　者：[加]彼得·戴曼迪斯　史蒂芬·科特勒
译　　者：贾拥民
出 品 人：赵红仕
责任编辑：徐　樟
封面设计：ablackcover.com
版式设计：湛庐CHEERS　张志浩

北京联合出版公司出版
（北京市西城区德外大街83号楼9层　100088）
天津中印联印务有限公司印刷　新华书店经销
字数290千字　710毫米×965毫米　1/16　20.25印张　1插页
2021年1月第1版　　2021年12月第5次印刷
ISBN 978-7-5596-4688-0
定价：89.90元

版权所有，侵权必究
未经许可，不得以任何方式复制或抄袭本书部分或全部内容
本书若有质量问题，请与本公司图书销售中心联系调换。电话：010-56676359